CIÊNCIA DA LÓGICA

2. A Doutrina da Essência

Dados Internacionais de Catalogação na Publicação (CIP)
(Câmara Brasileira do Livro, SP, Brasil)

Hegel, Georg Wilhelm Friedrich, 1770-1831
  Ciência da Lógica : 2. A Doutrina da Essência /
Georg Wilhelm Friedrich Hegel ; tradução de Christian G. Iber e
Federico Orsini – Petrópolis, RJ : Vozes, 2017. –
(Coleção Pensamento Humano)

  Título original: Wissenschaft der Logik : 2. Die Lehre
vom Wesen

  4ª reimpressão, 2024.

  ISBN 978-85-326-5602-5

  1. Lógica I. Título II. Série.

17-07941   CDD-160

Índices para catálogo sistemático:
1. Lógica : Filosofia   160

Georg Wilhelm Friedrich Hegel

CIÊNCIA DA LÓGICA

2. A Doutrina da Essência

Petrópolis

Tradução do original em alemão intitulado
Wissenschaft der Logik 2. Die Lehre vom Wesen.

Traduzido do original alemão publicado pela Editora Suhrkamp: Georg Wilhelm
Friedrich Hegel Werke in 20 Bänden mit Registerband: Band 6.

© desta tradução:
2017, Editora Vozes Ltda.
Rua Frei Luís, 100
25689-900 Petrópolis, RJ
www.vozes.com.br
Brasil

Todos os direitos reservados. Nenhuma parte desta obra poderá ser reproduzida
ou transmitida por qualquer forma e/ou quaisquer meios (eletrônico ou
mecânico, incluindo fotocópia e gravação) ou arquivada em qualquer sistema
ou banco de dados sem permissão escrita da editora.

CONSELHO EDITORIAL

Diretor
Volney J. Berkenbrock

Editores
Aline dos Santos Carneiro
Edrian Josué Pasini
Marilac Loraine Oleniki
Welder Lancieri Marchini

Conselheiros
Elói Dionísio Piva
Francisco Morás
Gilberto Gonçalves Garcia
Ludovico Garmus
Teobaldo Heidemann

Secretário executivo
Leonardo A.R.T. dos Santos

Equipe de tradução
Tradutores: Christian G. Iber e Federico Orsini
Coordenador: Agemir Bavaresco
Colaboradores: Marloren L. Miranda e Michela Bordignon
Revisor: Francisco Jozivan Guedes de Lima

Editoração: Leonardo A.R.T. dos Santos
Diagramação: Mania de criar
Revisão gráfica: Nilton Braz da Rocha / Nivaldo S. Menezes
Capa: WM design
Arte-finalização: Editora Vozes

ISBN 978-85-326-5602-5

Este livro foi composto e impresso pela Editora Vozes Ltda.

SUMÁRIO

Apresentação, 7
Nota dos Tradutores, 23
    Segundo livro – A Doutrina da Essência, 31
  Primeira seção: A essência como reflexão dentro dela mesma, 35
Primeiro capítulo: A aparência, 37
Segundo capítulo: As essencialidades ou as determinações de reflexão, 53
Terceiro capítulo: O fundamento, 93
    Segunda seção: O aparecimento, 133
Primeiro capítulo: A existência, 135
Segundo capítulo: O aparecimento, 155
Terceiro capítulo: A relação essencial, 171
    Terceira seção: A efetividade, 191
Primeiro capítulo: O absoluto, 193
Segundo capítulo: A efetividade, 205
Terceiro capítulo: A relação absoluta, 221
Glossário da Doutrina da Essência, 241
Índice onomástico, 257
Índice analítico, 259
Índice geral, 269

APRESENTAÇÃO

Os objetivos do presente trabalho foram dois: em primeiro lugar, disponibilizar a primeira tradução completa da *Doutrina da Essência* para o público lusófono; em segundo lugar, evitar as oscilações ou as imprecisões terminológicas que impediriam o uso seguro da tradução como instrumento de estudo científico da filosofia de Hegel. No que se segue, apresenta-se o tema geral do livro e um esboço dos conteúdos das três seções em que ele está estruturado.

A *Doutrina da Essência* (1813) é o segundo livro da *Ciência da Lógica* (1812-1816), na qual desempenha um papel intermediário, na medida em que ela completa a primeira parte, chamada de Lógica Objetiva, e, simultaneamente, conduz para a segunda parte, chamada de Lógica Subjetiva, a qual contém a *Doutrina do Conceito* (1816).

Como Hegel afirma na introdução geral à *Ciência da Lógica*, a Lógica Objetiva, articulada na *Doutrina do Ser* e na *Doutrina da Essência*, toma o lugar da Ontologia, no sentido de que ela apresenta uma crítica sistemática daquela disciplina tradicional que empregava dogmaticamente as determinações do pensar como predicados de entidades pretensamente subjacentes.

De modo específico, a *Doutrina da Essência* tematiza formas lógicas de tipo relacional que Hegel denomina "determinações de reflexão". O uso do termo "essência" para indicar toda a esfera das formas relacionais é significativo do ponto de vista da história da filosofia, porque, desde a antiguidade grega, por 'essência' se entendeu "a *verdade* do *ser*", quer dizer, a determinação do ser verdadeiro, posto além do ser imediato das aparências sensíveis. A tarefa geral da *Doutrina da Essência* consiste em derivar sistematicamente a série de todas as categorias que pretendem expressar a relação entre um ser aparente e sua estrutura profunda.

Antes da crítica de Nietzsche ao platonismo, a *Doutrina da Essência* visa desconstruir todas as metafísicas dualistas que pretendem instaurar uma separação entre ser essencial e ser inessencial. Ao mesmo tempo, a obra em questão precisa mostrar que a dualidade, por mais que seja internamente criticada e progressivamente dissolvida, é uma estrutura logicamente necessária do pensamento.

Como as categorias da *Doutrina do Ser*, as determinações de reflexão são dialéticas nelas mesmas, no sentido de que elas somente se constituem por meio da relação com outro. Entretanto, há uma diferença importante entre a dialética do ser e aquela da essência: a dialética do ser é um passar de uma categoria para a outra, de modo que a transformação acontece imediatamente sem deixar rastros no conteúdo aparentemente simples das categorias envolvidas; ao contrário, a dialética das determinações de reflexão é o aparecer de uma em sua oposta. Isso significa que cada determinação da essência não entra em relação com sua oposta, mas é, antes, relacional desde o início, isto é, o significado de cada uma remete internamente ao vínculo com *sua* oposta e vice-versa. A dificuldade de entender qualquer conteúdo da essência decorre do fato de que cada determinação é simultaneamente o todo de uma relação e um lado da mesma, porque cada determinação de reflexão contém a outra em seu próprio conceito.

A partir do curso de Lógica ministrado em 1810/1811 no Liceu de Nuremberg, a esfera da essência está definitivamente articulada em três partes que correspondem às três seções do segundo livro: (i) a essência como reflexão dentro dela mesma; (ii) o aparecimento; (iii) a efetividade.

Cada seção apresenta uma dualidade de determinações, cada uma das quais reflete a outra dentro de si. Na primeira seção a dualidade envolve a relação entre aparência e essência, bem como a complexa relação entre pôr e pressupor enquanto momentos internos da reflexão. O termo "reflexão" indica que a essência não é algo subjacente ao ser, mas o devir próprio do ser, enquanto este deixa de ser aparência inessencial e se torna "o *movimento do nada para o nada e, através disso, de retorno a si mesmo*". Sem dúvida, o entendimento preciso do significado contextual dessa enigmática caracterização da essência requer um estudo muito trabalhoso, mas aqui é suficiente dizer que a reflexão não tem principalmente um significado subjetivo, a saber, referente à autoconsciência de um sujeito que se interroga sobre seus pensamentos, mas antes um significado lógico objetivo, mais próximo de um significado ótico de reflexão do que de um significado mental. Assim como um raio de luz, ao passar de um meio para outro, encontra um obstáculo ou uma superfície, e volta ao meio de origem, assim o aparecer é um movimento de volta da essência sobre si mesma ou o movimento de retorno a si mesmo. O movimento que a essência percorre inicialmente é o da negação do ser e de suas determinações. O caráter negativo da essência não é o produto de uma reflexão externa à essência, mas a negatividade própria do ser, o qual acaba se interiorizando na essência. O termo lógico mais abstrato que Hegel emprega para descrever esse caminho de interiorização é "negatividade", significando, com isso, o processo pelo qual a essência permanece idêntica a si mesma somente enquanto produz dentro de si uma diferenciação entre si mesma e *suas* determinações. O primeiro capítulo culmina no exame de três formas de reflexão (reflexão ponente, reflexão exterior e reflexão determinante), que levam a uma unificação mediata da aparência e da essência. A reflexão é "o movimento do devir e do passar que permanece dentro de si mesmo". Seu caráter puramente lógico é descrito pelos conceitos elementares de negação e imediatidade. A peculiaridade do ponto de vista da essência é que esses conceitos não são tomados como dados primitivos e distintos que, então, precisam ser combinados, como se houvesse um ser autorrelativo, por um lado, e uma relação desse ser com outro ser, por outro lado. Negação e imediatidade formam um *único* processo, que Hegel descreve como "igualdade da negação consigo, a negação negada, a negatividade absoluta". A reflexão ponente mostra que a autorrelação da negação implica uma autossuprassunção dessa mesma negação, da qual resulta uma imediatidade independente de toda negação autorrelativa, ou seja, uma imediatidade pressuposta. Todavia, pelo fato de ela surgir da autorrelação da negação, à qual simultaneamente se contrapõe, a imediatidade não pode se livrar completamente da negação, e assim é uma imediatidade posta, produzida pela negação autorrelativa. A negação autorrelativa duplica a si mesma em duas formas que se diferenciam uma da outra como reflexão ponente e reflexão pressuponente: a primeira é autorrelação ("juntar-se do negativo consigo mesmo"), a segunda é a autossuprassunção da negação ("negação do negativo enquanto negativo"). Pôr e pressupor não são duas propriedades inerentes a dois substratos diferentes, mas as duas direções de uma e da mesma negação autorrelativa: "a reflexão dentro de si é essencialmente o pressupor daquilo a partir do qual ela é o retorno". Na reflexão exterior, a inter-relação sem substratos entre pôr e pressupor se rompe numa relação de alteridade entre a negação autorrelativa e a "pressuposição imediata" de um ser independente da reflexão. Embora essa pressuposição seja um produto da negação autorrelativa, ela esconde seu processo sob a aparência de um ser que a negação encontra diante de si. A razão dessa aparência não é a intervenção da consciência, mas a necessidade lógica de estabelecer uma mediação a partir da diferença real entre os dois sentidos de negação autorrelativa que eram imediatamente idênticos na reflexão ponente. Todavia, a imediatidade pressuposta na forma do ser é apenas uma aparência, a qual precisa deixar transparecer seu caráter negativo. Finalmente, a reflexão determinante unifica a reflexão ponente e a reflexão exterior, na medida em que comprova que os lados da reflexão exterior são momentos da "*igualdade consigo mesma da reflexão*". A diferença entre a reflexão determinante e a reflexão ponente é o fato de que o ser posto (a imediatidade determinada como negação simples, como um outro da essência) deixa de ser negação relativa e adquire um subsistir independente enquanto reflexão dentro de si. A diferença entre a reflexão determinante e a reflexão exterior é o fato de que a imediatidade não tem uma aparência de positividade, mas é "*a relação com seu ser outro nela mesma*". O resultado da reflexão determinante é a "determinação de reflexão", a qual "é tanto relação refletida dentro de si mesma quanto ser posto".

O caráter altamente abstrato da linguagem hegeliana torna essas páginas do primeiro capítulo as mais árduas da *Doutrina da Essência*, a qual em geral, como admite o próprio Hegel (*Enciclopédia* §114, Observação), é a parte mais difícil da *Lógica*. Possivelmente, a dificuldade e até a obscuridade da análise da reflexão pura deve ter sido responsável pelo fato de Hegel não ter incluído essa parte na Lógica da Essência da *Enciclopédia*. Provavelmente, Hegel tinha como projeto escrever uma nova versão do livro central da *Ciência da Lógica*, mas, como se sabe, sua morte repentina lhe permitiu completar somente a revisão da *Doutrina do Ser*.

Um momento crucial da primeira seção é o segundo capítulo, onde se tratam as "essencialidades ou as determinações de reflexão", que são as determinações pressupostas pelos assim chamados princípios lógicos do conhecimento. Cabe observar que a primeira seção da Lógica da Essência da *Enciclopédia* (1817, 1827, 1830), intitulada "A essência como fundamento da existência", ignora por completo o tema do primeiro capítulo e começa justamente com as determinações de reflexão. Na obra de 1813, as essencialidades são: a identidade, a diferença – articulada em diversidade e oposição – e a contradição. Para Hegel, elas não são nem leis fundamentais do pensar, nem critérios unicamente subjetivos do conhecimento, mas formas lógicas cujo significado se constitui unicamente pelo movimento reflexivo de seu conteúdo. Por isso, os assim chamados princípios (*Grundsätze*) são reduzidos a expressões do conteúdo lógico na forma deficitária da proposição (*Satz*), a qual não deixa transparecer a articulação dinâmica de cada essencialidade com as outras. O exame das proposições está contido no texto das Observações, enquanto o texto principal desenvolve a gênese lógica das essencialidades umas das outras. As proposições em questão são: a proposição da identidade ("A é A"), cuja expressão negativa é a proposição tradicional da contradição ("A não pode ser, ao mesmo tempo, A e não-A"), a proposição da diversidade ("Todas as coisas são diversas" ou "Não há duas coisas que sejam iguais uma à outra"), a proposição da oposição, que equivale, para Hegel, à proposição do terceiro excluído ("Algo é ou A ou não-A; não há terceiro algum"), e a proposição da contradição, a qual deveria expressar a verdade de todas as proposições anteriores ("Todas as coisas são em si mesmas contraditórias").

A explicação da dupla fórmula da proposição da contradição foi e continua a ser a razão de uma longa controvérsia sobre a questão se a lógica dialética de Hegel estaria violando realmente o princípio aristotélico de não-contradição ou estaria confundindo a contradição com a relação de contrariedade. Igualmente controversa é a questão sobre a consequência que se deve tirar no caso que se verificasse que a lógica dialética estaria em conflito com a lógica formal de proveniência aristotélica: o conflito é o sinal de que a lógica formal tem de ser criticada e integrada numa lógica mais abrangente ou de que a dialética hegeliana é um discurso arbitrário e, portanto, cientificamente insustentável? Várias respostas foram dadas a essas questões, mas, por causa da diversidade das abordagens e das convicções de fundo dos intérpretes, a discussão está longe de ter acabado, e ainda hoje não há consenso sobre o que seria a contradição dialética, sobre se ela pode encontrar sua dissolução (*Auflösung*) sem ser meramente eliminada, e sobre qual sentido pode oferecer à pretensão hegeliana de fazer dela um fator de crítica das formas do pensar e, simultaneamente, "a raiz de todo o movimento e de toda a vitalidade".

O terceiro capítulo da primeira seção é dedicado ao "fundamento" (*Grund*), o qual marca o início de uma inversão do caminho de interiorização da essência para um caminho de exteriorização, onde a essência precisa se expandir para o ser e mostrá-lo como uma esfera externa, fundada de modo relacional pela essência enquanto fundamento. A diferença entre a essência como reflexão interna e a essência enquanto fundamento está assim resumida: "A reflexão é a *mediação pura* em geral, o fundamento é a *mediação real* da essência consigo". O caráter real da mediação significa que o estudo da mediação se muda da relação enquanto tal para os termos relacionados, de modo que os termos da relação de fundamento (*Grundbeziehung*) não são apenas colocados em suspenso, mas estão presentes, ou seja, são dotados de um subsistir relativamente independente. Agora, a dualidade que tem de ser investigada em todas suas facetas é aquela entre o fundamento e o fundamentado.

Embora o terceiro capítulo seja massivamente alterado e reduzido por Hegel na redação das sucessivas versões da *Lógica* da *Enciclopédia*, ele trata noções decisivas da metafísica. Além das noções de fundamento e de substrato, destacam-se os pares forma-matéria e forma-conteúdo. Para Hegel, a metafísica do fundamento informa as estruturas de explicação do entendimento comum e das ciências finitas, de modo que sua crítica continua a ser de profundo interesse teórico. Seja permitido indicar pelo menos três aspectos do rico material desse capítulo.

Em primeiro lugar, destaca-se a crítica à proposição do fundamento: "*tudo tem seu fundamento suficiente*" que constitui o pilar das metafísicas racionalistas da época moderna, notavelmente das filosofias de Spinoza e de Leibniz.

Em segundo lugar, o fundamento e o fundamentado são apresentados de acordo com várias maneiras determinadas de compreender a relação entre a identidade e a diferença entre os termos relacionados. Quando prevalece a identidade, surgem explicações tautológicas ou afetadas por uma forma viciosa de circularidade; quando prevalece a diferença, surge o perigo de explicações externas à essência da coisa, as quais, por isso, acabam sendo subservientes ao arbítrio de um terceiro que escolhe os aspectos pretensamente fundamentais e, a partir dessa base, constrói seu "raciocínio" (*Räsonnement*). Nesse caso, verdade e justificação vêm a ser noções distintas, cuja confusão conduz ao modo de pensar que Hegel denomina "*sofistaria*".

Em terceiro lugar, merece atenção a noção de incondicionado que emerge da relação (identidade e diferença) entre o fundamento e a condição. A bilateralidade da relação condicionante consiste no fato de que cada termo é incondicionado com respeito a seu outro, no sentido de que cada um encontra seu outro diante de si como já presente. Mas, ao mesmo tempo, cada um é apenas *relativamente* incondicionado, porque existe somente através do outro. Uma coisa é incondicionada somente enquanto *se torna independente* precisamente das condições que lhe deram origem; vice-versa, uma multiplicidade de entidades e situações se tornam condições *de* algo somente na medida em que este algo *surgiu* delas como de seu fundamento. O *absolutamente* incondicionado é a unidade mediata dos dois lados. Por um lado, o ser aí é condicionante somente pela unidade implícita do fundamento que faz de uma multiplicidade dispersa um conjunto de condições. Por outro lado, o fundamento ganha um ser aí somente através da Coisa (*Sache*) que surge das condições, porque não há nada que comprova ou torna explícito o conteúdo implícito do fundamento além da Coisa que veio a existir.

A segunda seção, intitulada "O aparecimento (*Die Erscheinung*)", divide-se em três capítulos: 1. A existência, 2. O aparecimento, 3. A relação essencial. Cabe observar que a Lógica da Essência na *Enciclopédia* muda essa estrutura, na medida em que coloca a "existência" na primeira seção e introduz a relação de conteúdo e forma em lugar do segundo capítulo da segunda seção. Ficam inalterados o lugar e a estrutura interna do terceiro capítulo.

O primeiro capítulo traz à tona o significado originário do termo *existência* (*Existenz*), expresso na língua latina pelo prefixo *e/ex-*. O existente, que Hegel chama também de "coisa" (*Ding*), não é um algo meramente presente, mas tem de ser pensado como o emergir ou o aparecer de seu fundamento. A verdade do ser não consiste na imediatidade primeira do início da *Doutrina do Ser*, mas no fato de que a própria essência se projeta para fora de si e *vem* à imediatidade. A existência é uma imediatidade segunda, isto é, produzida. Existir não significa nem mero ser aí, nem passar do nada para o ser, mas antes surgir num modo determinado da essência. A essência não é um movimento temporal, não tem um antes e um depois, mas é, antes, uma atividade de mediação lógica que se torna capaz de suprassumir (*aufheben*) a própria mediação que diferencia o fundamento e o fundamentado. A Coisa (*Sache*) é a coisa (*Ding*) que vem à existência em virtude de sua própria essência. Isso significa que a Coisa, ou seja, a inteligibilidade da coisa, não pode persistir na dualidade entre o imediato e seu pano de fundo, porque, por meio da categoria reflexiva de existência, a própria coisa tem de ser pensada como o fundamento de seu ser.

Enquanto fundamento, a essência obtém sua existência como um ser aí determinado, concreto. Este ser aí é uma coisa, cujo caráter determinado é constituído pelas propriedades (*Eigenschaften*) com base nas quais a coisa existe. A tarefa do primeiro capítulo da segunda seção é mostrar que a coisa aparece em virtude de suas propriedades, mas justamente o fato de que as propriedades põem a coisa em relação determinada com outras coisas é a razão pela qual a coisa perde sua imediatidade, ou seja, dissolve-se na forma do aparecimento.

O segundo capítulo tematiza uma nova dualidade: como fundamento do aparecimento, a essência constitui o mundo das coisas em si, o qual se contrapõe ao mundo dos fenômenos ou aparecimentos. Mas a própria crítica da concepção ordinária de aparecimento faz com que se destrua a suposição de que haveria um mundo de coisas em si escondidas por trás dos aparecimentos. Aqui, a crítica ao platonismo e ao idealismo transcendental de Kant resulta particularmente contundente. Normalmente, o aparecimento é tomado como uma determinação apenas negativa, quer dizer, quando se diz que um existente é apenas aparecimento, entende-se que o existente é algo *não* autossubsistente, que remete a outro como ao fundamento de seu existir. Assim, o que aparece é pensado a partir da pressuposição de um mundo de coisas em si, colocadas atrás do véu dos aparecimentos e, por isso, incognoscíveis. O termo "mundo" designa um conjunto de aparecimentos cujas relações essenciais têm de ser explicadas por meio de um conjunto de leis. O segundo capítulo se encarrega de mostrar que o vínculo entre o mundo das leis e o mundo dos aparecimentos solapa qualquer separação entre eles. O aparecimento só existe como aparecimento *de* uma essência; vice-versa, o lado do ser em si é nada sem o lado do aparecer. Nisso consiste o sentido da frase que abre a segunda seção: *"A essência tem que aparecer [erscheinen]"*. O uso do verbo *müssen* indica uma necessidade lógica incontornável, pela qual é impossível determinar o conteúdo da essência sem determinar o conteúdo do aparecimento. O aparecimento não significa a superfície de algo que está atrás do aparecimento, mas a própria essência é aquilo que se torna aparecimento e se dá a conhecer como aparecimento.

O terceiro capítulo determina explicitamente a relação entre essência e aparecimento como "a relação essencial" (*das wesentliche Verhältnis*) entre os momentos imanentes por meio dos quais a coisa existe, a saber: a relação do todo e das partes, a relação da força e de sua externação, a relação do exterior e do interior. Nesse último capítulo, a segunda seção visa alcançar de modo progressivo o conceito da relação como unidade da essência e da existência. A progressão começa com a situação de máxima exterioridade, porque o todo e as partes não são idênticos, mas têm um subsistir reciprocamente indiferente. Essa indiferença desaparece na relação da força e de sua externação e, por causa disso, na relação de exterior e interior. Interior e exterior formam uma unidade porque são idênticos segundo a forma e segundo o conteúdo: segundo o conteúdo, porque a essência é aquela que se mostra na exterioridade; segundo a forma, porque o exterior é uma determinação relacional, que se reconduz imediatamente à essência enquanto seu interior. Interior e exterior são tanto mediados quanto imediatos, porque são, ao mesmo tempo, essência e existência. Portanto, na relação essencial, o aparecimento se determina como idêntico à essência. O terceiro capítulo conclui a segunda seção, na medida em que mostra a insustentabilidade das distinções contidas no segundo capítulo, cujo nome coincide, significativamente, com o nome de toda a seção. Com a relação essencial, o existente tem de abandonar o estado de aparecimento, que ainda se distingue da essência enquanto fundamento, e adquirir o modo de ser da *efetividade*.

A terceira seção, intitulada "A efetividade" (*Die Wirklichkeit*), está articulada em três capítulos: 1. O absoluto; 2. A efetividade; 3. A relação absoluta.

O título do primeiro capítulo remete, simultaneamente, ao resultado da relação essencial e à definição spinoziana de *causa sui* como aquilo cuja essência envolve a existência (*Ethica* I, Definição 1). Uma vez que a unidade de essência e existência não tem nada fora de si que possa explicá-la, ela é, em princípio, absoluta, ou, como Hegel coloca, ela mesma é "o absoluto". Cabe notar que essa substantivação não é uma modificação meramente estilística, mas sim um recurso linguístico usado por Hegel para acionar uma crítica bem determinada. Na medida em que o termo "absoluto" é um adjetivo, ele qualifica uma relação. Como tal, ele recebe seu tratamento no terceiro capítulo. Ao contrário, enquanto o absoluto é substantivado, ele acaba designando uma entidade autossubsistente, incapaz de dar conta das relações inerentes ao âmbito finito.

Hegel acredita que essa incapacidade deva ser atribuída à teoria da substância de Spinoza, a qual, por isso, torna-se o alvo polêmico principal de todo o primeiro capítulo. Provavelmente, Hegel devia ter achado que este capítulo tivesse um caráter prevalentemente histórico-filosófico, porque ele resolveu tirá-lo por completo da terceira seção da Lógica da Essência da *Enciclopédia*. Nesta versão mais tardia, resume-se e reordena-se parcialmente o material do segundo capítulo, que versa sobre as categorias kantianas da modalidade, e se mantém inalterada a estrutura interna do terceiro capítulo, dedicado à reconstrução das categorias kantianas da relação.

A crítica de Hegel ao sistema metafísico de Spinoza aponta duas faltas principais. Em primeiro lugar, o método de exposição do absoluto por meio da sucessão substância-atributo-modo, por mais que pretenda se conformar a um ideal dedutivo, falta de um desdobramento interno, porque remete a um entendimento externo, ou seja, à atividade de um sujeito humano (para Spinoza, um modo finito do atributo do pensamento) que não consegue explicar sua integração na substância e, por isso, fica preso a uma exterioridade metodológica. A essa crítica, em segundo lugar, vai atrelada a falta de negatividade da substância. Para Hegel, Spinoza conhece apenas a negação primeira (resumida no lema *omnis determinatio est negatio*), mas ainda não chega à negação segunda, a qual equivale ao processo no qual o modo finito nega sua contraposição ao infinito e se apresenta como autorreflexão positiva da substância absoluta. O primeiro capítulo se conclui com uma importante Observação, na qual Hegel compara o sistema da substância única de Spinoza com o sistema das substâncias múltiplas (mônadas) de Leibniz, buscando entender o princípio de individuação do segundo como complementação do princípio de autossubsistência do primeiro.

O segundo capítulo tematiza a efetividade enquanto tal, visando reconstruir as conexões que se estabelecem entre as categorias kantianas da modalidade: efetividade, possibilidade e necessidade. Fazendo isso, Hegel retoma, ao mesmo tempo, definições clássicas da lógica de ascendência aristotélica, cujo quadrado da modalidade instituía uma relação de contradição entre possível e impossível, bem como entre necessário e contingente, e uma relação de subcontrariedade entre possível e contingente. A novidade da teoria hegeliana da modalidade consiste no fato de que Hegel não procura um termo distinto do possível que, sobre um quadrado lógico, constitua seu contrário ou seu contraditório. Mais radicalmente, a lógica dialética busca compreender que o possível é intrinsecamente contraditório, porque sua estrutura essencial não é a identidade abstrata daquilo que não se contradiz, mas antes a própria contradição.

A estrutura contraditória do possível é dinâmica, enquanto consiste no "reviramento" (*Umschlagen*) incessante de dois opostos um no outro. Os opostos envolvidos são o efetivo e o possível. Tanto um quanto o outro formam uma estrutura contraditória, na qual é preciso pensar a *"inquietude absoluta"* ou o devir da negatividade da essência e da positividade da existência. Essa estrutura contraditória recebe o nome de "contingência". A solução da contradição do efetivo e do possível não consiste em descartar os termos contraditórios, mas em deixá-los valer dentro do movimento da categoria que os envolve conjuntamente. Esta categoria é a "necessidade". De modo significativo, não apenas o contingente não é reduzido ao possível, como acontece na tradição da lógica modal, mas a contingência também deixa de ser algo contraditório em relação à necessidade, porque a necessidade decorre logicamente da contingência como seu momento positivo-racional, ou seja, como unificação afirmativa e estável dos opostos que constituem a contingência. A dissolução da contradição não significa que a necessidade é verdadeira enquanto a contingência é falsa (ou ilusória), mas antes que a contingência é a possibilidade que não pode deixar de ser efetiva, porque ela não pode se restringir a ser mera possibilidade. Inicialmente, a necessidade nada mais é do que necessidade *da* contingência; contudo, a necessidade da contingência não equivale à necessidade dos *contingentes*, isto é, a uma necessidade que predetermina quais conteúdos contingentes têm de ser realizados na realidade, porque isso é uma questão que remete à contingência empírica, não à forma lógica da contingência enquanto tal.

A reformulação hegeliana do quadrado modal aristotélico e das categorias kantianas da modalidade é articulada por uma progressão que vai da unidade mais imediata (formal) do efetivo e do possível para a sua unidade mediada (real), até alcançar sua unidade absoluta. Vimos que a necessidade é sempre a categoria unificante e que a necessidade formal é a necessidade da contingência enquanto tal. A necessidade real ou relativa, como identidade da possibilidade real e da efetividade real, eleva a um nível mais reflexivo a relação, já encontrada na primeira seção, entre a existência de uma coisa e o fundamento completo de suas condições. A necessidade absoluta se confronta com o problema spinoziano de dar conta da unidade entre a *natura naturans* (a substância absolutamente infinita com seus atributos) e a *natura naturata* (a concatenação infinita dos modos).

Vimos que o primeiro capítulo da terceira seção traçava a *pars destruens* desse desafio, na medida em que Hegel diagnosticava um hiato não resolvido entre as duas naturezas no sistema de Spinoza. Agora, a partir dessa altura da terceira seção, trata-se de montar a *pars construens* do problema de como entender a unidade necessária entre a essência e a existência. Para Hegel, essa unidade vem a ser absoluta enquanto necessidade e contingência não estão em relação uma com a outra como duas ordens da realidade, nem uma subjaz à outra, mas são, antes, momentos de um e do mesmo processo de "manifestação" (*Manifestation*) da efetividade absoluta, na qual o ser dos modos, denominados "efetividade livres, em si necessárias", e o atuar da substância se juntam inseparavelmente: "a contingência é necessidade absoluta; ela mesma é o pressupor daquelas primeiras efetividades absolutas".

Cabe destacar que a solução hegeliana do problema da contingência se diferencia da abordagem de Spinoza, o qual defendia uma tese necessitarista, segundo a qual o mundo atual é o único possível, uma vez que todas as coisas são ou necessárias ou impossíveis. A implicação do necessitarismo é a de que a possibilidade e a contingência são ilusórias, no sentido de que elas não existem nas coisas, mas são apenas o reflexo na imaginação de nossa ignorância do modo de ser das coisas. Para Hegel, a contingência é uma maneira de ser da própria efetividade, não o resultado de uma representação falsa da efetividade. A teoria hegeliana da modalidade, ao inserir o tratamento da necessidade dentro da efetividade, examina três relações lógicas entre necessidade e contingência: a necessidade da contingência (necessidade formal), a contingência da necessidade (necessidade relativa), a contingência enquanto *é* necessidade (necessidade absoluta).

O terceiro capítulo da terceira seção pode ser entendido como uma explicitação do significado da necessidade absoluta. A relação de substancialidade desenvolve a relação contraditória entre substância e acidentes. A contradição é a seguinte: por um lado, a substância implica necessariamente a diferença entre o pôr (a potência da substância) e o ser posto; por outro lado, a substância, enquanto "ser em todo o ser", implica necessariamente a identidade entre si mesma e os acidentes. O exame da própria relação entre substância e acidentes mostra que a substância não é adequada a seu próprio critério de verdade, segundo o qual a relacionalidade ou o aparecer da substância não admite nem o preponderar da identidade nem o preponderar da diferença.

Dessa falha surge a passagem para a relação de causalidade, a qual conduz a uma intensificação tanto do caráter posto dos acidentes, agora reduzidos a efeitos, quanto do caráter posicional imanente da substância, enquanto reconhecer a potência da substância implica reconhecer a causalidade dos próprios acidentes. O estudo da relação de causa e efeito, progredindo por graus de complexidade, ocupa a parte mais extensa do terceiro capítulo.

O primeiro grau é a causalidade formal, na qual a mesma coisa apresenta o mesmo conteúdo duas vezes, uma vez sob a forma da causa (o termo ponente), outra vez sob a forma do efeito (o termo posto). Os limites dessa formalidade são a circularidade viciosa da explicação da coisa e a extinção da causa no efeito, pela qual um efeito, uma vez produzido, deixa de ser efeito e se torna uma efetividade indiferente a seu processo constituinte.

O segundo grau é a causalidade determinada, que introduz uma diferença de conteúdo entre causa e efeito e, portanto, o ponto de vista de uma atividade causal separável e externa à qualidade imediata da coisa. A causalidade determinada conduz ao progresso infinito de um efeito para outro. A causalidade de qualquer causa particular ou finita pode bem deixar de agir com o completar-se da produção de seu efeito, mas a causalidade se perpetua como atividade transitória, porque o efeito da causalidade de uma coisa se transfere para a causalidade de uma segunda coisa e assim por diante.

A cadeia da causalidade finita começa a ser questionada a partir da relação de efeito e contraefeito, a qual admite uma dependência causal não mais unilinear, mas bilateral. Qualquer coisa depende da causalidade de outro para exercer seu poder causal, também desempenha um papel próprio ao tornar possível que aquele outro exerça sua causalidade sobre ela. A causalidade não é, afinal, uma mera transferência de poder de uma coisa para outra, mas um movimento que surge pelo encontro de dois termos – denominados de "substância ativa" e "substância passiva" – que modificam a si mesmos por meio de sua relação recíproca. O "contraefeito" (*Gegenwirkung*) é o atuar da substância passiva, a qual codetermina a ação que ela mesma padece. A contribuição da substância passiva consiste em possibilitar a ação da substância ativa, de modo a deixar que ela aja na maneira determinada em que ela age. Reciprocamente, na medida em que a recepção do efeito depende da constituição da substância passiva, também a substância ativa mostra certo grau de passividade ou dependência com respeito ao termo passivo.

A culminação da relação de causalidade é a "interação" (*Wechselwirkung*). A princípio, a interação parece significar a causalidade recíproca de duas substâncias que, simultaneamente, produzem e recebem os efeitos de uma sobre a outra. Mas, para Hegel, a alternância do papel ativo e do papel passivo conduz à identidade do ativo e do passivo. A perda de autossubsistência do termo passivo e do termo ativo marca a última, decisiva, virada da *Doutrina da Essência*. Enquanto a causalidade deixa de estabelecer a prioridade de um termo sobre o outro, e se torna a manifestação da identidade interior da causa e do efeito, ela realiza a passagem da necessidade para a *liberdade*. Essa passagem não é de modo algum uma mera negação da necessidade, mas uma elevação para uma nova esfera lógica, na qual a identidade interna do ser e do aparecer encontra sua compreensão manifesta. A interação não é, em última instância, uma relação entre duas substâncias, mas a autodiferenciação da "substância absoluta" em "três totalidades" que não são mais redutíveis à sucessão absoluto-atributo-modo de Spinoza. Em consideração do atravessamento crítico do spinozismo e da relação de substancialidade, o termo "substância" não resulta ser o mais adequado para designar a nova dimensão do "reino da *subjetividade* ou da *liberdade*", a qual, portanto, recebe o nome de "conceito".

* * *

Agradecemos à Capes pelo aporte financeiro para subsidiar o trabalho dos tradutores e ao Programa de Pós-Graduação em Filosofia da Pontifícia Universidade Católica do Rio Grande do Sul (PUCRS), local onde está sediado o projeto de tradução e onde se reúne a equipe de tradução desta obra hegeliana no Brasil.

Porto Alegre, agosto de 2017.
Federico Orsini

NOTA DOS TRADUTORES

O segundo livro da *Ciência da Lógica*, intitulado *Doutrina da Essência*, foi publicado em 1813 pelo editor J.L. Schrag em Nuremberg. A presente tradução foi extraída do sexto volume da edição das obras completas de Hegel na organização de Karl Markus Michel e Eva Moldenhauer. Esta edição, normalmente conhecida como *Theorie-Werkausgabe*, foi publicada em vinte volumes pela editora Suhrkamp entre 1969 e 1971.

O estilo da presente tradução busca ser o mais condizente possível com a articulação linguística da apresentação hegeliana, com base na convicção de que a tarefa do tradutor não é aquela de explanar ou enfeitar o texto original, mas antes a de reproduzir a ordem teórica do discurso, por mais áspera e tortuosa que ela seja. Raramente a pontuação sofreu alterações, as quais foram feitas com o cuidado de não quebrar a sinuosidade dos períodos hegelianos.

Na execução do trabalho, os tradutores levaram em consideração a tradução da *Lógica* da *Enciclopédia das Ciências Filosóficas em Compêndio* (1830) feita por Paulo Meneses. Além disso, consultaram-se as traduções já existentes da *Doutrina da Essência* para as seguintes línguas: espanhol, francês, italiano e inglês.

Contudo, a comparação com essas traduções não pôde nos isentar de enfrentarmos algumas questões controversas acerca da escolha das correspondências lexicais de alguns dos termos mais relevantes da linguagem filosófica de Hegel. No *Glossário*, colocado no fim do presente volume, o leitor poderá verificar em detalhes tais escolhas lexicais. Algumas das escolhas já estão indicadas em notas de rodapé assinaladas como *Notas dos Tradutores* [N.T.].

Aqui, apontamos as escolhas dos termos mais relevantes da *Doutrina da Essência*:

• *Aufheben*. A fim de dispormos de um verbo que pudesse expressar as três nuanças de *aufheben* (isto é: negar, conservar, elevar), resolvemos seguir a solução já oferecida por Paulo Meneses: o neologismo *suprassumir*. Este verbo foi cunhado justamente para significar o caráter progressivo de uma ação que, ao mesmo tempo, realiza um negar ou suprimir [sumir], um conservar [assumir] e um elevar [supra+assumir]. A nosso ver, as outras opções disponíveis estão afetadas por unilateralidades ou evidentes diferenças semânticas que podem originar uma compreensão desviante do texto hegeliano, como, por exemplo, "superar", "remover" ou "suspender".

• *Äußerung*. O termo foi traduzido por "externação", não por "exteriorização", a fim de preservar uma diferença em relação à tradução de *Entäußerung* (exteriorização). É objetivamente difícil tentar reproduzir em português a diferença sutil entre *Äußerung* e *Entäußerung*, porque o único diferencial é o prefixo inseparável *ent-*, que não tem um análogo em português. O dicionário *Duden* mostra que o prefixo em questão tem várias funções. Quando ele está unido a um adjetivo para formar um verbo (em nosso caso, o adjetivo de referência é *außer*, "exterior"), cria-se uma palavra cujo significado é o processo pelo qual o sujeito da ação se torna aquilo que o adjetivo designa. Assim, a locução *sich entäußern* dever-se-ia traduzir por "tornar-se exterior a si" ou "exteriorizar-se".

O significado mais neutro de *Entäußerung* é a ação de tornar-se exterior por parte do sujeito dessa mesma ação. A diferença entre *Entäußerung* e *Äußerung* é que o primeiro termo sugere um esvaziamento completo do interno para o externo, enquanto o agente da *Äußerung* não se transpõe completamente para o exterior, mas mantém seu caráter interno ainda distinto do externo com o qual ao mesmo tempo se relaciona. Assim, a força não se esgota na sua expressão exterior. Por isso, força e externação são determinações de relação (*Verhältnis*) que ainda não se compenetraram na identidade do interior e do exterior.

• *Dasein*. A fim de deixarmos clara a relação com *Sein* (ser) e simultaneamente a diferença em relação ao termo *Existenz* (existência), provido de um significado distintivo precisamente na *Doutrina da Essência*, optamos por traduzir *Dasein* como *ser aí*, o qual constitui a forma mais elementar de ser determinado na *Doutrina do Ser* e entra em cena na *Doutrina da Essência* no significado novo de "ser posto". Achamos que a confusão da tradução de *Dasein* e de

Existenz conduziria fatalmente à extinção de uma distinção teórica relevante para a compreensão da *Lógica* como um todo.

• *Das Seiende/seiend*. Enquanto a tradução do termo *Sein* por "ser" é incontroversa e consolidada, não se pode dizer o mesmo do particípio presente substantivado do verbo "ser", a saber, *das Seiende*. As soluções viáveis para o termo em questão são as três seguintes: "o que é", "o essente" e "o ente". No caso do substantivo *Seiendes*, optamos por "ente", recorrendo à forma nominal importada do verbo "ser" em latim, por falta de um correspondente português do particípio presente alemão. A escolha do vocábulo "ente" não responde apenas a uma necessidade gramatical. A ela vai atrelada uma questão de conteúdo. De fato, pretendemos deixar claro que Hegel queria referir-se ao termo por excelência dos tratados escolásticos de metafísica geral, a saber, o termo *ens*, a fim de propor uma reconstrução de todos seus desdobramentos categoriais. Justamente por isso, "ente" constitui evidentemente a tradução mais fiel do termo latino.

Usamos a locução relativa "que é" para traduzir o particípio *seiend* onde ele desempenha a função de adjetivo, como, por exemplo, na expressão "*seiende Unmittelbarkeit*", traduzida por "imediatidade que é". Normalmente, em todos os casos nos quais o particípio presente no original alemão tinha a função de adjetivo, resolvemos traduzi-lo por meio da frase relativa. Aqui surge a dúvida se preferir "essente" ao invés de "que é" para traduzir *seiend*.

Na tradução da *Doutrina do Ser* descartamos a opção "essente", pois este termo tem o inconveniente de sugerir uma derivação tanto natural quanto desviante (especialmente no âmbito da *Doutrina do Ser*) da "essência"; com isso, ele acaba por associar de imediato duas esferas que devem ser primeiramente diferenciadas. Decerto, a esfera do ser, depois de ter sido negada pela esfera da essência, volta nesta mesma esfera como forma de realização externa da essência. Contudo, a fim de evitar qualquer confusão entre ser e essência, resolvemos manter uma uniformidade no estilo da tradução do primeiro e do segundo livro da Lógica Objetiva.

Cabe destacar que a função adjetival de *seiend* é sempre a de destacar que a categoria assim qualificada se encontra no elemento distinto do ser. Este elemento marca um estágio momentâneo de repouso e de imediatidade no processo de formação do elemento lógico, repouso e imediatidade que se determinam normalmente por contraste com o caráter deviniente (*werdend*) ou ideal das categorias do ser e com o caráter refletido das determinações da essência.

Assim como descartamos a tradução de *das Seiende* pelo gerúndio "o sendo/o que está sendo", assim evitamos traduzir *seiend* por "sendo" ou por "que está sendo". No caso do particípio substantivado, "o sendo" é um uso gramaticalmente incorreto do gerúndio, ao qual não corresponde nada semelhante no original alemão. No caso da locução "o que está sendo" com função de adjetivo ou de substantivo, vale observar que a expressão tem o inconveniente de sugerir um matiz transitório de tipo temporal, o qual, de acordo com Hegel, não é compatível com as estruturas da *Lógica*. Assim como o substantivo "o sendo" seria gramaticalmente inviável, assim o uso de "sendo" como adjetivo (por exemplo, "o algo sendo" contraposto ao algo existente) não resultaria gramaticalmente correto. Embora os defensores da opção "sendo" queiram evidentemente destacar o caráter processual do ser por meio do gerúndio, deve-se lembrar que Hegel tem à disposição outros recursos (por exemplo, *werdend*) para tornar explícito o dinamismo do ser.

Por fim, descartamos a opção "ôntico" para *seiend*, porque "ôntico", embora designe de modo geral o que se relaciona ao ente, está semanticamente muito carregado por causa da enorme influência da hermenêutica heideggeriana, com sua ênfase na diferença ontológica entre ente e ser. Uma vez que a diferença entre ser e ente não significa em Hegel a mesma coisa que a diferença heideggeriana entre ôntico e ontológico, o termo "ôntico" teria dado origem a sobreinterpretações.

Reconhecemos que a locução "que é" tem o inconveniente sintático de atrapalhar um pouco a fluência do discurso, mas as considerações semânticas referentes às outras opções indicam as razões que nos levaram a escolher a opção que fosse a menos pior.

• *Inbegriff*. O termo foi traduzido por "sumo conjunto", preferido à solução "suma" proposta por Meneses, na tentativa de reunir em uma única locução tanto a conotação do "conjunto de todas as realidades" quanto aquela de "suma" ou essência delas. Foi levada em consideração a possibilidade, desfrutada por alguns intérpretes, de traduzir o termo em questão por "conceito inclusivo/englobante". Embora esta opção apresente a vantagem de conservar a referência a *Begriff* ("conceito") como parte constituinte do termo, resolvemos deixar de lado a dita solução, a fim de poupar aos leitores a confusão com o termo especulativamente relevante *Begriff* ("conceito"), que, a nosso ver, implica uma crítica radical à noção tradicional de Deus como "sumo conjunto de todas as realidades".

- *Erscheinung, erscheinen*. O substantivo *Erscheinung* foi traduzido normalmente por "aparecimento", com o intuito de mostrar sua proximidade especulativa com "aparência" (*Schein*). De fato, a *Erscheinung* é um desenvolvimento lógico do *Schein*, embora isso não implique a extinção de toda a diferença entre os dois conceitos, pois nem todas as aparências são aparecimentos. Em alguns casos raros, quando o contexto remetia explicitamente ao idealismo transcendental de Kant ou à ordem dos fenômenos físicos, usou-se para *Erscheinung* a tradução "fenômeno". Contudo, "fenômeno" foi usado normalmente para traduzir o termo *Phänomen*. O verbo "*erscheinen*" foi traduzido por "aparecer". Na segunda seção, "aparecer" tem o sentido peculiar de "tornar-se aparecimento". No entanto, esta opção gerou um efeito indesejado: a indistinção entre a tradução de *scheinen* e a de *erscheinen*. Essa dificuldade foi resolvida parcialmente por meio do recurso aos colchetes nas passagens que requeriam uma desambiguação. Cabe destacar que o sentido especulativo de *erscheinen* ocupa um lugar específico na *Doutrina da Essência*, isto é, a segunda seção, enquanto que *scheinen* é o verbo principal e, por isso, atravessa todas as três seções do livro.

- *Sache/Ding*. Um único termo português foi usado para traduzir dois termos distintos do alemão, recorrendo, porém, a soluções gráficas diferentes: o termo *Ding* foi traduzido por "coisa" e *Sache*, por "Coisa". A oportunidade de introduzir um elemento gráfico de diferenciação é motivada pela diferença teórica no significado dos termos em questão. Grosso modo, quando *Ding* não é por si mesma uma determinação lógica, ela expressa as coisas da natureza ou do espírito, como elas são imediatamente acessíveis à experiência comum, ao passo que *Sache*, como destaca o segundo Prefácio à *Ciência da Lógica*, denota a essência das "coisas" (*Dinge*), enquanto elas são compreendidas pelo pensar científico. No entanto, essa situação muda um pouco na *Doutrina da Essência*, onde tanto *Sache* quanto *Ding* são determinações lógicas reflexivas. A diferença entre elas é, de fato, muito sutil. *Sache* é a imediatidade que surge do desaparecimento da mediação entre fundamento e fundamentado e equivale ao movimento pelo qual a essência se torna existência (*Existenz*). *Ding* designa o existente (*das Existierende*), o qual marca o início de um novo processo de mediação interno à existência. Hegel dedica apenas um breve esclarecimento à diferença entre existência e existente: "A *coisa* é diferenciada de sua *existência*, como o *algo* pode ser diferenciado de seu *ser*. A coisa e o existente são imediatamente um e o mesmo". Contudo, a diferença "não é uma passagem, mas propriamente uma análise, e a existência como tal contém essa própria diferenciação dentro do momento da sua mediação".

• *Schein, scheinen*. Traduzimos *Schein* por "aparência" e *Scheinen* por "aparecer". Em alemão, o verbo *scheinen* tem um duplo sentido, podendo significar tanto uma aparência falsa, que oculta o ser da coisa e se faz passar por algo que não é, quanto um simples mostrar-se em que algo é o que aparece, sem distorção alguma (por exemplo, uma ação honesta é o aparecer da disposição interna do agente). A *Doutrina da Essência* pretende expor a necessidade lógica da passagem do primeiro para o segundo sentido de aparência, o qual é o mais autêntico. Fazendo isso, Hegel visa articular uma noção pura de aparecer, quer dizer, um aparecer que não está desde sempre vinculado a um substrato que aparece, mas se constitui pura e simplesmente como processo, sem recorrer de antemão a substratos de algum tipo. O "substrato" é algo que se constitui junto com seu termo correlativo, a "aparência", por meio do próprio aparecer, não uma condição prévia da inteligibilidade do aparecer. Em consideração da especificidade do conceito hegeliano de aparecer, resolvemos evitar a tradução de *scheinen* por "parecer" ou "aparentar", porque estes verbos captam apenas a primeira das duas conotações do verbo alemão, mas não a segunda, que, a nosso ver, é a mais importante.

• *Selbständigkeit*. O termo foi traduzido por "autossubsistência", com vistas a distinguir este termo tanto de "independência", já usado para traduzir *Unabhängigkeit*, quanto de "autonomia", que de imediato pode despertar a associação ao vocabulário específico da filosofia prática kantiana, onde corresponde aos termos *Autonomie* ou *Selbstgesetzgebung*. No uso comum do português, "autonomia" tem referências a âmbitos políticos e econômicos que não podem oferecer o critério para entender o uso de "*Selbständigkeit*" na *Lógica* de Hegel, onde o termo em questão designa duas situações formais teoricamente distintas e até opostas. Do lado do pensar plenamente racional, trata-se da situação de uma determinação do pensar enquanto nega a independência de seus momentos abstratos, resolvendo-os em uma unidade abrangente e afirmativa, quer dizer, capaz de prestar conta da articulação processual de tais momentos. Do lado do pensar do entendimento ou da representação, a "autossubsistência" indica a maneira na qual as determinações se apresentam, enquanto estão separadas uma da outra, incapazes de dar conta da própria conexão genética.

- *Verhältnis/Beziehung*. Traduzimos ambos os termos por "relação", desconsiderando, neste caso, a diferença entre os termos alemães, por não encontrarmos termos em português que diferenciassem ambos e, simultaneamente, mantivessem um sentido suficientemente genérico que fosse adequado ao contexto da *Lógica*. Foi considerada a hipótese de diferenciar *Beziehung* e *Verhältnis* por meio de "vínculo" e "relacionamento" respectivamente, mas resultou que cada um tem uma desvantagem. "Vínculo", por designar tudo o que liga *duas* pessoas ou *duas* coisas, tem a desvantagem de não captar a propriedade autorreflexiva da relação a um nível mais abstrato. "Relacionamento" tem a desvantagem de sugerir de imediato o campo demasiadamente concreto das relações humanas. Além disso, "vínculo" e "relacionamento" têm a desvantagem comum de esconder a referência imediata às categorias de relação (*Relation*) da lógica transcendental de Kant. Por fim, os termos "conexão" e "ligação" não podiam se aplicar para traduzir *Beziehung* ou *Verhältnis*, porque eles correspondem à tradução de termos diferentes em alemão, como consta pelo *Glossário*. Por ter um valor metodológico na *Lógica*, o termo *Beziehung* não é uma categoria suscetível de definição em algum lugar da obra, mas é, antes, um fator transcategorial e indica qualquer tipo de relação, externa ou interna, adquirindo um significado cada vez mais determinado de acordo com a progressão da ciência. Nesse sentido, o âmbito da *Beziehung* resulta ser coextensivo com o da *Lógica*, estendendo-se das relações mais imediatas das categorias da qualidade até as relações mais desenvolvidas da esfera do conceito. O termo *Verhältnis* tem uma acepção mais definida e restrita, porque indica a relatividade constitutiva das determinações da essência, relatividade esta que é distinta daquela das categorias do ser, mas ainda não é a unificação mais verdadeira do ser e do aparecer que se alcança no conceito. Especificamente, as determinações da "relação absoluta" (*absolutes Verhältnis*) que concluem a terceira seção constituem a reconstrução hegeliana das categorias kantianas de relação. Cabe lembrar que o termo *Verhältnis* ocorre também na terceira seção da *Doutrina do Ser*, mas no sentido específico de razão ou proporção entre grandezas.

• *Wesen*. O termo foi sempre traduzido por "essência" onde ele designa o tema da *Doutrina da Essência*, mas foi traduzido por "entidade" em dois casos: quando Hegel faz referência à investigação metafísica tradicional sobre as entidades últimas que constituem o fundamento da realidade (por exemplo, a mônada de Leibniz) e quando Hegel menciona o uso comum de *Wesen* na língua alemã. Neste caso, *Wesen* pode ter pelo menos dois significados. Em primeiro lugar, pode significar um ente individual determinado por sua natureza ou essência (por exemplo, o ser humano é um *Wesen* racional ou *Vernunftwesen*). Em segundo lugar, como parte de um termo composto, ele pode significar uma coleção de entes que têm uma característica essencial em comum, por exemplo, a entidade escolar (*Schulwesen*) como conjunto de instituições que têm em comum a propriedade de serem escolas.

• *Wirklichkeit. wirken*. O substantivo *Wirklichkeit* foi traduzido por "efetividade", conforme uma tradição consolidada que busca fazer valer a distinção hegeliana entre a categoria em questão e a categoria qualitativa de "realidade" (*Realität*). Para o verbo *wirken*, resolvemos optar por "agir" no sentido de "produzir um efeito", a fim de destacar a relação entre *Wirklichkeit* e *Wirkung* (efeito).

SEGUNDO LIVRO
A DOUTRINA DA ESSÊNCIA

A *verdade* do *ser* é a *essência*

O ser é o imediato. Na medida em que o saber quer conhecer o verdadeiro, o que o ser é *em si e para si*, ele não se detém no imediato e em suas determinações, mas o penetra com a pressuposição de que *atrás* desse ser ainda está algo diferente do próprio ser, de que esse pano de fundo constitui a verdade do ser. Esse conhecimento é um saber mediado, pois ele não se encontra imediatamente junto e dentro da essência, mas começa a partir de um outro, a partir do ser, e tem de fazer um caminho prévio, o caminho do ir além do ser ou, antes, de entrar no mesmo. Somente enquanto o saber se *interioriza*[1] a partir do ser imediato, encontra, através dessa mediação, a essência. – A língua [alemã] conservou a essência (*Wesen*) no tempo passado, *"gewesen"*, do verbo *ser* (*sein*); pois a essência é o ser que passou, mas ser que passou atemporalmente.

Se esse movimento é representado como caminho do saber, então esse início a partir do ser e a progressão que o suprassume e chega à essência como a um [termo] mediado aparecem como uma atividade do conhecer, a qual seria externa ao ser e não concerniria à natureza própria dele.

Mas esse andamento é o movimento do próprio ser. Nele se mostrou que o ser, pela sua natureza, interioriza-se, e, através deste ir para dentro de si, torna-se essência.

---

1. Em alemão, a dupla *Erinnerung/erinnern* tem dois significados: (i) rememoração, rememorar e (ii) interiorização, interiorizar. No presente contexto, optamos pelo segundo significado, a fim de retirar qualquer tom psicológico do movimento descrito pelo saber puro [N.T.].

Se, portanto, o absoluto estava primeiramente determinado como *ser*, agora ele está determinado como *essência*. O conhecer não pode de maneira alguma deter-se no *ser aí* multíplice, mas também não pode deter-se no *ser, no puro ser*; impõe-se imediatamente a reflexão de que esse *ser puro*, a *negação* de todo o finito, pressupõe uma *interiorização* e um movimento que purificou o ser aí imediato até torná-lo ser puro. O ser, por consequência, é determinado como essência, como um ser no qual está negado todo o determinado e o finito. Assim, ele é a unidade simples *sem determinação*, da qual o determinado foi retirado de uma *maneira externa*; o determinado era ele mesmo algo externo a essa unidade e ele continua a se contrapor a ela também depois desse retirar; pois ele não foi suprassumido em si, mas relativamente, apenas em relação a essa unidade. – Já foi recordado anteriormente que, quando a pura essência é determinada como *sumo conjunto de todas as realidades*, essas realidades são igualmente sujeitas à natureza da determinidade e da reflexão abstrativa e esse sumo conjunto se reduz a uma simplicidade vazia. Desta maneira, a essência é apenas produto, algo factício. A negação *externa*, que é abstração, apenas *remove* as determinidades do ser daquilo que resta como essência; ela as coloca, por assim dizer, sempre apenas em outro lugar e as deixa, tal como antes, como [determinidades] que são. Desta maneira, porém, a essência não é nem *em si* nem *para si mesma*; ela é *através de um outro*, a reflexão externa, abstrativa; e é *para um outro*, a saber, para a abstração e em geral para o ente que continua a se lhe contrapor. Na sua determinação, por conseguinte, ela é a ausência de determinação morta dentro de si, vazia.

A essência, porém, como resultado deste devir, é o que é não através de uma negatividade que lhe é estranha, mas sim através de seu próprio movimento, o movimento infinito do ser. Ela é *ser em si e para si – ser em si* absoluto, na medida em que ela é indiferente a toda a determinidade do ser e o ser outro e a relação com outro foram pura e simplesmente suprassumidos. Ela, porém, não é apenas esse ser em si; enquanto mero ser em si, ela seria apenas a abstração da essência pura; mas, de modo igualmente essencial, ela é *ser para si*; ela mesma é essa negatividade, o suprassumir-se do ser outro e da determinidade.

A essência é assim, inicialmente, enquanto o perfeito retorno do ser para dentro de si, a essência indeterminada; as determinidades do ser estão nela suprassumidas; ela as contém *em si*; mas não do modo em que estão postas *nela*. A essência absoluta, nessa simplicidade consigo, não tem *ser aí algum*. Mas ela tem que passar para o ser aí; pois ela é *ser em si e para si*, quer dizer, ela *diferencia* as determinações que contém *em si*; porque ela é repelir-se de si, ou seja, indiferença frente a si, relação *negativa* consigo, ela, com isso, contrapõe-se a si mesma e é ser para si infinito somente na medida em que ela é a unidade consigo dentro dessa sua diferença de si. – Esse determinar é, pois, de outra natureza do que o determinar dentro da esfera do ser e as determinações da essência têm um outro caráter do que as determinidades do ser. A essência é unidade absoluta do ser em si e do ser para si; seu determinar permanece, portanto, dentro dessa unidade e não é nenhum devir nem passar, assim como as próprias determinações não são um *outro* enquanto outro, nem relações *com outro*; elas são [termos] autossubsistentes, mas, com isso, somente como tais que são uma com a outra dentro de sua unidade. – Na medida em que a essência é, primeiramente, negatividade *simples*, ela agora tem de pôr em *sua* esfera a determinidade que ela apenas contém *em si*, para se dar ser aí, e, então, ser para si.

A essência é, *dentro do todo*, aquilo que a *quantidade* era dentro da esfera do ser; a absoluta indiferença frente ao limite. A quantidade, porém, é essa indiferença em determinação *imediata* e o limite nela é determinidade imediatamente exterior, ela *passa* para o *quantum*; o limite externo lhe é necessário e é nela limite *que é*. Na essência, ao contrário, a determinidade não *é*; ela é somente *posta* pela própria essência; não é livre, mas somente na *relação* com sua unidade. – A negatividade da essência é a *reflexão* e as determinações são determinações *refletidas*, postas pela própria essência e permanentes dentro dela como suprassumidas.

A essência está entre *ser* e *conceito* e constitui o meio-termo dos mesmos e seu movimento constitui a *passagem* do ser para o conceito. A essência é o *ser em si e para si*, mas o mesmo na determinação do ser em si; pois sua determinação universal é de provir do ser, ou seja, de ser a *primeira negação do ser*. Seu movimento consiste em pôr nela a negação ou a determinação; através disso, consiste em dar-se *ser aí* e, como ser para si infinito, em tornar-se aquilo que ela é em si. Assim, ela se dá seu *ser aí*, que é *igual* a seu ser em si, e se torna o *conceito*. Pois o conceito é o absoluto como ele é absolutamente ou em e para si no seu ser aí. Mas o ser aí que a essência se dá ainda não é o ser aí como ele é em si e para si, mas como a essência se *dá* ou como ele é *posto*, portanto, ainda diferente do ser aí do conceito.

A essência *aparece* [*scheint*] primeiramente *dentro de si mesma*, ou seja, é *reflexão*; em segundo lugar, ela *se torna aparecimento* [*erscheint*]; em terceiro lugar, ela se *revela*. Dentro de seu movimento, ela põe-se nas seguintes determinações:

I. como essência *simples*, que é em si em suas determinações dentro de si;

II. como saindo ao ser aí, ou seja, segundo sua existência e *aparecimento*;

III. como essência que é uma só com seu aparecimento, *como efetividade*.

PRIMEIRA SEÇÃO
A ESSÊNCIA COMO REFLEXÃO DENTRO DELA MESMA

A essência provém do ser; ela não é, nessa medida, imediatamente em si e para si, mas um *resultado* daquele movimento. Ou seja, tomada inicialmente como uma essência imediata, ela é um ser aí determinado, ao qual se contrapõe um outro ser aí; ela é apenas um ser aí *essencial* frente a um ser aí *inessencial*. Mas a essência é o ser suprassumido em si e para si; o que se contrapõe a ela é apenas *aparência*. Só que a aparência é o pôr próprio da essência.

A essência, *em primeiro lugar*, é *reflexão*. A reflexão se determina; suas determinações são um *ser posto* que, ao mesmo tempo, é reflexão dentro de si;

Em segundo lugar, é preciso considerar essas *determinações de reflexão*, ou seja, as *essencialidades*.

Em terceiro lugar, a essência, enquanto a reflexão do determinar dentro de si mesmo, torna-se *fundamento* e passa para a *existência* e para o *aparecimento*.

PRIMEIRO CAPÍTULO
A APARÊNCIA

A essência proveniente do ser parece contrapor-se a ele; esse ser imediato é *inicialmente* o *inessencial*.

No entanto, *em segundo lugar*, ele é mais do que apenas ser inessencial, ele é ser sem essência, ele é *aparência*.

Em terceiro lugar: essa aparência não é um externo, um outro com respeito à essência, mas sua aparência própria. O aparecer da essência dentro dela mesma é a *reflexão*.

A. O essencial e o inessencial

A essência é o *ser suprassumido*. Ela é igualdade simples consigo mesma, mas na medida em que é a *negação* da esfera do ser em geral. Assim, a essência tem frente a si a imediatidade enquanto aquela a partir da qual ela deveio e que, nesse suprassumir, conservou-se e manteve-se. Nessa determinação, a própria essência é essência *que é*, essência imediata, e o ser é apenas um negativo *em relação* à essência, não em si e para si mesmo, a essência é, portanto, uma negação *determinada*. O ser e a essência, desta maneira, relacionam-se novamente um com o outro como *outros* em geral, pois *cada um tem um ser, uma imediatidade*, que são indiferentes um frente ao outro, e [ambos], segundo esse ser, têm um valor igual.

Ao mesmo tempo, porém, o ser em oposição à essência é o *inessencial*; ele tem frente à mesma a determinação do suprassumido. Todavia, na medida em que o ser se relaciona com a essência apenas em geral enquanto é um outro, a essência não é propriamente essência, mas apenas um ser aí determinado de outra maneira, o *essencial*.

A diferença entre o essencial e o inessencial fez recair a essência na esfera do *ser aí*, na medida em que a essência, como ela é inicialmente, está determinada como imediata, como algo que é, e, com isso, apenas como *outro* frente ao ser. A esfera do ser aí está assim colocada como fundamento e o fato de que aquilo que o ser é nesse ser aí é ser em si e para si é uma determinação ulterior, externa ao próprio ser aí, assim como, inversamente, a essência é certamente o ser em si e para si, mas apenas frente a outro, sob um aspecto *determinado*. – Na medida em que, portanto, em um ser aí são diferenciados um do outro um *essencial* e um *inessencial*, essa diferença é um pôr exterior, um isolamento de uma parte do ser aí em relação à outra parte do mesmo, isolamento que não toca no próprio ser aí – uma separação que cai em um *terceiro*. Nesse caso fica indeterminado o que pertence ao essencial ou ao inessencial. O que constitui sua diferença são um aspecto e uma consideração externos quaisquer, e o mesmo conteúdo, por causa disso, precisa ser visto ora como essencial, ora como inessencial.

Considerada mais precisamente, a essência se torna um essencial frente a um inessencial somente pelo fato de que ela está tomada apenas como ser ou ser aí suprassumido. Dessa maneira, a essência é apenas a *primeira* negação, ou seja, *a* negação que é *determinidade*, através da qual o ser se torna apenas ser aí ou o ser aí se torna apenas um *outro*. Mas a essência é a negatividade absoluta do ser; ela é o próprio ser, não apenas determinado como um *outro*, mas o ser que se suprassumiu tanto como ser imediato quanto como negação imediata, como negação que está afetada por um ser outro. Com isso, o ser ou o ser aí não se manteve como um outro com respeito à essência, e o imediato ainda diferente da essência não é meramente um ser aí imediato, mas o imediato *em si e para si* nulo; ele é apenas uma *inessência*, a *aparência*.

B. A aparência

1. *O ser é aparência*. O ser da aparência consiste unicamente no ser suprassumido do ser, em sua nulidade; ele tem essa nulidade dentro da essência, e fora de sua nulidade, fora da essência, a aparência não é. Ela é o negativo posto como negativo.

A aparência é todo o resto que ainda sobrou da esfera do ser. Mas ela própria parece ainda ter um lado imediato independente da essência e ser em geral um *outro* da mesma. O *outro* contém em geral os dois momentos do ser aí e do não ser aí. Na medida em que o inessencial não tem mais um ser, do ser outro lhe resta apenas o *momento puro do não ser aí*; a aparência é esse não ser aí *imediato* que é na determinidade do ser, de modo que ele tem ser aí apenas na relação com outro, em seu não ser aí; [ele é] o não autossubsistente, que é apenas em sua negação. Resta-lhe, então, apenas a determinidade pura da *imediatidade*; ele é enquanto a imediatidade *refletida*, isto é, [como imediatidade] que é apenas *mediante* sua negação e que, frente à sua *mediação*, nada é senão a determinação vazia da imediatidade do não ser aí.

Assim, a *aparência* é o fenômeno [*Phänomen*] do *ceticismo* ou também o fenômeno [*Erscheinung*] do idealismo é um tipo de *imediatidade* que não é algo ou coisa alguma, nem em geral um ser indiferente, que estaria fora de sua determinidade e de sua relação com o sujeito. O ceticismo não se permitia dizer "*é*"; o idealismo mais recente não se permitia considerar os conhecimentos como um saber da coisa em si; aquela aparência não devia ter nenhuma base de um ser, a coisa em si não devia entrar nesses conhecimentos. Ao mesmo tempo, porém, o ceticismo admitia determinações multíplices de sua aparência, ou antes, sua aparência tinha por conteúdo toda a multíplice riqueza do mundo. De igual maneira o fenômeno do idealismo compreende dentro de si toda a extensão dessas determinidades multíplices. Aquela aparência e esse fenômeno estão determinados *imediatamente* de tal modo multíplice. Pode bem ser, então, que a esse conteúdo não esteja subjacente nenhum ser, nenhuma coisa ou coisa em si; ele permanece por si como ele é; ele apenas foi transposto do ser para a aparência, de modo que a aparência, dentro de si mesma, tem aquelas determinidades multíplices que são imediatas, [determinidades] que são determinações outras entre si. A aparência é, portanto, ela mesma um determinado *de modo imediato*. Ela pode ter esse ou aquele conteúdo; porém, aquele que ela tem não está posto por ela, mas ela o tem de modo imediato. O idealismo leibniziano ou kantiano ou fichteano, bem como outras formas do mesmo, ultrapassaram tão pouco quanto o ceticismo o ser como determinidade, essa imediatidade. O ceticismo deixa que o conteúdo de sua aparência lhe seja *dado*; é *imediato*, para aquele, qual conteúdo deve ter. A *mônada* leibniziana desenvolve suas representações a partir dela mesma; contudo, ela não é a força produtiva ou conectiva, mas sim as representações sobem nela como bolhas; elas são indiferentes, imediatas umas frente às outras e, assim, frente à própria mônada. De igual modo, o fenômeno *kantiano* é um conteúdo *dado* da percepção; esse pressupõe afecções, determinações do sujeito, as quais, frente a si mesmas e frente a esse sujeito, são imediatas. O choque infinito do idealismo *fichtiano* pode certamente não ter por base nenhuma coisa em si, de modo a se tornar puramente uma determinidade dentro do Eu. Mas essa determinidade, ao mesmo tempo, é uma determinidade *imediata* para o Eu, que a torna sua e suprassume a exterioridade dela; é uma *barreira*, do Eu, além da qual ele pode ir, mas que tem nela um lado da indiferença, segundo a qual ela, embora dentro do Eu, contém um não ser *imediato* do mesmo.

2. A aparência, portanto, contém uma pressuposição imediata, um lado independente frente à essência. Mas, na medida em que ela é diferente da essência, não se pode mostrar dela que se suprassume e regressa para a essência; pois o ser, em sua totalidade, regressou para a essência; a aparência é o em si nulo; apenas se pode mostrar que as determinações que a diferenciam da essência são determinações da própria essência e, além disso, que essa *determinidade da essência*, que é a aparência, está suprassumida dentro da própria essência.

É a imediatidade do *não ser* que constitui a aparência; este não ser, porém, não é outra coisa senão a negatividade da essência nela mesma. O ser é não ser dentro da essência. Sua *nulidade* em si é a *natureza negativa da própria essência*. A imediatidade ou a indiferença, porém, que esse não ser contém, é o próprio ser em si absoluto da essência. A negatividade da essência é sua igualdade consigo mesma, ou seja, sua simples imediatidade e indiferença. O ser conservou-se na essência, na medida em que ela tem essa igualdade consigo mesma em sua negatividade infinita; através disso, a própria essência é o ser. A imediatidade, que tem a determinidade na aparência frente à essência, não é, por conseguinte, outra coisa senão a imediatidade própria da essência; mas não a imediatidade que é, mas sim a imediatidade pura e simplesmente mediada ou refletida, a qual é a aparência – o ser não como ser, mas sim apenas como a determinidade do ser, frente à mediação; o ser como momento.

Esses dois momentos, a nulidade, mas como subsistir, e o ser, mas como momento, ou seja, a negatividade que é em si e a imediatidade refletida, os quais constituem *os momentos da aparência*, são, logo, *os momentos da própria essência*: não está presente uma aparência do ser *na* essência ou uma aparência da essência *no* ser; a aparência dentro da essência não é a aparência de um outro, mas é a *aparência em si, a aparência da própria essência*.

A aparência é a própria essência na determinidade do ser. Aquilo pelo qual a essência tem uma aparência é o fato de que ela está *determinada* dentro de si e, através disso, é diferente de sua unidade absoluta. Mas essa determinidade, de igual modo, é pura e simplesmente suprassumida nela mesma. Pois a essência é o autossubsistente, ela *é* como aquilo que se medeia consigo através de sua negação, que é ela mesma; portanto, ela é a unidade idêntica da negatividade absoluta e da imediatidade. – A negatividade é a negatividade em si; ela é sua relação consigo, então ela é em si imediatidade; mas ela é relação negativa consigo, um negar dela mesma [como negação] que repele, então a imediatidade que é em si é o negativo ou o *determinado* frente a ela. Mas essa determinidade é ela mesma a negatividade absoluta e esse determinar, que imediatamente como determinar é o suprassumir de si mesmo, é retorno para dentro de si.

A aparência é o negativo que tem um ser, mas em um outro, em sua negação; ela é a não autossubsistência que nela mesma está suprassumida e é nula. Assim, ela é o negativo que regressa para dentro de si, o não autossubsistente como o que é nele mesmo não autossubsistente. Essa *relação consigo* do negativo, ou seja, da não autossubsistência, é sua *imediatidade*; ela é um *outro* do que ele mesmo; ela é a determinidade dele frente a si, ou seja, ela é a negação frente ao negativo. Mas a negação frente ao negativo é a negatividade que se relaciona somente consigo, o suprassumir absoluto da própria determinidade.

A *determinidade*, portanto, que é a aparência na essência, é determinidade infinita; ela é apenas o negativo que se junta *consigo*; assim, ela é a determinidade que, enquanto tal, é a autossubsistência e que não está determinada. – Inversamente, a autossubsistência, enquanto *imediatidade* que se relaciona consigo, é, de igual modo, pura e simplesmente determinidade e momento e somente enquanto negatividade que se relaciona consigo. – Essa negatividade que é idêntica à imediatidade e, assim, a imediatidade que é idêntica à negatividade, é a *essência*. A aparência é, portanto, a própria essência, mas a essência em uma determinidade, mas de modo que esta é apenas seu momento e a *essência* é o aparecer de si dentro de si mesma.

Dentro da esfera do ser, defronte ao ser como *imediato*, nasce o não ser igualmente como *imediato*, e a verdade deles é o devir. Dentro da esfera da essência, confrontam-se primeiramente a essência e o inessencial, logo depois, a essência e a aparência – o inessencial e a aparência como restos do ser. Mas ambos, assim como a diferença da essência em relação a eles, não consistem em nada mais senão no fato de que a essência é primeiramente tomada como uma [essência] imediata, não como ela é em si, a saber, não como a imediatidade que é imediatidade enquanto pura mediação ou enquanto negatividade absoluta. Com isso, aquela primeira imediatidade é apenas a *determinidade* da imediatidade. O suprassumir dessa determinidade da essência consiste, por conseguinte, em nada além do indicar que o inessencial [é] apenas aparência e que a essência, antes, contém a aparência dentro de si mesma, como o movimento infinito dentro de si que determina sua imediatidade como a negatividade e sua negatividade como a imediatidade e, assim, é seu próprio aparecer dentro de si mesmo. A essência, nesse seu automovimento, é a *reflexão*.

C. A reflexão

A aparência é o mesmo que a *reflexão*; mas ela é a reflexão enquanto *imediata*; para a aparência que foi para dentro de si e que, com isto, tornou-se estranha à sua imediatidade, temos a palavra da língua estrangeira[2], a *reflexão*.

---

2. A língua estrangeira à qual Hegel está se referindo é a língua latina. Em alguns lugares, ele explora o uso de uma espécie de correspondente alemão do termo latino *reflexio*, a saber, o termo *Zurückbeugung*, traduzível por "retroflexão" ou "flexão para trás" [N.T.].

A essência é reflexão; o movimento do devir e do passar que permanece dentro de si mesmo, em que o diferenciado está determinado pura e simplesmente apenas como o negativo em si, como aparência. – No devir do ser, o ser subjaz à determinidade, e ela é relação com *outro*. O movimento reflexionante, ao contrário, é o outro enquanto a *negação em si*, que tem um ser somente como negação que se relaciona consigo. Ou seja, na medida em que essa relação consigo é justamente o negar da negação, está presente a *negação como negação*, como aquilo que tem seu ser em seu ser negado, como aparência. Aqui, portanto, o outro não é o *ser com a negação* ou limite, mas a *negação com a negação*. Mas o *primeiro*, frente a esse outro, o imediato ou o ser, é somente esta própria igualdade da negação consigo, a negação negada, a negatividade absoluta. Essa igualdade consigo, ou seja, *imediatidade*, não é, por conseguinte, *um primeiro*, a partir do qual se inicia e que passaria para sua negação, nem esse é um substrato que é, o qual se moveria através da reflexão; mas a imediatidade é somente esse próprio movimento.

O devir dentro da essência, seu movimento reflexionante, é, por conseguinte, o *movimento do nada para o nada e, através disso, de retorno a si mesmo*. O passar ou o devir se suprassumem em seu passar; o outro que surge nesse passar não é o não ser de um ser, mas o nada de um nada, e o fato de ser a negação de um nada constitui o ser. – O ser é apenas como o movimento do nada para o nada, assim ele é a essência, e essa não *tem* esse movimento *dentro de si*, mas é tal movimento como a própria aparência absoluta, a negatividade pura a qual nada tem fora dela a negar, mas que nega somente seu próprio negativo, o qual é somente neste negar.

Essa pura e absoluta reflexão, que é o movimento do nada para o nada, determina ulteriormente a si mesma.

Ela é *primeiramente reflexão ponente*.

Em segundo lugar, ela constitui o *início* do *imediato pressuposto* e é, assim, reflexão *exterior*.

Em terceiro lugar, porém, ela suprassume essa pressuposição e, na medida em que ela, no suprassumir da pressuposição, é, *ao mesmo tempo*, reflexão pressuponente, ela é reflexão *determinante*.

1. A reflexão ponente

A aparência é o nulo ou o sem essência; mas o nulo, ou seja, o sem essência, não tem seu ser em um *outro* no qual aparece, mas seu ser é sua própria igualdade consigo; essa alternância do negativo consigo mesmo se determinou como a reflexão absoluta da essência.

Essa negatividade que se relaciona consigo é, portanto, o negar dela mesma. Com isso, em geral, ela é tanto negatividade *suprassumida* quanto negatividade. Ou seja, ela mesma é o negativo e a igualdade simples consigo, ou seja, imediatidade. Ela consiste, portanto, em ser *ela mesma* e *não ser ela mesma* e, precisamente, em *uma só* unidade.

Inicialmente a reflexão é o movimento do nada para o nada, com isso, a negação que se junta consigo mesma. Esse juntar-se consigo é, em geral, igualdade simples consigo, a imediatidade. Mas esse coincidir não é passar da negação para a igualdade consigo como para seu *ser outro*, mas a reflexão é passar como suprassumir do passar; pois ela é coincidir do negativo *consigo mesmo*; assim, esse juntar-se é *primeiramente* igualdade consigo, ou seja, imediatidade; mas, *em segundo lugar*, essa imediatidade é a igualdade do *negativo* consigo, logo, a igualdade que se nega a si mesma; a imediatidade, que em si é o negativo, o negativo dela mesma, que consiste em ser o que ela não é.

A relação do negativo consigo mesmo é, portanto, seu retorno para dentro de si; ela é imediatidade como o suprassumir do negativo; mas imediatidade pura e simplesmente apenas como essa relação, ou seja, como *retorno a partir de um*, logo, imediatidade que suprassume a si mesma. – Isso é o *ser posto*, a imediatidade puramente apenas como *determinidade* ou como tal que se reflete. Essa imediatidade, que é somente como *retorno* do negativo para dentro de si, é aquela imediatidade que constitui a determinidade da aparência e da qual anteriormente parecia iniciar o movimento reflexionante. Em vez de poder iniciar a partir dessa imediatidade, esta é, antes, apenas enquanto o retorno ou como a própria reflexão. A reflexão é, portanto, o movimento que, na medida em que é retorno, somente nisso é aquilo que inicia ou que retorna.

Ela é *pôr*, na medida em que é a imediatidade enquanto um retornar; não está presente, pois, outro algum, nem um outro do qual ela retornaria, nem um outro para o qual retornaria; ela é, portanto, apenas como retornar, ou seja, como o negativo de si mesma. Mas, além disso, essa imediatidade é negação suprassumida e o retorno suprassumido para dentro de si. A reflexão, como suprassumir do negativo, é suprassumir de *seu outro*, da imediatidade. Na medida em que ela, portanto, é a imediatidade como um retornar, um juntar-se do negativo consigo mesmo, ela é igualmente negação do negativo enquanto negativo. Assim, ela é *pressupor*. – Ou seja, a imediatidade é, como o retornar, somente o negativo de si mesma, somente isto: não ser imediatidade; mas a reflexão é o suprassumir do negativo de si mesmo, ela é juntar-se consigo; ela suprassume, portanto, seu pôr, e na medida em que ela é o suprassumir do pôr em seu pôr, ela é pressupor. – No pressupor, a reflexão determina o retorno para dentro de si como o negativo dela mesma, como aquilo cujo suprassumir é a essência. Essa é seu relacionar-se consigo mesma, mas consigo como com o negativo de si; apenas assim ela é a negatividade que permanece dentro de si, que se relaciona consigo. A imediatidade surge em geral apenas como retorno e é aquele negativo que é a aparência do início, que é negado pelo retorno. O retorno da essência é, por conseguinte, seu repelir-se de si mesma. Ou seja, a reflexão dentro de si é essencialmente o pressupor daquilo a partir do qual ela é o retorno.

É o suprassumir de sua igualdade consigo aquilo somente pelo qual a essência é a igualdade consigo. Ela pressupõe a si mesma e o suprassumir dessa pressuposição é ela mesma; inversamente, esse suprassumir da sua pressuposição é a própria pressuposição. – A reflexão, portanto, *encontra diante* dela um imediato, além do qual ela vai e a partir do qual ela é o retorno. Mas este retorno é somente o pressupor do que foi encontrado. Este último *devém* somente no fato de ele ser *abandonado*; sua imediatidade é a imediatidade suprassumida. – A imediatidade suprassumida, inversamente, é o retorno para dentro de si, o *chegar* a si da essência, o ser simples igual a si mesmo. Com isso, esse chegar a si é o suprassumir de si e a reflexão que [se] repele de si mesma, reflexão pressuponente, e seu repelir-se de si é o chegar a si mesma.

Assim, o movimento reflexionante, segundo o que foi considerado, precisa ser tomado como *contrachoque absoluto* dentro de si mesmo. Pois a pressuposição do retorno para dentro de si – aquilo de onde a essência *provém* e *é* somente como esse retornar – está unicamente dentro do próprio retorno. Esse ir além do imediato a partir do qual a reflexão inicia é, antes, somente através desse ir além; e o ir além do imediato é o chegar ao mesmo. O movimento, como progressão, volta-se imediatamente para dentro dele mesmo e apenas assim é automovimento – movimento que vem de si, na medida em que a reflexão *ponente* é *pressuponente*, mas, enquanto reflexão *pressuponente*, é pura e simplesmente reflexão *ponente*.

Assim, a reflexão é ela mesma e seu não ser, e ela é somente ela mesma na medida em que é o negativo dela, pois apenas assim o suprassumir do negativo é, ao mesmo tempo, como um juntar-se consigo.

A imediatidade, que ela se pressupõe como suprassumir, é pura e simplesmente apenas como *ser posto*, como suprassumido *em si*, que não é diverso do retorno para dentro de si e é ele mesmo somente este retornar. Mas, ao mesmo tempo, o ser posto está determinado como um *negativo*, como imediatamente *frente a* um, portanto, frente a um outro. Assim, a reflexão está *determinada*; na medida em que ela *tem*, conforme essa determinidade, uma pressuposição e inicia do imediato como de seu outro, ela é *reflexão exterior*.

2. A reflexão exterior

A reflexão enquanto reflexão absoluta é a essência que aparece dentro dela mesma e pressupõe-se apenas a aparência, o ser posto; como reflexão pressuponente, ela, de imediato, é somente reflexão ponente. Mas a reflexão externa ou real pressupõe-se como suprassumida, como o negativo dela. Nessa determinação, ela está duplicada, uma vez enquanto pressuposto ou reflexão dentro de si, que é o imediato. Outra vez, ela é enquanto reflexão que se relaciona negativamente consigo; ela se relaciona consigo como com aquele seu não ser.

A reflexão externa *pressupõe*, portanto, um ser, *primeiramente*, não no sentido de que sua imediatidade é apenas ser posto ou momento, mas, antes, de que essa imediatidade é a relação consigo e a determinidade [é] somente como momento. Ela se relaciona com a sua pressuposição de modo que essa é o negativo da reflexão, mas de modo que esse negativo está suprassumido *como* negativo. – Em seu pôr, a reflexão suprassume imediatamente seu pôr, assim ela tem uma *pressuposição imediata*. Portanto, ela *encontra* diante de si o mesmo [termo] como aquilo do qual ela inicia e somente a partir do qual ela é o regressar para dentro de si, o negar desse seu negativo. Porém, que esse pressuposto seja um negativo, ou seja, um posto, não concerne minimamente ao pressuposto; essa determinidade pertence apenas à reflexão ponente, mas, no pressupor, o ser posto é somente como suprassumido. O que a reflexão externa determina e põe no imediato são, neste aspecto, determinações externas ao mesmo. – Ela era o infinito na esfera do ser; o finito vale como o primeiro, como o real; dele se inicia como daquilo que subjaz e continua a subjazer, e o infinito é a reflexão dentro de si que se contrapõe a ele.

Essa reflexão exterior é o silogismo no qual estão os dois extremos, o imediato e a reflexão dentro de si; o termo médio do mesmo é a relação de ambos, o imediato determinado, de modo que uma parte do mesmo, a imediatidade, compete somente a um extremo, a outra parte, a determinidade ou a negação, somente ao outro extremo.

Mas, considerado mais de perto o atuar da reflexão exterior, ela é, *em segundo lugar*, pôr do imediato, que, nesse aspecto, torna-se o negativo, ou seja, o determinado; mas ela é imediatamente também o suprassumir desse seu pôr; pois ela *pressu*põe o imediato; no negar, ela é o negar desse seu negar. Mas, com isso, ela é imediatamente, de igual modo, *pôr*, suprassumir do seu imediato negativo; e esse imediato, do qual ela parecia iniciar como a partir de um estranho, é somente nesse seu iniciar. Dessa maneira, o imediato não é apenas *em si*, isso queria dizer para nós, ou seja, na reflexão exterior, *o mesmo* que a reflexão, mas está *posto* que é o mesmo. A saber, ele está determinado através da reflexão como o negativo dela ou como o outro dela, mas é ela mesma que nega esse determinar. – Com isso, está suprassumida a exterioridade da reflexão frente ao imediato; seu pôr que nega a si mesmo é o juntar-se dela com seu negativo, com o imediato, e esse juntar-se é a própria imediatidade essencial. – Portanto, está presente que a reflexão exterior não é exterior, mas sim, de igual modo, reflexão imanente da própria imediatidade, ou seja, que aquilo que é através da reflexão ponente é a essência que é em e para si. Assim, ela é *reflexão determinante*.

Observação

A reflexão é habitualmente tomada em sentido subjetivo como o movimento da faculdade de julgar que vai além de uma representação dada imediata e procura, para ela, determinações universais ou as compara com aquela. Kant contrapõe *a faculdade de julgar reflexionante* à *faculdade de julgar determinante* (*Crítica da faculdade de julgar*, Introdução, [A], p. XXIIIs.). Ele define a faculdade de julgar em geral como a faculdade de *pensar o particular como contido sob o universal*. Se *o universal* (a regra, o princípio, a lei) *está dado*, então a faculdade de julgar que subsume o particular sob o universal é *determinante*. Mas se está dado apenas o particular, *para o qual ela deve descobrir o universal*, então a faculdade de julgar é meramente *reflexionante*. Com isso, a reflexão é aqui igualmente o ir além de um imediato para o universal. Em parte, o imediato é determinado como particular somente através dessa sua relação com seu universal; por si, ele é apenas um singular, ou seja, um ente imediato. Em parte, porém, aquilo a que ele é relacionado, seu universal, sua regra, princípio, lei, é em geral o refletido dentro de si, o que se relaciona consigo mesmo, a essência ou o essencial.

Contudo, aqui não se trata nem da reflexão da consciência nem da reflexão mais determinada do entendimento, que tem o particular e o universal por suas determinações, mas sim da reflexão em geral. Aquela reflexão à qual Kant atribui a procura do universal para o particular dado é, como fica claro, igualmente apenas a reflexão *exterior* que se relaciona com o imediato como com um dado. – Mas nisso está contido também o conceito da reflexão absoluta, pois o universal, o princípio ou regra e lei, para o que ela progride em seu determinar, vale como a essência daquele imediato do qual se inicia, assim como esse imediato vale como um nulo e somente o retorno a partir dele, o determinar da reflexão, vale como o pôr do imediato segundo seu ser verdadeiro, portanto, aquilo que a reflexão faz nele e as determinações que dela provém não valem como algo externo àquele imediato, mas sim como seu ser autêntico.

A reflexão externa era também a que se tinha em vista, como por algum tempo foi o tom na filosofia mais recente, quando se atribuiu todo o mal à reflexão em geral e ela, com seu determinar, foi vista como o antípoda e o inimigo hereditário do modo absoluto de consideração. De fato, também a reflexão pensante, na medida em que se comporta como reflexão externa, parte pura e simplesmente de um imediato dado, a ela estranho, e considera-se como um atuar meramente formal, que receberia conteúdo e matéria de fora e seria por si apenas o movimento condicionado por eles. – Além disso, como desde logo resultará mais precisamente na reflexão determinante, as *determinações refletidas* são de outra espécie do que as determinações meramente imediatas do ser. Admitem-se mais facilmente estas últimas como transeuntes, meramente relativas, como estando na relação com outro; mas as determinações refletidas têm a forma do ser em e para si; elas se fazem valer, por conseguinte, como as determinações *essenciais*, e, em vez de serem tais que passam para seus contrapostos, aparecem, antes, como absolutas, livres e indiferentes umas frente às outras. Elas, por conseguinte, resistem obstinadamente a seu movimento; o *ser* das mesmas é sua identidade consigo dentro de sua determinidade, segundo a qual, muito embora se pressuponham reciprocamente, mantêm-se pura e simplesmente separadas dentro dessa relação.

3. A reflexão determinante

A reflexão determinante é em geral a unidade da reflexão *ponente* e da reflexão *exterior*. Isso tem de ser considerado mais precisamente.

1. A reflexão exterior inicia do ser imediato, a reflexão *ponente*, do nada. A reflexão exterior, que se torna determinante, põe um outro, mas a essência, no lugar do ser suprassumido; o pôr não põe sua determinação no lugar de um outro; ele não tem pressuposição alguma. Por causa disso, porém, ele não é a reflexão plenamente realizada, determinante; a determinação que ele põe é *apenas* um posto; esse é um imediato, não, porém, como igual a si, mas sim

como tal que se nega, ele possui relação absoluta com o retorno para dentro de si; ele é somente na reflexão dentro de si, mas não é essa própria reflexão.

O *posto* é, por conseguinte, um *outro*, mas de modo que a igualdade da reflexão consigo está pura e simplesmente conservada; pois o posto é apenas como um suprassumido, como relação com o retorno para dentro de si mesmo. – Na *esfera do ser*, o *ser aí* era o ser que tinha nele a negação, e o ser era o terreno e o elemento imediatos dessa negação, que, por conseguinte, era ela mesma a negação imediata. Ao ser aí corresponde, na *esfera da essência*, o *ser posto*. Ele é igualmente um ser aí, mas seu terreno é o ser como essência, ou seja, como pura negatividade; ele é uma determinidade ou negação, não como tal que é, mas imediatamente como suprassumida. *O ser aí é apenas ser posto*; essa é a proposição da essência do ser aí. O ser posto se contrapõe, por um lado, ao ser aí, por outro, à essência, e tem de ser considerado como o meio-termo, que silogiza o ser aí com a essência e, inversamente, a essência com o ser aí. – Quando se diz que uma determinação é *apenas* um ser posto, isso pode, portanto, ter o duplo sentido; ela é isso em oposição ao ser aí ou à essência. Naquele sentido, o ser aí é tomado por algo superior ao ser posto e esse é atribuído à reflexão exterior, ao subjetivo. De fato, porém, o ser posto é o superior; pois, como ser posto, o ser aí é enquanto o que ele é em si, enquanto negativo, um [termo] relacionado pura e simplesmente apenas com o retorno para dentro de si. Por causa disso, o ser posto é um ser posto *somente* com respeito à essência, enquanto negação do ter feito retorno a si mesmo.

2. O ser posto ainda não é determinação de reflexão; ele é apenas determinidade como negação em geral. Mas o pôr está agora em unidade com a reflexão exterior; dentro dessa unidade, a reflexão exterior é um pressupor absoluto, quer dizer, o repelir de si mesma da reflexão, ou seja, o pôr da determinidade *como pôr dela mesma*. Portanto, o ser posto é, como tal, negação; mas, como pressuposto, é a negação enquanto refletida dentro de si. Assim, o ser posto é *determinação de reflexão*.

A determinação de reflexão é diferente da determinidade do ser, da qualidade; esta é relação imediata com outro em geral; também o ser posto é relação com outro, mas com o ser refletido dentro de si.

A negação como qualidade é negação como tal *que é*; o ser constitui seu fundamento e elemento. A determinação de reflexão, ao contrário, tem por esse fundamento o ser refletido dentro de si mesmo. O ser posto se fixa até tornar-se determinação, justamente porque a reflexão é a igualdade consigo mesma dentro de seu ser negado; seu ser negado, por conseguinte, é, ele mesmo, reflexão dentro de si. A determinação não subsiste aqui através do ser, mas através de sua igualdade consigo. Porque o ser que sustenta a qualidade é desigual à negação, assim, a qualidade é desigual dentro de si mesma, portanto, é momento passageiro, que desaparece no outro. A determinação de reflexão, ao contrário, é o ser posto *como* negação, negação que tem por seu fundamento o ser negado, portanto, não é desigual a si dentro de si mesma, com isso, ela é determinidade *essencial*, não passageira. A *igualdade consigo mesma da reflexão*, [igualdade] que tem o negativo apenas como negativo, como suprassumido ou como posto, é o que dá subsistir a esse mesmo negativo.

Em virtude dessa reflexão dentro de si, as determinações de reflexão aparecem como *essencialidades* livres, que pairam no vazio sem atração ou repulsão entre si. Através da relação consigo, a determinidade se consolidou e se fixou infinitamente dentro delas. É o determinado que submeteu a si seu passar e seu mero ser posto, ou seja, fletiu sua reflexão dentro do outro em reflexão dentro de si. Através disso, essas determinações constituem a aparência determinada, como ela é na essência, a aparência essencial. Por essa razão, a *reflexão determinante* é a reflexão que veio para fora de si; a igualdade da essência consigo mesma está perdida na negação, que é o que domina.

Na determinação de reflexão há, portanto, dois lados que inicialmente se diferenciam. *Primeiramente,* ela é o ser posto, a negação como tal; *em segundo lugar,* ela é a reflexão dentro de si. Segundo o ser posto, ela é a negação como negação; isso já é, assim, sua unidade consigo mesma. Mas ela é isso apenas *em si*, ou seja, ela é o imediato como tal que se suprassume nele, como o outro de si mesmo. – Nessa medida, a reflexão é determinar que permanece dentro de si. Nisso, a essência não vai para fora de si; as diferenças estão pura e simplesmente *postas*, retomadas dentro da essência. Porém, segundo o outro lado, elas não são [diferenças] postas, mas sim estão refletidas dentro de si mesmas; a negação *como* negação está refletida dentro da igualdade com ela mesma, não dentro de seu outro, não dentro de seu não ser.

3. Na medida em que, agora, a determinação de reflexão é tanto relação refletida dentro de si mesma quanto ser posto, sua natureza fica imediatamente mais clara a partir disso. Enquanto ser posto, de fato, ela é a negação como tal, um não ser frente a um outro, a saber, *frente* à absoluta reflexão dentro de si, ou seja, frente à essência. Mas, enquanto relação consigo, ela é refletida dentro de si. – Essa sua reflexão e aquele ser posto são diversos; seu ser posto é, antes, seu ser suprassumido; seu ser refletido dentro de si, porém, é seu subsistir. Na medida em que, agora, o ser posto é aquilo que, ao mesmo tempo, é reflexão dentro de si mesmo, a determinidade de reflexão é a *relação com seu ser outro nela mesma*. – Ela não é como uma determinidade que é, em repouso, que seria relacionada com um outro de modo que o relacionado e sua relação seriam diversos um do outro, aquele [sendo] um ente que é dentro de si, um algo que exclui de si seu outro e sua relação com esse outro. Mas sim a determinação de reflexão é, nela mesma, o *lado determinado* e a *relação* desse lado determinado como determinado, quer dizer, com a sua negação. – Através de sua relação, a qualidade passa para outro; em sua relação, começa sua alteração. A determinação de reflexão, ao contrário, retomou em si seu ser outro. Ela é *ser posto*, negação que, porém, dobra dentro de si a relação com outro, e negação que é igual a si mesma, que é unidade de si mesma e de seu outro e somente através disso é *essencialidade*. Ela é, portanto, ser posto, negação, mas, como reflexão dentro de si, ela é, ao mesmo tempo, o ser suprassumido desse ser posto, relação infinita consigo.

SEGUNDO CAPÍTULO
AS ESSENCIALIDADES OU AS DETERMINAÇÕES DE REFLEXÃO

A reflexão é reflexão determinada; com isso, a essência é essência determinada, ou seja, ela é *essencialidade*.

A reflexão é o *aparecer da essência dentro de si mesma*. A essência como retorno infinito para dentro de si não é simplicidade imediata, mas negativa; é um movimento através de momentos diferentes, mediação absoluta consigo. Mas ela aparece nesses seus momentos; eles são, por conseguinte, eles mesmos, determinações refletidas dentro de si.

A essência é *primeiramente* relação simples consigo mesma, pura *identidade*. Essa é sua determinação, segundo a qual ela é, antes, ausência de determinação.

Em segundo lugar: a determinação autêntica é a *diferença* e, com efeito, em parte, como diferença externa ou indiferente, a *diversidade* em geral, em parte, porém, como diversidade contraposta, ou seja, como *oposição*.

Em terceiro lugar: como *contradição*, a oposição se reflete dentro de si mesma e regressa para seu *fundamento*.

Observação [As determinações de reflexão na forma de proposições]

As *determinações de reflexão* costumavam ser acolhidas na *forma de proposições*, das quais se dizia que *valem em relação a tudo*. Essas proposições valiam como as *leis universais do pensar*, que estão na base de todo o pensar, seriam nelas mesmas absolutas e indemonstráveis, porém, cada pensar, assim que ele apreenda o sentido delas, reconhece-as e assume-as como imediata e incontestavelmente verdadeiras.

Assim, a determinação essencial da *identidade* é enunciada na proposição: *tudo é igual a si mesmo;* $A = A$. Ou, negativamente: A não pode, ao mesmo tempo, ser A e não ser A.

Inicialmente, não é possível ver por que apenas essas determinações simples da reflexão devem ser apreendidas nessa forma particular e não, de igual modo, as outras categorias, assim como todas as determinidades da esfera do ser. Dar-se-iam, por exemplo, as proposições: "tudo *é*", "tudo tem um *ser aí*" etc., ou "tudo tem uma *qualidade, quantidade*" e assim por diante. Pois ser, ser aí etc., enquanto determinações lógicas em geral, são predicados de *tudo*. A categoria é, segundo sua etimologia e segundo a definição de Aristóteles, aquilo que é dito, afirmado, do ente. – Só que uma determinidade do ser é essencialmente um passar para o contraposto; a determinidade negativa de cada uma é tão necessária quanto ela mesma; enquanto determinidades imediatas, cada uma se contrapõe imediatamente à outra. Se, por conseguinte, essas categorias são apreendidas em tais proposições, vêm à tona igualmente as proposições contrapostas; ambas se oferecem com igual necessidade e, enquanto afirmações imediatas, têm pelo menos igual direito. Uma proposição exigiria, por causa disso, uma prova contra a outra, e a essas afirmações, por conseguinte, não poderia mais ser atribuído o caráter de proposições do pensar imediatamente verdadeiras e irrefutáveis.

As determinações de reflexão, ao contrário, não são de espécie qualitativa. Elas são determinações que se relacionam consigo e, assim, ao mesmo tempo subtraídas à determinidade frente a outro. Além disso, na medida em que elas são determinidades que são *relações* em si mesmas, já contêm dentro de si, portanto, a forma da proposição. Pois a proposição se diferencia do juízo principalmente pelo fato de que, naquele, o *conteúdo* constitui a própria *relação*, ou seja, pelo fato de que ele é uma *relação determinada*. O juízo, ao contrário, transfere o conteúdo para o predicado como uma determinidade universal que é para si e está diferenciada de sua relação, da simples *cópula*. Se uma proposição deve ser transformada em um juízo, então o conteúdo determinado, quando, por exemplo, reside em um verbo, é transformado em um particípio, a fim de separar, desse modo, a própria determinação e sua relação com um sujeito. Ao contrário, às determinações de reflexão, como ao ser posto refletido dentro de si, fica próxima a própria forma da proposição. – Só que, na medida em que elas são enunciadas como *leis universais do pensar*, necessitam ainda de um sujeito de sua relação, e esse sujeito é *tudo*, ou um *A*, o que significa tanto quanto todo e cada ser.

Por um lado, essa forma de proposições é algo supérfluo; as determinações de reflexão têm de ser consideradas em e para si. Além disso, essas proposições têm o lado enviesado de ter por sujeito o *ser, todos os algos*. Com isso, elas despertam novamente o ser e, com referência ao algo, enunciam as determinações de reflexão, a identidade etc. como uma qualidade que o algo teria nele – não em sentido especulativo, mas no sentido de que algo, enquanto sujeito, permaneceria em uma tal qualidade como [algo] *que é*, não no sentido de que ele teria passado para a identidade etc. como para sua verdade e sua essência.

Contudo, por fim, as determinações de reflexão têm, com efeito, a forma de serem iguais a si e, por conseguinte, não relacionadas com outro e sem contraposição; mas, como resultará a partir de uma consideração mais precisa – ou como fica imediatamente claro nelas, como na identidade, na diversidade, na contraposição – elas são *determinadas* umas *frente* às outras; portanto, elas não são subtraídas por sua forma de reflexão ao passar e à contradição. Consideradas mais de perto, as *várias* proposições que são estabelecidas como *leis absolutas do pensar* estão, por conseguinte, *contrapostas* umas às *outras*, elas se contradizem umas às outras e se suprassumem reciprocamente. – Se tudo é *idêntico* consigo, então não é *diverso*, não é *contraposto*, não tem *fundamento* algum. Ou, se se assume que *não há duas coisas iguais*, quer dizer, todas as coisas são *diversas* umas das outras, então *A* não é igual a *A*, assim, *A* também não está contraposto etc. A assunção de cada uma dessas proposições não permite a assunção das outras. – A consideração sem pensamento das mesmas as enumera *uma depois da outra*, de modo que elas não aparecem [*erscheinen*] em relação alguma entre elas; tal consideração tem em vista meramente o ser refletido delas dentro de si, sem prestar atenção ao outro momento delas, o *ser posto* ou sua *determinidade* como tal, que as arrasta em direção à passagem e à negação delas.

A. A identidade

1. A essência é a imediatidade simples enquanto imediatidade suprassumida. Sua negatividade é seu ser; ela é igual a si mesma em sua negatividade absoluta, através da qual o ser outro e a relação com outro desapareceram pura e simplesmente em si mesmos na pura igualdade a si mesma. A essência é, portanto, *identidade* simples consigo.

Essa identidade consigo é a *imediatidade* da reflexão. Ela não é aquela igualdade consigo, que é o *ser* ou também o *nada*, mas a igualdade consigo que, enquanto aquela que se produz até tornar-se unidade, não é um reproduzir-se a partir de um outro, mas é esse produzir puro a partir e dentro de si mesmo, a identidade *essencial*. Nesse aspecto, ela não é identidade *abstrata*, ou seja, não surgiu mediante um negar relativo, que teria ocorrido fora dela e teria apenas separado dela o diferenciado, mas, de resto, tê-lo-ia deixado fora dela, assim como antes, como tal *que é*. Porém, o ser e toda a determinidade do ser não se suprassumiram relativamente, mas em si mesmos; e essa negatividade simples em si do ser é a própria identidade.

Ela é, portanto, ainda em geral, o mesmo que a essência.

Observação 1 [A identidade abstrata]

O pensar que se detém na reflexão exterior e não sabe de algum outro pensar que não seja a reflexão exterior não chega a reconhecer a identidade como ela acabou de ser apreendida, ou a essência, o que é o mesmo. Tal pensar tem sempre diante de si apenas a identidade abstrata e, fora e ao lado dela, a diferença. Ele opina que a razão nada mais seria do que um tear no qual ela ligaria e entrelaçaria, uma com a outra, de modo exterior, a urdidura, isto é, a identidade, e depois a trama, a diferença – ou também, novamente mediante análise, que agora ela extrairia particularmente a identidade e, *então*, obteria *de novo, ao lado dela*, a diferença; que a razão seria agora um igualar e, *então*, *também novamente* um desigualar, – um igualar, na medida em que *se abstrairia* da diferença, um desigualar, na medida em que *se abstrairia* do igualar. – É preciso deixar inteiramente de lado essas asseverações e opiniões sobre aquilo que a razão faria, na medida em que, de certo modo, elas são meramente *históricas* e, antes, a consideração de tudo o que é mostra, *nele* mesmo, que, em sua igualdade consigo, ele é desigual e contraditório e, em sua diversidade, em sua contradição, é idêntico consigo e, nele mesmo, é esse movimento do passar de uma dessas determinações para a outra, e isso pelo fato de que cada uma, nela mesma, é o oposto de si mesma. O conceito da identidade, de ela ser a negatividade simples que se relaciona consigo, não é um produto da reflexão exterior, mas resultou no próprio ser. Ao contrário, aquela identidade que estaria fora da diferença e a diferença que estaria fora da identidade são produtos da reflexão exterior e da abstração que se agarra arbitrariamente a esse ponto da diversidade indiferente.

[Continuação do texto principal]

2. Essa identidade é, inicialmente, a própria essência, ainda não é determinação alguma da mesma, a reflexão inteira, não um momento diferenciado dela. Enquanto negação absoluta, ela é a negação que imediatamente nega a si mesma – um não ser e uma diferença, a qual desaparece em seu surgir, ou seja, um diferenciar através do qual nada é diferenciado, mas que imediatamente colapsa dentro de si mesmo. O diferenciar é o pôr do não ser enquanto o não ser do outro. Mas o não ser do outro é suprassumir do outro e, com isso, do próprio diferenciar. Assim, porém, está presente aqui o diferenciar como negatividade que se relaciona consigo, como um não ser que é o não ser de si mesmo – um não ser que não tem seu não ser em um outro, mas em si mesmo. Portanto, está presente a diferença que se relaciona consigo, a diferença refletida, ou seja, a *diferença absoluta*, pura.

Ou seja, a identidade é a reflexão dentro de si mesma, a qual é isso somente como repelir interior, e esse repelir é, enquanto reflexão dentro de si, repelir que imediatamente se recolhe dentro de si. Com isso, ela é a identidade como a diferença idêntica a si. Porém, a diferença é idêntica a si somente na medida em que não é a identidade, mas é absoluta não identidade. Porém, a não identidade é absoluta na medida em que ela não contém nada de seu outro, mas apenas a si mesma, quer dizer, na medida em que é a identidade absoluta consigo.

A identidade é, portanto, *nela mesma*, absoluta não identidade. Mas ela é também a *determinação* da identidade frente à não-identidade. Pois, como reflexão dentro de si, ela se põe como seu não ser próprio; ela é o todo, mas, enquanto reflexão, ela se põe como seu momento próprio, como ser posto, a partir do qual ela é o retorno para dentro de si. Assim, como seu momento, ela é a identidade como tal somente como *determinação* da igualdade simples consigo mesma, frente à diferença absoluta.

Observação 2 [A primeira lei originária do pensar, a proposição da identidade]

Nessa observação, considerarei mais precisamente a identidade como *a proposição da identidade* que costuma ser exposta como a *primeira lei do pensar*.

Em sua expressão positiva $A = A$, esse princípio nada mais é, inicialmente, do que a expressão da *tautologia* vazia. Por conseguinte, foi observado corretamente que essa lei do pensar seria *sem conteúdo* e não levaria a nada. Assim, é à identidade vazia que ficam presos aqueles que a tomam como tal por algo verdadeiro e sempre costumam objetar que a identidade não seria a diversidade, mas a identidade e a diversidade seriam diversas. Eles não veem que, já nisso, eles mesmos dizem *que a identidade é um diverso*; pois eles dizem que a *identidade seria diversa* da diversidade; na medida em que é preciso, ao mesmo tempo, admiti-lo enquanto natureza da identidade, nisso está que a identidade seria isso: ser diversa, não exteriormente, mas nela mesma, no interior de sua natureza. – Além disso, porém, na medida em que eles mantêm fixa essa identidade imóvel, a qual tem seu oposto na diversidade, eles não veem que, assim, fazem dela uma determinidade unilateral, que, como tal, não tem verdade alguma. Admite-se que a proposição da identidade expressaria apenas uma determinidade unilateral, que ela conteria apenas a verdade *formal*, uma *verdade abstrata, incompleta*. – Nesse juízo correto, porém, está imediatamente *que a verdade é completa somente na unidade da identidade com a diversidade* e, com isso, subsistiria somente nessa unidade. Ao afirmar que aquela identidade é imperfeita, essa totalidade, em relação à qual a identidade, se medida por ela, é imperfeita, paira diante do pensamento como o perfeito; mas, enquanto, por outro lado, a identidade é mantida fixa como absolutamente separada da diversidade e, nessa separação, é tomada como um essencial, válido, verdadeiro, nessas afirmações contrastantes, nada mais é preciso ver do que a incapacidade de combinar estes pensamentos, de que a identidade como identidade abstrata é essencial e de que ela, como tal, é igualmente imperfeita – a falta da consciência acerca do movimento negativo, como aquele no qual, nessas afirmações, a própria identidade é apresentada. – Ou, na medida em que assim se expressa que a identidade seria *identidade essencial como separação* da diversidade ou *na separação da diversidade*, isso é imediatamente a verdade enunciada da mesma, a saber, que a identidade consiste em ser *separação* como tal ou em estar essencialmente *na separação*, isto é, em não ser *nada por si*, mas *momento da separação*.

No que agora concerne à outra certificação da *verdade* absoluta *da proposição* da identidade, ela é fundada na *experiência*, na medida em que se apela à experiência de cada consciência, de que, como lhe se enunciaria essa proposição *"A é A"*, *"uma árvore é uma árvore"*, ela a admitiria imediatamente e estaria satisfeita com o fato de que a proposição, enquanto imediatamente clara por si mesma, não necessitaria de nenhuma outra fundamentação e prova.

Por um lado, esse apelo à experiência, de que cada consciência universalmente reconheceria aquela proposição, é um mero modo de falar. Pois não se quer dizer que o experimento com a proposição abstrata *A = A* teria sido feito em cada consciência. Nesse aspecto, não se leva a sério aquele apelo a uma experiência efetivamente feita, mas ele é apenas a *asseveração* de que, se se fizesse tal experiência, dar-se-ia o resultado do reconhecer universal. – Porém, se não se visasse à proposição abstrata como tal, mas à proposição em *aplicação concreta*, somente a partir da qual aquela deveria ser *desenvolvida*, então a afirmação de sua universalidade e de sua imediatidade consistiria no fato de que cada consciência a *colocaria como fundamento* até mesmo em cada uma de suas externações, ou seja, no fato de que ela estaria *implicitamente* em cada uma delas. Só que o *concreto* e a *aplicação* são justamente a *relação* do *idêntico* simples com *um multíplice diverso* dele. Expresso como proposição, o concreto seria inicialmente uma proposição sintética. A partir do próprio concreto ou a partir de sua proposição sintética, a abstração poderia certamente extrair a proposição da identidade através da análise; mas, de fato, ela não teria deixado a *experiência* como ela é, mas tê-la-ia *alterado*; pois a *experiência* continha, antes, a identidade em unidade com a diversidade e é a *refutação imediata* da afirmação de que a identidade abstrata como tal seria algo verdadeiro, pois justamente o oposto, a saber, a identidade somente unificada com a diversidade, é o que ocorre em cada experiência.

Mas, por outro lado, é demasiado frequente fazer também a experiência com a proposição pura da identidade e, nessa experiência, mostra-se de modo suficientemente claro como é vista a verdade que ela contém. De fato, se, por exemplo, a pergunta *"o que é uma planta?"* recebe como resposta: *"uma planta é – uma planta"*, então a verdade de tal proposição será, ao mesmo tempo, admitida por todo o grupo de pessoas pelas quais ela é testada e, ao mesmo tempo, de modo igualmente unânime, dir-se-á que, com isso, *nada* está dito. Se alguém abre a boca e promete indicar o que seria Deus, a saber, que Deus seria – Deus, então a expectativa se encontra enganada, pois ela esperava uma *determinação diversa*; e, ainda que essa proposição seja verdade absoluta, tal oratória absoluta é apreciada muito pouco; nada é considerado mais entediante e incômodo do que uma conversa que rumina apenas o mesmo, de que tal falar que, porém, deve ser verdade.

Considerado mais precisamente esse efeito do tédio em relação a tal verdade, o início *"a planta é"* se prepara para dizer *algo*, para apresentar uma determinação ulterior. Mas, na medida em que retorna o mesmo, ocorreu, antes, o oposto, a saber, *nada* surgiu. Tal falar *idêntico contradiz*, portanto, *a si mesmo*. A identidade, em vez de ser nela a verdade e a verdade absoluta, é, portanto, antes, o oposto; em vez de ser o simples, imóvel, ela é o ir além de si para a dissolução de si mesma.

Na *forma da proposição*, na qual a identidade está expressa, está, portanto, *mais* do que a identidade simples, abstrata; nela reside esse movimento puro da reflexão, na qual o outro entra em cena apenas como aparência, como desaparecer imediato; *A é*, é um começar, diante do qual paira um diverso, em direção ao qual se avançaria;

mas não se chega ao diverso; *A é – A*; a diversidade é apenas um desaparecer; o movimento regressa para dentro de si mesmo. – A forma da proposição pode ser vista como a necessidade oculta de acrescentar à identidade abstrata ainda o mais daquele movimento. – Assim, se acrescenta também um *A* ou uma planta ou um outro substrato, que, enquanto conteúdo inútil, não tem significado algum; mas ele constitui a diversidade, que parece juntar-se de modo contingente. Se, em vez do *A* e de qualquer outro substrato, é tomada a própria identidade – a identidade é a identidade –, então igualmente se admite que, em vez dela, igualmente poderia ser tomado qualquer outro substrato. Se, por conseguinte, deve-se apelar ao que mostra o fenômeno, então ele mostra que, na expressão da identidade, também imediatamente ocorre a diversidade – ou, mais determinadamente, segundo o que se viu anteriormente, que essa identidade é o nada, que ela é a negatividade, a diferença absoluta de si mesma.

A outra expressão da proposição da identidade, *A não pode ser ao mesmo tempo A e não A*, tem forma negativa; ela se chama de a *proposição da contradição*. Costuma-se não dar justificação alguma acerca de como a *forma da negação*, pela qual esse princípio se diferencia do anterior, chegaria à identidade. – Mas essa forma está no fato de que a identidade, enquanto o movimento puro da reflexão, é a negatividade simples, que a segunda expressão da proposição indicada contém de modo mais desenvolvido. Está enunciado *A* e um *não A*, o puramente outro do *A*; mas ele se mostra somente para desaparecer. Nessa proposição, portanto, a identidade está expressa – como negação da negação. *A* e *não A* são diferentes, esses diferentes estão relacionados com um e com o mesmo *A*. A identidade, portanto, está aqui apresentada como *essa diferencialidade em uma relação* ou como a *diferença simples neles mesmos*.

A partir disso, fica claro que a própria proposição da identidade e ainda mais a proposição da contradição não são de natureza meramente *analítica*, mas *sintética*. Pois esta última contém em sua expressão não apenas a simples igualdade vazia consigo, porém não unicamente o *outro* da mesma *em geral*, mas até mesmo a *desigualdade absoluta*, a *contradição em si*. Porém, a própria proposição da identidade, como foi nela mostrado, contém o movimento da reflexão, a identidade como desaparecer do ser outro.

O que resulta dessa consideração, portanto, é que, *em primeiro lugar*, a proposição da identidade ou da contradição, enquanto deve expressar como algo verdadeiro apenas a identidade abstrata, em oposição à diferença, não é lei do pensar alguma, mas, antes, o oposto disso; *em segundo lugar*, que essas proposições contêm *mais* do que *se quer dizer* com elas, a saber, esse oposto, a própria diferença absoluta.

B. A diferença

1. A diferença absoluta

A diferença é a negatividade que a reflexão tem dentro de si, o nada que é dito pelo falar idêntico, o momento essencial da própria identidade, a qual, ao mesmo tempo, determina-se como negatividade de si mesma e é diferente da diferença.

1. Essa diferença é a diferença *em e para si*, a diferença *absoluta, a diferença da essência*. – Ela é a diferença em si e para si, não a diferença através de um externo, mas diferença *que se relaciona consigo*, portanto, diferença *simples*. – É essencial apreender a diferença absoluta como diferença *simples*. Dentro da diferença absoluta do A e do *não A*, é o *simples não* que como tal constitui a diferença. A própria diferença é um conceito simples. É costume expressar-se dizendo que duas coisas são *diferentes nisso, no* fato de que elas etc. – *Nisso*, quer dizer, sob um e o mesmo aspecto, com base no mesmo fundamento de determinação. Trata-se da *diferença da reflexão*, não do *ser outro do ser aí*. Um ser aí e um outro ser aí estão postos como tais que caem fora um do outro; cada um deles, determinados um frente ao outro, tem um *ser imediato* para si. O *outro da essência*, ao contrário, é o outro em e para si, não o outro de um outro que se encontra fora dele, é a determinidade simples em si. Também dentro da esfera do ser aí o ser outro e a determinidade demonstraram ser dessa natureza, de serem determinidade simples, oposição idêntica; mas essa identidade mostrou-se apenas como o *passar* de uma determinidade para a outra. Aqui, dentro da esfera da reflexão, a diferença entra em cena como diferença refletida, que está posta assim como ela é em si.

2. A diferença em si é a diferença que se relaciona consigo; assim, ela é a negatividade de si mesma, a diferença não de um outro, mas a diferença *de si em relação a si mesma*; ela não é ela mesma, mas seu outro. O diferente da diferença, porém, é a identidade. Portanto, a diferença é ela mesma e a identidade. Juntas, ambas constituem a diferença; ela é o todo e seu momento. – Igualmente, pode-se dizer que a diferença, enquanto diferença simples, não é diferença alguma; ela é isso somente em relação à identidade; mas ela, enquanto diferença, contém, antes, também a identidade e essa própria relação. – A diferença é o todo e seu *momento* próprio, assim como a identidade é igualmente seu todo e seu momento. – Isso tem de ser considerado como a natureza essencial da reflexão e como *fundamento originário determinado de toda a atividade e de todo o automovimento*. – [A] diferença, assim como a identidade, fazem de si o *momento*, ou seja, o *ser posto*, porque elas, enquanto reflexão, são a relação negativa consigo mesmas.

A diferença, enquanto, assim, unidade de si e da identidade, é diferença *determinada em si mesma*. Ela não é passar para um outro, não é relação com outro fora dela; ela tem seu outro, a identidade, nela mesma, assim como esta última, na medida em que entrou na determinação da diferença, não se perdeu dentro dela como dentro de seu outro, mas se conserva dentro dela, é reflexão dentro de si da diferença e momento dela.

3. A diferença tem ambos os momentos, identidade e diferença; assim, ambos são um *ser posto*, determinidade. Porém, dentro desse ser posto, cada um é *relação consigo mesmo*. Um, a identidade, é imediatamente, ele mesmo, o momento da reflexão dentro de si; igualmente, porém, o outro é a diferença, diferença em si, a diferença refletida. A diferença, na medida em que ela tem dois momentos desse tipo, que são, eles mesmos, as reflexões dentro de si, é *diversidade*.

2. A diversidade

1. A identidade *decompõe-se* nela mesma em diversidade, porque, enquanto diferença absoluta dentro de si mesma, ela se põe como o negativo de si e esses seus momentos, ela mesma e o negativo dela, são reflexões dentro de si, são idênticos a si; ou justamente

porque ela mesma suprassume imediatamente seu negar e, em sua *determinação, está refletida dentro de si*. O diferente *subsiste* enquanto diverso reciprocamente indiferente, porque ele é idêntico a si, porque a identidade constitui seu terreno e seu elemento; ou seja, o diverso é o que é justamente apenas em seu oposto, na identidade.

A diversidade constitui o ser outro como tal da reflexão. O outro do ser aí tem por seu fundamento o *ser* imediato, no qual o negativo subsiste. Na reflexão, porém, a identidade consigo, a imediatidade refletida, constitui o subsistir do negativo e a indiferença do mesmo.

Os momentos da diferença são as próprias identidade e diferença. Elas são diversas enquanto refletidas dentro de si mesmas, como *tais que se relacionam consigo*; assim, *na determinação da identidade*, elas são relações apenas consigo; a identidade não está relacionada com a diferença, nem a diferença está relacionada com a identidade; na medida em que, assim, cada um desses momentos está relacionado apenas consigo mesmo, eles *não* estão *determinados* um frente ao outro. – Porque eles agora, desse modo, não são diferentes neles mesmos, a *diferença é externa* a eles. Os diversos não se relacionam um com o outro, portanto, enquanto identidade e diferença, mas apenas como *diversos* em geral, que são indiferentes um frente ao outro e frente a sua determinidade.

2. Na diversidade, enquanto indiferença da diferença, a *reflexão* tornou-se em geral *externa* a si; a diferença é apenas um *ser posto*, ou seja, enquanto diferença suprassumida, mas ela mesma é a reflexão inteira. – Considerado isso mais de perto, ambas, a identidade e a diferença, como se determinou agora há pouco, são reflexões; cada uma é unidade de si mesmo e de seu outro; cada uma é o todo. Mas, com isso, a determinidade de ser *apenas* identidade ou *apenas* diferença é um suprassumido. Elas não são qualidades, porque sua determinidade, através da reflexão dentro de si, é, ao mesmo tempo, somente como negação. Está presente, portanto, essa duplicidade: a *reflexão dentro de si* como tal e a determinidade como negação, ou seja, o *ser posto*. O ser posto é a reflexão externa a si; ele é a negação enquanto negação, – com isso, decerto, ele é *em si* a negação que se relaciona consigo e a reflexão dentro de si, mas apenas em si; ele é a relação com isso como com um externo.

A reflexão em si e a reflexão exterior são, assim, as duas determinações nas quais se puseram os momentos da diferença, identidade e diferença. Elas são esses próprios momentos, na medida em que doravante elas se determinaram – *A reflexão em si* é a identidade, mas determinada a ser indiferente frente à diferença, a não possuir de modo algum a diferença, mas a se relacionar com ela enquanto idêntica a si; ela é a *diversidade*.

É a identidade que se refletiu dentro de si mesma de modo que ela é propriamente *uma* reflexão de ambos os momentos dentro de si; ambos são reflexões dentro de si. A identidade é essa reflexão una de ambos, a qual tem a diferença apenas como uma diferença indiferente nela mesma e é diversidade em geral. – A *reflexão exterior*, ao contrário, é a diferença *determinada* da mesma, não enquanto reflexão absoluta dentro de si, mas como determinação, frente à qual a reflexão que é em si é indiferente; ambos seus momentos, as próprias identidade e diferença, são, assim, determinações postas exteriormente, não determinações que são em e para si.

Ora, essa identidade externa é a *igualdade* e a diferença externa é a *desigualdade*. – A *igualdade*, com efeito, é identidade, mas apenas como um ser posto, uma identidade que não é em e para si. – Do mesmo modo, a *desigualdade* é diferença, mas enquanto diferença externa, que não é em e para si a diferença do próprio desigual. Se algo é ou não igual a um outro algo, não concerne nem a um nem ao outro; cada um deles está relacionado apenas consigo, é em e para si mesmo o que é; a identidade ou a não identidade como igualdade e desigualdade é a consideração de um terceiro que cai fora delas.

3. A reflexão exterior relaciona o diverso com a igualdade e com a desigualdade. Essa relação, o *comparar*, vai e vem da igualdade para a desigualdade e vice-versa. Mas esse relacionar que vai e vem da igualdade e da desigualdade é externo a essas próprias determinações; elas também não são relacionadas uma com a outra, mas cada uma por si é relacionada apenas com um terceiro. Cada uma surge imediatamente por si nessa alternância. – A reflexão externa é, como tal, externa a si mesma; a diferença *determinada* é a diferença absoluta negada; com isso, ela não é simples, não é a reflexão dentro de si, mas tem esta última fora dela; seus momentos, por conseguinte, caem fora um do outro e também se relacionam como

momentos reciprocamente externos com a reflexão dentro de si que se contrapõe a elas.

Portanto, na reflexão que se tornou estranha, a igualdade e a desigualdade irrompem enquanto elas mesmas não estão reciprocamente relacionadas e tal reflexão as *separa*, enquanto as relaciona *com um e com o mesmo*, através de *"na medida em que"*, *dos lados e dos aspectos*. Os diversos, que são um e o mesmo com o qual ambas, a igualdade e a desigualdade, são relacionadas, são, portanto, *segundo um lado*, iguais um ao outro, segundo *o outro lado*, porém, desiguais, e *na medida em que* eles são iguais, *na mesma medida* não são desiguais. A *igualdade* se relaciona apenas consigo e a *desigualdade* é igualmente apenas desigualdade.

Através dessa sua separação uma da outra, porém, elas apenas se suprassumem. Justamente o que deve manter afastadas a contradição e a dissolução delas, a saber, que algo seria *igual* a um outro sob *um aspecto, mas seria desigual sob um outro aspecto* – esse manter fora uma da outra da igualdade e da desigualdade é a destruição delas. Pois ambas são determinações da diferença; elas são relações uma com a outra, consistindo em uma ser o que a outra não é; igual não é desigual e desigual não é igual, e ambas têm essencialmente essa relação e, fora dela, não têm significado algum; como determinações da diferença, cada uma é o que é enquanto *diferente* de sua outra. Através de sua indiferença recíproca, porém, a igualdade está apenas relacionada consigo, a desigualdade, do mesmo modo, é um aspecto próprio e uma reflexão por si; portanto, cada uma é igual a si mesma; a diferença desapareceu, já que não têm determinidade alguma uma frente à outra; ou seja, cada uma é, com isso, apenas igualdade.

Esse aspecto indiferente, ou seja, a diferença externa, suprassume, com isso, a si mesma e é a negatividade de si em si mesma. Ela é aquela negatividade que, no comparar, compete ao termo que compara. Este último vai da igualdade para a desigualdade e, desta, de volta para aquela, portanto, faz com que uma desapareça dentro da outra e é, de fato, a *unidade negativa de ambas*. Essa está, inicialmente, além do que é comparado, assim como além dos momentos da comparação, como um atuar subjetivo que cai fora deles. Mas essa unidade negativa é, de fato, como resultou, a natureza das próprias igualdade e desigualdade. Justamente o aspecto autossubsistente, que cada uma é, é, antes, a relação consigo que suprassume a diferencialidade delas e, com isso, elas mesmas.

Segundo esse lado, como momentos da reflexão exterior e como externas a si mesmas, a igualdade e a desigualdade desaparecem conjuntamente em sua igualdade. Mas, além disso, essa sua unidade *negativa* também está *posta* nelas; a saber, elas têm fora delas a reflexão *que é em si*, ou seja, são a igualdade e a desigualdade de *um terceiro*, de um outro que elas mesmas não são. Assim, o igual não é o igual de si mesmo e o desigual, como o desigual não de si mesmo, mas de um que lhe é desigual, é, ele mesmo, o igual. O igual e o desigual são, portanto, o *desigual de si mesmo*. Assim, cada um é essa reflexão, de que a igualdade é ela mesma e a desigualdade, [e] a desigualdade, ela mesma e a igualdade.

Igualdade e desigualdade constituíam os lados do *ser posto* frente ao comparado ou ao diverso, que se determinara como a reflexão *que é em si* frente a elas. Mas, com isso, esse perdeu igualmente sua determinidade frente a elas. Justamente a igualdade e a desigualdade, as determinações da reflexão externa, são a reflexão que é apenas em si, que devia ser o diverso como tal, sua diferença apenas indeterminada. A reflexão *que é em si* é a relação consigo sem negação, a identidade abstrata consigo, com isso, justamente o próprio ser posto. – O meramente diverso passa, portanto, através do ser posto, para a reflexão negativa. O diverso é a diferença meramente posta, portanto, a diferença que não é diferença alguma, portanto, a negação de si nela mesma. Assim, as próprias igualdade e desigualdade, o ser posto, através da indiferença, ou seja, através da reflexão que é em si, regressa para a unidade negativa consigo, para a reflexão que a diferença da igualdade e da desigualdade é em si mesma. A diversidade, cujos lados *indiferentes* são, do mesmo modo, pura e simplesmente somente *momentos* enquanto [momentos] de uma unidade negativa, é a *oposição*.

Observação [A proposição da diversidade]

Assim como a identidade, a diversidade é expressa em uma proposição própria. De resto, ambas essas proposições permanecem mantidas na diversidade indiferente de uma frente à outra, de modo que cada uma por si vale sem consideração da outra.

"*Todas as coisas são diversas*" ou "*Não há duas coisas que sejam iguais uma à outra*". – Essa proposição está, de fato, contraposta à proposição da identidade, pois ela enuncia: *A* é um diverso, portanto, *A* é também não *A*; ou, *A* é desigual a um outro, então não é *A* em geral, mas antes um *A* determinado. Na proposição idêntica, no lugar do *A* pode ser posto qualquer outro substrato, mas *A*, enquanto um desigual, não pode mais ser trocado por qualquer outro. Ele, com efeito, não deve ser um diverso *de si*, mas apenas *de outro*; mas essa diversidade é sua própria determinação. Enquanto idêntico a si, *A* é o indeterminado; mas, enquanto determinado, ele é o oposto disso; ele não tem mais nele apenas a identidade consigo, mas também uma negação e, com isso, uma diversidade de si mesmo em relação a si.

Que todas as coisas sejam diversas umas das outras é uma proposição muito supérflua, pois no plural de "coisas" está imediatamente a variedade e a diversidade inteiramente indeterminada. – Porém, a proposição "não há duas coisas que sejam perfeitamente iguais uma à outra" expressa mais, a saber, a diversidade *determinada*. Duas coisas não são meramente duas – a pluralidade numérica é apenas a mesmice –, mas são diversas *através de uma determinação*. A proposição de que não há duas coisas que sejam iguais uma à outra salta aos olhos do representar, também, segundo a anedota, em uma corte onde Leibniz deve tê-la exposto, dando ensejo às damas de procurarem entre as folhas das árvores para ver se não encontrariam duas iguais. – Épocas afortunadas para a metafísica, em que alguém se ocupava dela na corte e não era preciso nenhum outro esforço para examinar suas proposições além do de comparar folhas de árvores! – A razão pela qual aquela proposição salta aos olhos está no que foi dito, que *dois* ou a variedade numérica ainda não contém *nenhuma* diversidade *determinada* e que a diversidade como tal, em sua abstração, é inicialmente indiferente à igualdade e à desigualdade. O representar, na medida em que também passa para a determinação, acolhe esses próprios momentos como reciprocamente indiferentes, de modo que um sem o outro, *a mera igualdade* das coisas *sem a desigualdade*, seria suficiente para a determinação, ou de modo que as coisas seriam diversas, ainda que elas sejam múltiplos apenas numéricos, diversos em geral, não desiguais. A proposição da diversidade, ao contrário, expressa que as coisas são diversas através da desigualdade entre elas, que a elas a determinação da desigualdade compete tanto quanto a da igualdade, pois somente ambas juntas constituem a diferença determinada.

Agora, essa proposição de que a todas as coisas compete a determinação da desigualdade necessitaria de uma prova; ela não pode ser afirmada como proposição imediata, pois a maneira comum do próprio conhecer exige, para a ligação de determinações diversas em uma proposição sintética, uma prova ou a indicação de um terceiro em que elas estão mediadas. Essa prova teria de exibir a passagem da identidade para a diversidade e, então, a passagem dessa para a diversidade determinada, para a desigualdade. Mas não é costume oferecer isso; no fato de que a diversidade, ou seja, a diferença externa é, na verdade, diferença refletida dentro de si, diferença nela mesma, resultou que o subsistir indiferente do diverso é o mero ser posto e, assim, não é diferença externa, indiferente, mas *uma* relação de ambos os momentos.

Nisso está também a dissolução e a nulidade da *proposição da diversidade*. Duas coisas não são perfeitamente iguais; então elas são, ao mesmo tempo, iguais e desiguais; iguais já pelo fato de que são coisas ou duas em geral, pois cada uma é uma coisa e é um uno tanto quanto a outra, cada uma é, portanto, o mesmo que a outra; desiguais, porém, pela assunção. Com isso, está presente a determinação de que ambos os momentos, a igualdade e a desigualdade, são diversos dentro de *um e do mesmo*, ou seja, de que a diferença que se rompe é, ao mesmo tempo, uma e a mesma relação. Com isso, ela passou para a *contraposição*.

O *"ao mesmo tempo"* de ambos os predicados, com efeito, é mantido separado pelo *"na medida em que"*: isso quer dizer que duas coisas, *na medida em que* são iguais, *na mesma medida* não são desiguais, ou que, segundo um *lado* e *aspecto*, são iguais, segundo o outro *lado* e *aspecto*, porém, são desiguais. Com isso, a unidade da igualdade e da desigualdade é afastada da coisa, e o que seria sua reflexão própria e a reflexão em si da igualdade e da desigualdade é mantido fixo como uma reflexão externa à coisa. Mas é essa *que*, com isso, *dentro de uma e da mesma atividade*, diferencia os dois lados da igualdade e da desigualdade e, assim, contém ambos em *uma* atividade, a qual deixa aparecer e reflete uma dentro da outra. – Contudo, a ternura habitual pelas coisas, a qual cuida apenas para que essas não se contradigam, esquece aqui, como em outro lugar, que, com isso, a contradição não é dissolvida, mas apenas deslocada para um outro lugar, para a reflexão subjetiva ou exterior, e que essa contém, de fato, enquanto suprassumidos e relacionados um com o outro em *uma* unidade, ambos os momentos, os quais, através desse afastamento e da transposição, são enunciados enquanto mero *ser posto*.

3. A oposição

Dentro da oposição, a *reflexão determinada*, a diferença, está plenamente realizada. Ela é a unidade da identidade e da diversidade; seus momentos são diversos em *uma só* identidade; assim, eles estão *contrapostos*.

A *identidade* e a *diferença* são os momentos da diferença mantidos dentro dela mesma; elas são momentos *refletidos* de sua unidade. Mas *igualdade* e *desigualdade* são a reflexão exteriorizada; a identidade consigo delas não é apenas a indiferença de cada um desses momentos frente a seu diferente, mas a indiferença frente ao ser em si e para si como tal, uma identidade consigo frente àquela refletida dentro de si; ela é, portanto, a *imediatidade* não refletida dentro de si. O ser posto dos lados da reflexão externa é, por conseguinte, um *ser*, assim como o não ser posto deles é um *não ser*.

Considerados mais precisamente, os momentos da oposição são o ser posto refletido dentro de si ou a determinação em geral. O ser posto é a igualdade e a desigualdade; ambas, refletidas dentro de si, constituem as determinações da oposição. Sua reflexão dentro de si consiste no fato de que cada momento, nele mesmo, é a unidade da igualdade e da desigualdade. A igualdade está somente na reflexão que compara segundo a desigualdade, com isso, está mediada através de seu outro momento indiferente; do mesmo modo, a desigualdade está somente dentro da mesma relação reflexionante, dentro da qual está a igualdade. – Cada um desses momentos é, portanto, dentro de sua determinidade, o todo. Ele é o todo, na medida em que também contém seu outro momento; mas esse seu outro momento é um momento *que é* de modo indiferente; assim, cada momento contém a relação com seu não ser e é a reflexão dentro de si ou o todo somente como aquele que se relaciona essencialmente com seu não ser. Essa *igualdade* consigo refletida dentro de si, que contém dentro dela mesma a relação com a desigualdade, é o *positivo*; assim, a *desigualdade* que contém dentro dela mesma a relação com seu não ser, a igualdade, é o *negativo*. – Ou seja, ambos são o *ser posto*; agora, na medida em que a determinidade diferente é tomada como diferente *relação determinada consigo* do ser posto, a oposição é, por uma parte, o *ser posto* refletido dentro de sua *igualdade consigo*, por outra parte, aquele mesmo ser posto refletido dentro de sua desigualdade consigo, o *positivo* e o *negativo*. – O *positivo* é o ser posto como refletido dentro da igualdade consigo; mas o refletido é o ser posto, isto é, a negação enquanto negação; assim, essa reflexão dentro de si tem por sua determinação a relação com o outro. O *negativo* é o ser posto enquanto refletido dentro da desigualdade; mas o ser posto é a própria desigualdade; assim, essa reflexão é, com isso, a identidade da desigualdade consigo mesma e relação absoluta consigo. – Ambos, portanto, o ser posto refletido dentro da igualdade consigo tem nele a desigualdade e também o ser posto refletido dentro da desigualdade consigo tem nele a igualdade.

O positivo e o negativo são, assim, os lados da oposição tornados autossubsistentes. Eles são autossubsistentes, na medida em que são a reflexão do *todo* dentro de si e eles pertencem à oposição, enquanto é a *determinidade* que, como todo, está refletida dentro de si. Em virtude de sua autossubsistência, eles constituem a oposição determinada *em si*. Cada um é ele mesmo e seu outro, através disso, cada um tem *sua determinidade* não em um outro, mas *nele mesmo*. – Cada um se relaciona consigo mesmo somente ao se relacionar com seu outro. Isso tem o lado duplo: cada um é relação com seu não ser enquanto suprassumir dentro de si desse ser outro; assim, seu não ser é apenas um momento dentro dele. Mas, por outro lado, o ser posto tornou-se aqui um ser, um subsistir indiferente; o outro de si, que cada um contém, é, portanto, também o não ser daquilo em que ele deve estar contido apenas como momento. Cada um, portanto, é somente na medida em que seu *não* ser *é* e, com efeito, em uma relação idêntica.

As determinações que constituem o positivo e o negativo consistem, por conseguinte, no fato de que o positivo e o negativo são, *primeiramente, momentos* absolutos da oposição; o subsistir deles é inseparavelmente *uma* reflexão; é uma mediação na qual cada um é através do não ser de seu outro, com isso, é através de seu outro ou de seu não ser próprio. – Assim, eles são *contrapostos* em geral; ou seja, *cada um* é apenas o contraposto do outro, um ainda não é positivo e o outro ainda não é negativo, mas ambos são negativos um frente ao outro. Assim, cada um é, em geral, *primeiramente, na medida em que o outro é*; ele é o que é através do outro, é através de seu não ser próprio; ele é somente *ser posto. Em segundo lugar*: cada um é *na medida em que o outro não é*; ele é o que é através do não ser do outro; é *reflexão dentro de si*. – Ambos, porém, são *a única* mediação da oposição em geral, mediação na qual eles, em geral, *são* somente *postos*.

Além disso, porém, esse mero ser posto é, em geral, refletido dentro de si; segundo esse momento da *reflexão exterior*, o positivo e o negativo são *indiferentes* frente àquela primeira identidade, em que eles são apenas momentos; ou, na medida em que aquela primeira reflexão é a reflexão própria do positivo e do negativo dentro de si mesma, na medida em que cada um é seu ser posto nele mesmo, cada um é indiferente frente a essa sua reflexão em seu não ser, frente a seu ser posto próprio.

Assim, ambos os lados são meramente diversos e, na medida em que sua determinidade de serem positivo e negativo constitui seu ser posto um frente ao outro, cada um não é nele mesmo determinado assim, mas é apenas determinidade em geral; a cada lado, por conseguinte, compete, com efeito, uma das determinidades do positivo e do negativo; mas elas podem ser alternadas, e cada lado é de tal maneira que pode ser tomado tanto como positivo quanto como negativo.

Porém, *em terceiro lugar*, o positivo e o negativo não são apenas um ser posto, nem meramente um indiferente, mas seu *ser posto* ou a *relação com o outro em uma unidade* que *eles mesmos não são* está *retomada* em cada um. Cada um é nele mesmo positivo e negativo; o positivo e o negativo são a determinação de reflexão em si e para si; somente nessa reflexão dentro de si do contraposto, eles são positivo e negativo. O positivo tem nele mesmo a relação com o outro, na qual está a determinidade do positivo; igualmente, o negativo não é um negativo enquanto se defronta com um outro, mas tem igualmente dentro dele mesmo a determinidade através da qual é negativo.

Assim, cada um é [uma] unidade consigo que é para si, autossubsistente. O positivo certamente é um ser posto, mas de modo que, para ele, o ser posto é apenas ser posto enquanto suprassumido. Ele é o *não contraposto*, a oposição suprassumida, mas enquanto lado da própria oposição. – Com efeito, algo, enquanto positivo, está determinado em relação com um ser outro, mas de modo que sua natureza é a de não ser um posto; ele é a reflexão dentro de si que nega o ser outro. Mas o outro de si, o negativo, é ele mesmo não mais ser posto ou momento, mas um *ser* autossubsistente; assim, a reflexão negadora dentro de si do positivo está determinada a *excluir* de si esse seu *não ser*. Assim, o negativo enquanto reflexão absoluta não é o negativo imediato, mas o mesmo enquanto ser posto suprassumido, o negativo em e para si, que repousa positivamente sobre si. Enquanto reflexão dentro de si, ele nega sua relação com outro; seu outro é o positivo, um ser autossubsistente; – sua relação negativa com isso é, portanto, a de excluí-lo de si. O negativo é o contraposto que subsiste por si, frente ao positivo, que é a determinação da oposição suprassumida, – a *oposição inteira* que repousa sobre si, contraposta ao ser posto idêntico a si.

O positivo e o negativo são, assim, não apenas positivo e negativo *em si*, mas em si e para si. Eles o são *em si*, na medida em que se abstrai de sua relação excludente com outro e eles são tomados apenas segundo sua determinação. Algo é *em si* positivo ou negativo, na medida em que ele não deve ser determinado assim meramente *frente a outro*. Mas, se o positivo ou o negativo não são enquanto ser posto e, com isso, não são enquanto contraposto, cada um é o imediato, *ser e não ser*. O positivo e o negativo são, porém, os momentos da oposição, o ser em si dos mesmos constitui apenas a forma de seu ser refletido dentro de si. Algo é *em si* positivo, fora da relação com o negativo; e algo é *em si negativo*, fora da relação com o negativo[3]; nessa determinação, mantém-se firme meramente o momento abstrato desse ser refletido. Só que o positivo ou o negativo *que é em si* significa essencialmente que estar contraposto não é meramente momento, nem pertence à comparação, mas é a determinação *própria* dos lados da oposição. Portanto, eles não são positivos ou negativos *em si* fora da relação com outro, mas [de modo] que *essa relação*, e, com efeito, enquanto relação excludente, constitui a determinação ou o ser em si dos mesmos; nisso, eles são, portanto, ao mesmo tempo, positivos e negativos em si e para si.

Observação [As grandezas contrapostas da matemática]

Aqui deve ser indicado o conceito do *positivo* e do *negativo* como ocorre na *aritmética*. Nela, esse conceito é pressuposto como bem conhecido; mas, porque ele não é apreendido em sua diferença determinada, ele não escapa de dificuldades e complicações insolúveis. Agora mesmo resultaram ambas as determinações *reais* do positivo e do negativo – além do conceito simples de sua contraposição – a saber, que, *num primeiro momento*, subjaz apenas um ser aí diverso, imediato, cuja reflexão simples dentro de si é diferenciada de seu ser posto, da própria contraposição. Essa vale, por conseguinte, apenas enquanto não é em si e para si e, com efeito, compete ao diverso, de modo que cada um é em geral um contraposto, mas também subsiste por si de modo indiferente frente a isso, e não faz diferença qual dos dois diversos contrapostos seja considerado como positivo ou como negativo. – *Num outro momento*, porém, o positivo é o positivo em si mesmo, o negativo é o negativo em si mesmo, de modo que o diverso não é indiferente a isso, mas isso é sua determinação

---

3. De passagem, assinalamos uma questão controversa. De acordo com a edição espanhola de Duque (HEGEL. *Ciencia de la lógica* – I La lógica objetiva. Madri: Abada Editores, 2011, p. 477, n. 61) e a edição francesa de Labarrière-Jarczyk (HEGEL. *Science de la logique*. Premier tome – Deuxième livre: La doctrine de l'essence. Paris: Aubier-Montaigne, 1976, p. 64, n. 124), na altura da segunda ocorrência de "fora da relação com o negativo", a edição alemã original de 1813 conteria um erro tipográfico, consistente em colocar "negativo (*negativ*)" em vez de "positivo", o qual melhor complementaria, na segunda frase, a ideia de algo em si negativo. As edições italiana (Moni) e inglesa (De Giovanni) não se pronunciam e mantém inalterado o texto original. Por nossa parte, resolvemos permanecer fiéis à edição original de 1813, reproduzida por nossa edição de referência, deixando aos leitores a tarefa de decidir qual seria a leitura mais correta da passagem em questão [N.T.].

em si e para si. – Essas duas formas do positivo e do negativo ocorrem logo nas primeiras determinações nas quais elas são empregadas na aritmética.

O $+a$ e $-a$ são, primeiramente, *grandezas contrapostas em geral*; *a* é a *unidade que é em si* e subjaz a ambos, o indiferente à própria contraposição, o indiferente que, aqui, sem conceito ulterior, serve como base morta. O *-a* está, com efeito, designado como o negativo, o $+a$, como o positivo, mas *um* é tanto um *contraposto* quanto *o outro*.

Além disso, *a* não é apenas a unidade *simples* subjacente, mas, enquanto $+a$ e $-a$, ela é a reflexão dentro de si desses contrapostos; estão presentes *dois a diversos* e é indiferente qual dos dois se queira designar como o positivo ou o negativo; ambos têm um subsistir particular e são positivos.

Conforme aquele primeiro lado, $+y -y = 0$; ou, em *-8 +3*, os *3* positivos são negativos no *8*. Os contrapostos suprassumem-se em sua combinação. Depois de ter feito uma hora de caminho para Leste, uma hora de volta para Oeste suprassume o caminho da primeira; quanto maiores as dívidas, tanto menor o patrimônio e quanto mais patrimônio está presente, tanto mais se suprassumem as dívidas. O caminho de uma hora para Leste não é, ao mesmo tempo, o caminho positivo em si, nem o caminho para Oeste é o caminho negativo; antes, essas direções são indiferentes frente a essa determinidade da oposição; apenas uma terceira consideração, que cai fora delas, torna uma positiva e a outra, negativa. Assim, também as dívidas não são em si e para si o negativo; elas apenas o são em relação ao devedor; para o credor, elas são seu patrimônio positivo; elas são uma soma de dinheiro ou o que quer que seja de um certo valor, o que, segundo as considerações que caem fora dele, é dívidas ou patrimônio.

Os contrapostos, decerto, suprassumem-se dentro de sua relação, de modo que o resultado é igual a zero; mas, dentro deles, também está presente *sua relação idêntica*, que é indiferente à própria oposição; assim, eles constituem *uma coisa só*. Assim, como agora mesmo foi lembrado da soma de dinheiro, que é apenas *uma* soma, ou o *a* que é apenas *um a* no $+a$ e no $-a$; também o caminho é apenas *um* trecho de caminho, não dois caminhos, dos quais um iria para Leste e o outro, para Oeste. Assim, também uma ordenada y, ao ser tomada neste ou naquele lado do eixo, é a mesma; sob esse aspecto, $+y -y = y$; ela é apenas *a* ordenada, é apenas *uma* determinação e lei da mesma.

Além disso, porém, os contrapostos não são apenas *um* indiferente, mas também *dois indiferentes*. Eles são, a saber, enquanto contrapostos, também refletidos dentro de si e subsistem assim como diversos.

Assim, em *-8 +3* estão presentes em geral onze unidades; $+y$, $-y$ são ordenadas no lado oposto do eixo, onde cada uma é um ser aí indiferente a esse limite e à oposição delas; assim, $+y -y = 2y$. – Também o caminho feito para Leste e para Oeste é a soma de um esforço duplo ou a soma de dois períodos de tempo. Igualmente, na economia política, um *quantum* de dinheiro ou de valor não é apenas esse *quantum* como meio de subsistência, mas é duplicado; ele é meio de subsistência tanto para o credor quanto para o devedor. O patrimônio do Estado não se calcula meramente como soma de dinheiro vivo e do outro valor, que está presente no Estado, de imóveis ou móveis, muito menos, porém, como soma que restaria depois de descontado o patrimônio passivo do ativo, mas o capital, mesmo que sua determinação ativa e passiva se reduzisse a zero, permanece, *em primeiro lugar*, capital positivo enquanto $+a -a = a$; em segundo lugar, porém, na medida em que ele, de múltiplas maneiras, é passivo, emprestado e novamente emprestado, ele é, através disso, um meio muito multiplicado.

Mas não apenas as grandezas contrapostas são, por um lado, meramente contrapostas em geral, por outro lado, reais ou indiferentes. Antes, embora o próprio *quantum* seja o ser limitado indiferente, ocorre nele, todavia, também o positivo em si e o negativo em si. O *a*, por exemplo, na medida em que não tem sinal algum, vale para ser tomado como positivo, se tem de ser designado. Se devesse se tornar apenas em geral um contraposto, poderia igualmente ser tomado como *-a*. Mas o sinal positivo lhe é dado imediatamente, porque o positivo tem por si o significado peculiar do imediato, enquanto idêntico a si, frente à contraposição.

Além disso, ao serem adicionadas ou subtraídas, as grandezas positivas e negativas valem como tais que são por si positivas e negativas e não se tornam positivas e negativas meramente através da relação do adicionar ou do subtrair, segundo esse modo exterior. Em *8 -(-3)*, o primeiro menos significa *contra*posto *a 8*, o segundo menos, porém, *(-3)*, vale como contraposto *em* si, fora dessa relação.

Isso emerge mais precisamente na multiplicação e na divisão; aqui, o positivo tem de ser tomado essencialmente como o *não contraposto*; o negativo, ao contrário, como o contraposto; ambas as determinações não podem ser tomadas de modo igual apenas como contrapostas em geral. Na medida em que os manuais, nas provas de como se relacionam os sinais nessas duas operações, detêm-se, em geral, no conceito das grandezas contrapostas, essas provas são incompletas e se enredam em contradições. – Na multiplicação e na divisão, porém, o mais e o menos adquirem o significado mais determinado de positivo e de negativo em si, porque a relação dos fatores, de serem unidade e valor numérico um frente ao outro, não é uma mera relação do aumentar ou do diminuir, como no adicionar e no subtrair, mas é uma relação qualitativa, com a qual também o mais e o menos adquirem o significado qualitativo do positivo e do negativo. – Sem essa determinação, e meramente a partir do conceito de grandezas contrapostas, pode facilmente ser tirada a consequência enviesada de que, se houver $-a \times +a = -a^2$, inversamente haveria $+a \times -a = +a^2$. Na medida em que um fator significa o valor numérico, e o outro, a unidade, e, precisamente, o fator anteposto, como é usual, significa o valor numérico, ambas as expressões $-a \times +a$ e $+a \times -a$ se diferenciam pelo fato de que, na primeira, *+a* é a unidade e *-a* é o valor numérico e, na outra, é o inverso. Costuma-se dizer, no caso da primeira expressão, que quando devo tomar *+a* vezes *-a*, então não tomo *+a* meramente vezes *a*, mas, ao mesmo tempo, no modo a ele contraposto, *+a* vezes *-a*; portanto, já que ele é o mais, tenho de tomá-lo negativamente, e o produto é $-a^2$. Mas se, no segundo caso, tem de ser tomado *-a* vezes *+a*, então, do mesmo modo, *-a* não deve ser tomado *-a* vezes, mas na determinação contraposta, a saber, *+a* vezes. Segundo o raciocínio do primeiro caso, segue-se, portanto, que o produto precisaria ser $+a^2$. – O mesmo ocorre na divisão.

Essa consequência é necessária, na medida em que mais e menos são tomados somente como grandezas contrapostas em geral; no primeiro caso, ao sinal menos é atribuída a força de modificar o sinal mais; mas, no outro caso, o mais não deveria ter a mesma força sobre o menos, apesar de ele ser uma determinação de grandeza *contraposta* tanto quanto esse. De fato, o mais não tem essa força, pois ele precisa ser tomado aqui segundo sua determinação qualitativa frente ao menos, na medida em que os fatores têm uma relação qualitativa entre si. Sob esse aspecto, o negativo é aqui, portanto, o contraposto em si como tal, mas o positivo é o indeterminado, o indiferente em geral; ele certamente também é o negativo, mas do outro, não nele mesmo. – Uma determinação enquanto negação entra, portanto, unicamente através do negativo, não através do positivo.

Assim, também $-a \times -a = +a^2$, porque o a negativo não deve ser tomado meramente no modo contraposto (assim teria de ser tomado, multiplicado por $-a$), mas porque deve ser tomado negativamente. A negação da negação, porém, é o positivo.

C. A contradição

1. A *diferença* em geral contém ambos seus lados enquanto *momentos*; na *diversidade*, eles caem fora um do outro *de modo indiferente*; na *oposição* como tal, eles são lados da diferença, um determinado somente pelo outro, com isso, somente momentos; mas eles são também determinados neles mesmos, indiferentes um frente ao outro e como tais que se excluem reciprocamente: as *determinações autossubsistentes de reflexão*.

Uma é o *positivo*, a outra, o *negativo*, mas aquela enquanto o positivo nele mesmo, essa, enquanto o negativo nele mesmo. Cada momento tem a autossubsistência indiferente para si pelo fato de que tem nele mesmo a relação com seu outro momento; assim, ele é a oposição inteira fechada em si mesma. – Enquanto [é] esse todo, cada um está mediado consigo *através de seu outro* e *contém* o mesmo. Mas, além disso, ele está mediado consigo através *do não ser de seu outro*; assim, ele é unidade que é para si e *exclui* de si o outro.

Na medida em que a determinação autossubsistente de reflexão, sob o mesmo aspecto em que ela contém a outra e, através disso, é autossubsistente, exclui a outra, ela, em sua autossubsistência, exclui de si sua própria autossubsistência, pois essa consiste em conter dentro de si sua outra determinação e, unicamente através disso, em não ser relação com um externo, – mas, de modo igualmente imediato, consiste em ser ela mesma e em excluir de si sua determinação negativa. Assim, a determinação autossubsistente de reflexão é a *contradição*.

A diferença em geral já é a contradição *em si*; pois, ela é a *unidade* de [termos] tais que são somente na medida em que *não são um* – e a *separação* de [termos] tais que são somente enquanto separados *na mesma relação*. Mas o positivo e o negativo são a contradição *posta*, porque, enquanto unidades negativas, [são] eles mesmos o seu pôr e, nisso, cada um é o seu suprassumir e o pôr de seu oposto. – Eles constituem a reflexão determinante enquanto *excludente*; porque o excluir é *um* diferenciar e cada um dos diferenciados, enquanto excludente, é, ele mesmo, todo o excluir, cada um exclui a si dentro dele mesmo.

Se considerarmos por si mesmas ambas as determinações autossubsistentes de reflexão, o positivo é o *ser posto* enquanto refletido *na igualdade consigo*, o ser posto, que não é relação com um outro, portanto, o subsistir, na medida em que o ser posto está *suprassumido* e *excluído*. Com isso, porém, o positivo se torna *relação de um não ser* – um *ser posto*. Assim, ele é a contradição de que, enquanto é o pôr da identidade consigo através do *excluir* do negativo, ele faz de si mesmo o *negativo* de um, portanto, o outro que ele exclui de si. Este último, enquanto excluído, está posto como livre do excludente; com isso, enquanto refletido dentro de si e ele mesmo excludente. Assim, a reflexão excludente é pôr do positivo enquanto excludente com respeito ao outro, de modo que esse pôr é imediatamente o pôr de seu outro, do que o exclui.

Essa é a contradição absoluta do positivo, mas ela é imediatamente a contradição absoluta do negativo; o pôr de ambos é *uma* reflexão. – O negativo, considerado por si frente ao positivo, é o ser posto *enquanto* refletido *na desigualdade consigo*, o negativo enquanto negativo. Mas o negativo é ele mesmo o desigual, o não ser de um outro; com isso, a reflexão em sua desigualdade é, antes, sua relação consigo mesma. – A negação *em geral* é o negativo enquanto qualidade, ou seja, enquanto determinidade *imediata*; mas o negativo *enquanto negativo* está relacionado com o negativo de si, com seu outro. Se este negativo é tomado apenas como idêntico ao primeiro [negativo], ele é, como também o primeiro, apenas imediato; assim, eles não são tomados como outros um frente ao outro, portanto, não como negativos; o negativo não é, de modo algum, um imediato. – Mas, além disso, na medida em que agora cada um é precisamente o mesmo que o outro, essa relação dos desiguais é precisamente sua relação idêntica.

Essa é, portanto, a mesma contradição que é o positivo, a saber, ser posto ou negação enquanto relação consigo. Mas o positivo é apenas *em si* essa contradição; o negativo, ao contrário, é a contradição *posta*; pois em sua reflexão dentro si, de ser negativo em e para si, ou seja, de ser idêntico consigo enquanto negativo, ele tem a determinação de ser o não idêntico, de ser excluir da identidade. Ele é isto: *ser idêntico consigo frente à identidade*, com isso, excluir a si mesmo de si através de sua reflexão excludente.

O negativo é, portanto, a contraposição inteira que repousa sobre si enquanto contraposição, a diferença absoluta que *não se relaciona com outro*; enquanto contraposição, a diferença exclui de si a identidade –, mas, com isso, exclui a si mesma; pois, enquanto *relação consigo*, determina-se como a própria identidade que ela exclui.

2. *A contradição dissolve-se.*

Na reflexão que exclui a si mesma, acima considerada, o positivo e o negativo suprassumem a si mesmos, cada um dentro de sua autossubsistência; cada um é pura e simplesmente o passar ou, antes, seu transpor-se para seu oposto. Esse desaparecer incessante dos contrapostos dentro deles mesmos é a *unidade mais próxima* que vem a se estabelecer através da contradição; ela é o *zero*.

A contradição, porém, não contém meramente o *negativo*, mas também o *positivo*; ou seja, a reflexão que exclui a si mesma é, ao mesmo tempo, a reflexão *ponente*; o resultado da contradição não é apenas zero. – O positivo e o negativo constituem o *ser posto* da autossubsistência; a negação de si através deles mesmos suprassume o *ser posto* da autossubsistência. É isso que, na verdade, sucumbe na contradição.

A reflexão dentro de si, através da qual os lados da oposição fazem de si relações autossubsistentes consigo, é inicialmente a autossubsistência deles enquanto momentos *diferentes*; eles são, assim, apenas *em si* essa autossubsistência, pois eles ainda são contrapostos, e o fato de que eles o são *em si*, constitui seu ser posto. Mas a reflexão excludente deles suprassume esse ser posto, torna-os autossubsistentes que são para si, tais que são autossubsistentes não apenas *em si*, mas através de sua relação negativa com seu outro; a autossubsistência deles, desse modo, está também posta. Mas, além disso, através desse seu pôr, eles fazem de si um ser posto. *Eles vão ao fundo*[4], na medida em que se determinam como o idêntico consigo, mas nisso, antes, como o negativo, como um idêntico consigo que é relação com outro.

Só que essa reflexão excludente, considerada mais de perto, não é apenas essa determinação formal. Ela é autossubsistência que é *em si* e é o suprassumir desse ser posto, e somente através desse suprassumir é unidade que é para si e, de fato, unidade autossubsistente. Através do suprassumir do ser outro ou do ser posto está de novo presente, com efeito, o ser posto, o negativo de um outro. Mas, de fato, essa negação não é, de novo, apenas uma primeira relação imediata com outro, não é ser posto enquanto imediatidade suprassumida, mas enquanto ser posto suprassumido. A reflexão excludente da autossubsistência, na medida em que ela é excludente, faz de si o ser posto, mas é, na mesma medida, suprassumir de seu ser posto. Ela é relação consigo que suprassume; nisso ela suprassume, *em primeiro lugar*, o negativo e, *em segundo lugar*, ela se põe como negativo e este é somente aquele negativo que ela suprassume; no suprassumir o negativo, ela o põe e, ao mesmo tempo, o suprassume. Desse modo, a *própria determinação excludente* é, em relação a si, o *outro*, do qual ela é negação; o suprassumir desse ser posto não é, por conseguinte, de novo ser posto enquanto o negativo de um outro, mas é o ir junto consigo mesmo, que é unidade positiva consigo.

---

4. A partir daqui, Hegel começa a explorar a ambiguidade da expressão *zugrunde richten* (ou, alternativamente e com maior frequência, *zugrunde gehen*), com a qual ele entende tanto o ato de perecer, de encontrar sua própria destruição, quanto o ato de voltar ou regressar ao próprio fundamento (mais adiante, entrará em cena a expressão *in seinen Grund zurückgehen*). O fundamento, desse modo, entende-se como a essência em sua potência (ora criadora, ora destruidora) de constituição real do imediato. A fim de preservar o campo semântico do "fundamento" e destacar a afinidade de sentido especulativo entre as referidas expressões, escolhemos para *zugrunde gehen* a tradução *ir ao fundo* [N.T.].

A autossubsistência é, assim, unidade que retorna para dentro de si através de *sua própria* negação, na medida em que ela retorna para dentro de si por meio da negação de *seu* ser posto. Ela é a unidade da essência, de ser idêntica consigo através da negação não de um outro, mas de si mesma.

3. Segundo esse lado positivo, de que a autossubsistência, dentro da oposição, enquanto reflexão excludente, faz de si o ser posto e igualmente suprassume o fato de ser ser-posto, a oposição não apenas *foi ao fundo*, mas regressou *a seu fundamento*. – A reflexão excludente da oposição autossubsistente faz desta um negativo, apenas um posto; através disso, ela rebaixa suas *determinações* inicialmente autossubsistentes, o positivo e o negativo, a determinações que são *apenas determinações*, e assim, na medida em que o ser posto se torna o ser posto, ele retornou em geral para sua unidade consigo; é a *essência simples*, mas a essência enquanto *fundamento*. Através do suprassumir das determinações da essência que se contradizem em si mesmas, a essência está restabelecida, todavia, com a determinação de ser unidade excludente de reflexão – unidade simples que determina a si mesma como negativo, mas que, dentro desse ser posto, é imediatamente igual a si e se juntou consigo.

Inicialmente, portanto, a oposição autossubsistente *regressa* através de sua contradição para o fundamento; aquela é o primeiro, o imediato, do qual se inicia, e a oposição suprassumida, ou seja, o ser posto suprassumido é, ele mesmo, um ser posto. Assim, *a essência enquanto fundamento é um ser posto, algo que deveio*. Mas, inversamente, pôs-se apenas isto: que a oposição ou o ser posto é um suprassumido, apenas enquanto ser posto. Enquanto fundamento, portanto, a essência é reflexão excludente, de modo que ela faz de si mesma o ser posto, de modo que a oposição, a partir da qual anteriormente foi feito o início e que foi o imediato, é a autossubsistência apenas posta, determinada, da essência e de modo que a oposição é apenas o que se suprassume nele mesmo, ao passo que a essência é o que é refletido dentro de si em sua determinidade. Enquanto fundamento, a essência *se* exclui de si mesma, ela *se* põe; seu ser posto – que é o excluído – é apenas enquanto ser posto, enquanto identidade do negativo consigo mesmo. Esse autossubsistente é o negativo, *posto* como negativo; algo que contradiz a si mesmo, que, portanto, permanece imediatamente dentro da essência como dentro de seu fundamento.

A contradição dissolvida é, por conseguinte, o fundamento, a essência enquanto unidade do positivo e do negativo. Na oposição, a determinação cresceu até a autossubsistência; o fundamento, porém, é essa autossubsistência plenamente realizada; dentro dele, o negativo é essência autossubsistente, mas enquanto negativo; assim, ele é igualmente o positivo enquanto o idêntico consigo dentro dessa negatividade. A oposição e sua contradição estão, por conseguinte, tanto suprassumidas quanto conservadas dentro do fundamento. O fundamento é a essência enquanto a identidade positiva consigo; mas a identidade que, ao mesmo tempo, relaciona-se consigo enquanto negatividade, que determina, portanto, a si e que faz de si o ser posto excluído; esse ser posto, porém, é toda a essência autossubsistente, e a essência é fundamento enquanto idêntica consigo mesma e positiva dentro dessa sua negação. A própria oposição autossubsistente que se contradiz já era, portanto, o fundamento; apenas sobreveio a determinação da unidade consigo mesma, a qual emerge pelo fato de que cada um dos contrapostos autossubsistentes suprassume a si mesmo e faz de si o outro de si, com isso, vai ao fundo, mas nisso, ao mesmo tempo, vai junto somente consigo mesmo, portanto, dentro de seu sucumbir, isto é, dentro de seu ser posto ou dentro da negação, é, antes, somente a essência refletida dentro de si, idêntica consigo mesma.

Observação 1 [Unidade do positivo e do negativo]

O positivo e o negativo são o mesmo. Essa expressão pertence à *reflexão exterior*, na medida em que, com essas duas determinações, ela estabelece uma *comparação*. Porém, não é uma comparação exterior que tem de ser estabelecida entre as mesmas, tampouco entre outras categorias, mas elas têm de ser consideradas nelas mesmas, quer dizer, tem de ser considerado o que é a reflexão própria delas. Nessa, porém, mostrou-se que cada um é essencialmente o aparecer de si dentro do outro e até mesmo o pôr de si enquanto pôr do outro.

Mas o representar, na medida em que ele não considera o positivo e o negativo como eles são em e para si, pode, sem dúvida, ser remetido ao comparar, a fim de prestar atenção para o inconsistente desses diferentes, que são assumidos por ele como fixamente contrapostos um ao outro. Uma pequena experiência no pensar reflexionante já perceberá que, quando algo foi determinado como positivo, ao se avançar a partir dessa base, imediatamente o mesmo, por baixo dos panos, inverteu-se em negativo e, inversamente, o que foi determinado negativamente se inverteu em positivo, perceberá que o pensar reflexionante se confunde e se torna contraditório nessas determinações. O desconhecimento da natureza dessas determinações tem a opinião de que essa confusão seria algo ilegítimo, que não deve acontecer, e a atribui a um erro subjetivo. De fato, esse passar permanece também mera confusão enquanto não está presente a consciência da necessidade da transformação. – Mas também para a reflexão exterior é simples considerar que, primeiramente, o positivo não é imediatamente um idêntico, mas é, em parte, um contraposto frente ao negativo e que ele tem significado somente nessa relação, portanto, o próprio negativo reside *em seu conceito*, em parte, porém, que o positivo é, nele mesmo, a negação que se relaciona consigo do mero ser posto ou do negativo, portanto, é, ele mesmo, a *negação absoluta* dentro de si. – Igualmente o negativo, que se contrapõe ao positivo, tem sentido somente dentro dessa relação com esse seu outro; ele o contém, portanto, *em seu conceito*. Mas o negativo, também sem relação com o positivo, tem um *subsistir próprio*; ele é idêntico consigo; assim, porém, é, ele mesmo, o que devia ser o positivo.

A oposição do positivo e do negativo é tomada principalmente no sentido de que aquele (embora, segundo seu nome, expresse o *ser posto*[5]) deve ser um objetivo, este, porém, um subjetivo, o qual apenas pertenceria a uma reflexão exterior, em nada concerniria ao que é objetivo em si e para si e de modo nenhum estaria presente para o mesmo. De fato, se o negativo nada mais exprime do que a abstração de um arbítrio subjetivo ou uma determinação de uma comparação exterior, então ele, decerto, não está presente para o positivo objetivo, quer dizer, esse não está nele mesmo relacionado

---

5. A fim de mostrar a correspondência entre o latim e o alemão, o texto original apresenta duas expressões, cuja tradução resultaria redundante em português: *Poniertsein, Gesetztsein* [N.T.].

com uma tal abstração vazia; mas, então, a determinação de que ele seria um positivo lhe é igualmente apenas externa. – Assim, para trazer um exemplo da oposição fixa dessas determinações de reflexão, a *luz* vale em geral como o que é apenas positivo, a *escuridão*, porém, como o que é apenas negativo. Mas a luz, em sua expansão infinita e na força de sua eficácia que descerra e vivifica, tem essencialmente a natureza de negatividade absoluta. A escuridão, ao contrário, enquanto não multíplice ou enquanto o seio da geração que não se diferencia dentro de si mesmo, é o idêntico simples consigo, o positivo. Ela é tomada como o apenas negativo no sentido de que, como mera ausência da luz, ela não estaria presente de modo algum para a mesma, – de modo que a luz, ao se relacionar com a escuridão, deve se relacionar não com um outro, mas puramente consigo mesma, a escuridão, portanto, apenas deve desaparecer diante dela. Como se sabe, porém, a luz é ofuscada pela escuridão até tornar-se cinza; e, além dessa alteração meramente quantitativa, ela também sofre aquela qualitativa, de ser determinada até tornar-se cor através da relação com a escuridão. – Assim, por exemplo, também não há *virtude* sem luta; ela é, antes, a luta suprema, plenamente realizada; assim, ela não é apenas o positivo, mas negatividade absoluta; ela também não é apenas virtude em *comparação* com o vício, mas é *nela mesma* contraposição e luta em ato. Ou seja, o *vício* não é apenas *a falta* da virtude – também a inocência é essa falta – e não é apenas diferente da virtude para uma reflexão exterior, mas está contraposto a ela em si mesmo, ele é *mau*. O mal consiste no repousar sobre si contra o bem; é a negatividade positiva. Mas a inocência, enquanto falta tanto do bem quanto do mal, é indiferente frente a ambas as determinações, não é nem positiva nem negativa. Ao mesmo tempo, porém, essa falta precisa ser tomada também como determinidade e, por um lado, essa precisa ser considerada como a natureza positiva de algo, enquanto se relaciona, por outro lado, com um contraposto e todas as naturezas saem de sua inocência, de sua identidade indiferente consigo, relacionam-se através de si mesmas com seu outro e, por causa disso, vão ao fundo ou, em sentido positivo, regressam para dentro de seu fundamento. – Também a *verdade* é o positivo enquanto é o saber que concorda com o objeto, mas ela é essa igualdade consigo somente na medida em que o saber se relacionou negativamente com o outro, penetrou o objeto e suprassumiu a negação que ele é. *O erro* é um positivo, enquanto opinião sobre o ente que não é em si e para si, a qual sabe de si e se afirma. A ignorância, porém, é ou o indiferente frente à verdade e ao erro, com isso, não está determinada nem positiva nem negativamente, e a determinação da ignorância como uma falta pertence à reflexão exterior, ou, porém, [considerada] como objetiva, como determinação própria de uma natureza, ela é o impulso que está voltado contra si, é um negativo que contém dentro de si uma direção positiva. – É um dos reconhecimentos mais importantes, de ver por dentro e manter firme essa natureza das determinações de reflexão consideradas, de que a verdade delas consiste apenas em sua relação recíproca e, com isso, no fato de que cada uma, em seu próprio conceito, contém a outra; sem esse reconhecimento, não se pode propriamente dar passo algum na filosofia.

Observação 2 [A proposição do terceiro excluído]

A determinação da contraposição foi igualmente transformada em uma proposição, na assim chamada *proposição do terceiro excluído*.

Algo é ou A ou não-A; não há terceiro algum.

Essa proposição contém, *primeiramente*, o fato de que tudo é um *contraposto*, um *determinado* ou como positivo ou como negativo. – Uma proposição importante, que tem sua necessidade no fato de que a identidade passa para a diversidade e essa para a contraposição. Só que ela não costuma ser entendida nesse sentido, mas habitualmente deve significar que, de todos os predicados, a uma coisa compete ou esse próprio predicado ou seu não ser. Aqui, o contraposto significa meramente falta ou, antes, a *indeterminidade*; e a proposição é tão insignificante que não vale a pena dizê-la. Se se tomam as determinações doce, verde, quadrado – e devem ser tomados todos os predicados – e se diz, então, do espírito que ele é ou doce ou não doce, ou verde ou não verde etc., isso é uma trivialidade que não leva a nada. A determinidade, o predicado, é relacionada com algo; o algo está determinado, diz a proposição; agora ela deve conter essencialmente o fato de que a determinidade se determine mais precisamente, torne-se determinidade *em si*, contraposição. Em vez disso, porém, ela passa, naquele sentido trivial, da determinidade apenas para seu não ser em geral, de volta para a indeterminidade.

A proposição do terceiro excluído se diferencia, além disso, da proposição acima considerada da identidade ou da contradição, que significava o seguinte: não há algo que é, *ao mesmo tempo, A e não-A*. Ela contém o fato de que não *haveria* algo que *não seria nem A nem não-A*, de que não *haveria* um terceiro que seria indiferente à oposição. De fato, porém, nessa própria proposição, *há* o terceiro, que é indiferente à oposição, a saber, o próprio *A* está presente nela. Esse *A* não é nem +*A* nem -*A* e igualmente é tanto +*A* quanto -*A*. – O algo, que devia ser ou +*A* ou *não-A*, está, com isso, relacionado tanto com +*A* quanto com *não-A*; e, novamente, na medida em que está relacionado com *A*, *não* deveria estar relacionado com *não-A*, assim como ele *não* deveria estar relacionado com *A*, na medida em que está relacionado com *não-A*. O próprio algo é, portanto, o terceiro que devia ser excluído. Na medida em que as determinações contrapostas são tanto postas no algo quanto suprassumidas nesse pôr, o terceiro, que aqui tem a figura de um algo morto, tomado mais profundamente, é a unidade da reflexão, para a qual a contraposição regressa como para o fundamento.

Observação 3 [A proposição da contradição]

Se, agora, as primeiras determinações de reflexão, a identidade, a diversidade e a contraposição, foram expostas em uma proposição, então aquela determinação para a qual elas passam como para a verdade delas, a saber, a *contradição*, deveria ainda mais ser apreendida e dita em uma proposição: "Todas as coisas são em si mesmas contraditórias", e precisamente no sentido de que essa proposição, frente às demais, exprime, antes, a verdade e a essência das coisas. – A contradição que emerge na contraposição é apenas o nada desenvolvido, que está contido dentro da identidade e que ocorreu na expressão de que a proposição da identidade não diz *nada*. Essa negação se determina ulteriormente até a diversidade e a contraposição, a qual é, agora, a contradição posta.

No entanto, um dos preconceitos fundamentais da lógica praticada até agora e do representar habitual é que a contradição não seria uma determinação tão essencial e imanente quanto a identidade; certamente, se se tratasse de uma hierarquia e ambas as determinações tivessem que ser mantidas firmes enquanto separadas, então a contradição precisaria ser tomada como o mais profundo e o mais essencial. Pois a identidade, frente a ela, é apenas a determinação do imediato simples, do ser morto; mas a contradição é a raiz de todo o movimento e de toda a vitalidade; somente na medida em que algo tem dentro de si mesmo uma contradição, ele se move, tem impulso e atividade.

Habitualmente, a contradição é, primeiramente, afastada das coisas, do ente e do verdadeiro em geral; afirma-se *que não haveria nada contraditório*. Por outro lado, ao contrário, ela é empurrada para dentro da reflexão subjetiva, que somente a poria através de sua relação e comparação. Mas também nessa reflexão ela não estaria propriamente presente, pois o *contraditório* não poderia ser *representado* nem *pensado*. Seja no efetivo ou na reflexão pensante, a contradição vale em geral como uma contingência, quase que como uma anormalidade e um paroxismo transitório de uma doença.

Agora, no que diz respeito à afirmação de que não *haveria* a contradição, que ela não seria algo presente, não precisamos nos preocupar com uma tal asseveração; uma determinação absoluta da essência precisa se encontrar em toda a experiência, em todo o efetivo, bem como em cada conceito. Já foi lembrado o mesmo acima, no caso do *infinito*, que é a contradição, como ela se mostra na esfera do ser. Mas a própria experiência comum exprime o fato de que haveria pelo menos *uma multidão* de coisas contraditórias, de disposições contraditórias etc., cuja contradição não está presente meramente em uma reflexão externa, mas dentro delas mesmas. Além disso, porém, a contradição não precisa ser tomada meramente como uma anormalidade, que apenas ocorreria aqui e ali, mas ela é o negativo em sua determinação essencial, o princípio de todo o automovimento, o qual em nada mais consiste do que numa apresentação da mesma. O próprio movimento exterior sensível é o ser aí imediato dela. Algo se move, não na medida em que ele está aqui nesse agora e lá num outro agora, mas somente na medida em que está aqui e não aqui em um e no mesmo agora, na medida em que está e, ao mesmo tempo, não está nesse aqui. É preciso conceder aos antigos dialéticos as contradições que eles apontam no movimento, mas disso não se segue que, por causa disso, o movimento não é, mas, antes, que o movimento é a própria contradição *que é aí*.

Igualmente o automovimento interior, próprio, *o impulso* em geral (o apetite ou o *nisus* da mônada, a enteléquia da essência absolutamente simples) nada mais é senão o fato de que algo é *dentro de si mesmo* e a falta, o *negativo de si mesmo*, em um e no mesmo aspecto. A identidade abstrata consigo ainda não é vitalidade alguma, mas, pelo fato de que o positivo é em si mesmo a negatividade, ele vai para fora de si e se põe em alteração. Portanto, algo é vivo apenas na medida em que contém dentro de si a contradição e é precisamente essa força de apreender e suportar dentro de si a contradição. Mas, se um existente não é capaz de, em sua determinação positiva, alastrar-se a sua determinação negativa e, ao mesmo tempo, manter firme uma dentro da outra, de ter a contradição dentro dele mesmo, então ele não é a própria unidade viva, não é o fundamento, mas vai ao fundo dentro da contradição. – O *pensar especulativo* consiste apenas no fato de que o pensar mantém firme a contradição e, dentro dela, a si mesmo, mas não no fato de que, como ocorre ao representar, deixa-se por ela dominar e, através dela, deixa que suas determinacões se dissolvam somente em outras ou em nada.

Se no movimento, no impulso e em coisas semelhantes, a contradição está velada para o representar dentro da *simplicidade* dessas determinações, ao contrário, nas *determinações de relação*, a contradição se apresenta imediatamente. Os exemplos mais triviais – em cima e embaixo, à direita e à esquerda, pai e filho, e assim por diante para o infinito – todos contêm a oposição em uno. Acima *é* o que *não* é embaixo; acima está determinado somente de modo a não ser embaixo, e *é* somente *na medida em que* há um embaixo, e inversamente; em uma determinação está sua oposta. O pai é o outro do filho e o filho é o outro do pai, e cada um é somente como esse outro do outro; e, ao mesmo tempo, uma determinação é somente em relação com a outra; o ser delas é *um só* subsistir. Fora da relação com o filho, o pai é também algo por si; assim, porém, ele não é pai, mas um homem em geral; assim como acima e embaixo, à direita e à esquerda também são [termos] refletidos dentro de si, são algo fora da relação, mas apenas lugares em geral. – Os contrapostos contêm a contradição, na medida em que, sob o mesmo aspecto, relacionam-se negativamente um com o outro ou se *suprassumem reciprocamente* e são *indiferentes* um frente ao outro. A representação, na medida em que ela passa para o momento da *indiferença* das determinações, esquece, nisso, a unidade negativa delas e as conserva, com isso, apenas como diversas em geral, determinação na qual à direita não é mais à direita e à esquerda não é mais à esquerda etc. Mas, na medida em que, de fato, a representação tem diante de si o à direita e o à esquerda, ela tem essas determinações diante de si como tais que se negam, uma dentro da outra, e, ao mesmo tempo, como tais que, dentro dessa unidade, não se negam, mas são cada uma indiferentemente por si.

Portanto, por todos os lados, o representar tem, certamente, a contradição por seu conteúdo, mas não chega à consciência da mesma; ele permanece reflexão externa, que passa da igualdade para a desigualdade ou da relação negativa para o ser refletido dentro de si dos diferentes. Ela mantém ambas essas determinações exteriormente contrapostas uma à outra e tem em vista *apenas elas*, mas não o *passar*, o qual é o essencial e contém a contradição. – A reflexão *engenhosa*, para mencioná-la aqui, consiste, ao contrário, em apreender e enunciar a contradição. Embora ela não exprima o *conceito* das coisas e de suas relações e tenha por seu material e conteúdo apenas determinações da representação, ela traz as mesmas a uma relação que contém a contradição delas e, através dessa, deixa *transparecer o conceito delas*. – Mas a razão *pensante* aguça, por assim dizer, a diferença embotada do diverso, a mera multiplicidade da representação, em direção à diferença *essencial*, à *oposição*. Somente se são levados ao extremo da contradição os multíplices se tornam ativos e vivos um frente ao outro e, dentro dela, adquirem a negatividade, a qual é a pulsação imanente do automovimento e da vitalidade.

Já foi lembrado, acerca da *prova ontológica do ser aí de Deus*, que a determinação colocada no fundamento dela é *o sumo conjunto de todas as realidades*. Dessa determinação, costuma-se mostrar primeiramente que ela é *possível*, porque não contém *contradição* alguma, na medida em que a realidade é tomada apenas como realidade sem barreiras. Foi recordado que, com isso, aquele sumo conjunto se torna o ser simples indeterminado ou, se as realidades são tomadas, de fato, como vários determinados, torna-se o sumo conjunto de todas as negações. Tomada mais precisamente a diferença da realidade, a partir da diversidade a diferença se torna oposição e, com isso, contradição, e o sumo conjunto de todas as realidades se torna, em geral, contradição absoluta dentro de si mesma. O *horror* habitual que o pensar representativo, não especulativo, tem diante da contradição – como a natureza tem diante do *vacuum* –, rejeita essa consequência; pois o mesmo pensar se detém na consideração unilateral da *dissolução* da contradição em *nada* e não reconhece o lado positivo da mesma, segundo o qual ela se torna *atividade absoluta* e fundamento absoluto.

Emergiu, em geral, a partir da consideração da natureza da contradição, que, por si, ainda não há, por assim dizer, nenhum dano, nenhuma falta ou falha de uma Coisa, se nela pode ser mostrada uma contradição. Cada determinação, cada concreto, cada conceito, é, antes, essencialmente uma unidade de momentos diferentes e diferenciáveis que, através da *diferença determinada, essencial,* passam a ser contraditórios. Esse elemento contraditório se dissolve, certamente, em nada, ele regressa para sua unidade negativa. Agora, a coisa, o sujeito, o conceito, é justamente essa própria unidade negativa; é algo contraditório dentro de si mesmo, mas é igualmente, a *contradição dissolvida*; é o *fundamento*, que contém e sustenta suas determinações. A coisa, o sujeito ou o conceito, enquanto refletido dentro de si em sua esfera, é sua contradição dissolvida, mas toda a sua esfera é também novamente uma esfera *determinada, diversa*; assim, ela é uma esfera finita, e, isso significa, uma esfera *contraditória*. Essa esfera não é, ela mesma, a dissolução dessa contradição superior, mas tem uma esfera superior por sua unidade negativa, por seu fundamento. As coisas finitas em sua multiplicidade indiferente são, portanto, em geral, isto: ser contraditórias em si mesmas, *ser quebradas dentro de si e regressar para seu fundamento*. – Como será considerado mais adiante, o verdadeiro silogismo, que vai de um finito e contingente para uma entidade [*Wesen*][6] absolutamente necessária, não consiste no fato de que se silogiza a partir do finito e do contingente como do *ser que está no fundamento e aí per-*

---

6. Neste caso, dado que o termo *Wesen* não tem o sentido rigoroso que Hegel desenvolve ao longo da *Doutrina da Essência*, resolvemos não o traduzir por *essência*. Conforme seu uso na linguagem comum e na tradição metafísica alemã, *Wesen* designa uma entidade fechada, cujo ser é caracterizado por uma qualidade que a diferencia de todas as outras [N.T.].

manece, mas em silogizar um absolutamente necessário a partir de um *ser* somente perecedor, que *se contradiz em si mesmo* – o que também está imediatamente na *contingência* – ou consiste, antes, em mostrar que o ser contingente regressaria, em si mesmo, para seu fundamento, onde ele se suprassume, – além disso, que, através desse regressar, esse ser contingente põe o fundamento somente de modo que faz de si mesmo, antes, o posto. No silogizar habitual, o *ser* do finito aparece como fundamento do absoluto; porque o finito *é*, o absoluto é. A verdade, porém, é que porque o finito é a oposição em si mesma contraditória, porque ele *não é*, o absoluto é. Naquele sentido, a proposição do silogismo reza: "O *ser* do finito é o ser do absoluto"; mas, nesse sentido, reza: "O *não ser* do finito é o *ser* do absoluto".

TERCEIRO CAPÍTULO
O FUNDAMENTO

A essência determina a si mesma como fundamento.

Assim como o *nada* está, primeiramente, em unidade simples imediata com o *ser*, assim também aqui a identidade simples da essência está, primeiramente, em unidade imediata com sua negatividade absoluta. A essência é somente essa sua negatividade, que é a reflexão pura. Ela é essa negatividade pura como o retorno do ser para dentro de si; assim, ela está *determinada em si* ou para nós como o fundamento em que o ser se dissolve. Mas essa determinidade não está posta *pela própria essência*; ou seja, a essência não é fundamento, precisamente na medida em que ela mesma não pôs essa sua determinidade. Sua reflexão, porém, consiste em *pôr*-se e em *determinar*-se como o que ela é *em si*, como negativo. O positivo e o negativo constituem a determinação essencial, dentro da qual a essência está perdida como dentro sua negação. Essas determinações autossubsistentes de reflexão se suprassumem, e a determinação, que foi ao fundo, é a determinação verdadeira da essência.

O *fundamento* é, portanto, ele mesmo *uma das determinações de reflexão* da essência, mas a última, mais ainda, somente aquela determinação de ser determinação suprassumida. A determinação de reflexão, na medida em que ela vai ao fundo, adquire seu significado verdadeiro de ser seu contrachoque absoluto dentro de si mesma, a saber, o fato de que o ser posto, que compete à essência, é apenas enquanto ser posto suprassumido, e, inversamente, que apenas o ser posto que se suprassume é o ser posto da essência. A essência, na medida em que ela se determina como fundamento, determina-se como o não determinado, e somente o suprassumir de seu ser determinado é seu determinar. – Neste ser determinado, como naquele que se suprassume a si mesmo, ela não é essência proveniente de outro, mas essência idêntica consigo dentro de sua negatividade.

Na medida em que se avança da determinação como do primeiro, do imediato, para o fundamento (através da natureza da própria determinação, que vai ao fundo através de si), o fundamento é inicialmente um determinado através daquele primeiro. Só que este determinar é, em parte, enquanto suprassumir do determinar, a identidade somente restabelecida, purificada ou manifestada, da essência, identidade que é *em si* a determinação de reflexão; – em parte, somente este movimento negador enquanto determinar, é o pôr daquela determinidade de reflexão, que apareceu como a imediata, mas a qual está posta somente pela reflexão do fundamento que exclui a si mesma e, nisso, está posta apenas enquanto um posto ou um suprassumido. – Assim, a essência, na medida em que ela se determina como fundamento, provém somente de si. Enquanto *fundamento*, portanto, ela se *põe como essência*, e seu determinar consiste no fato de que ela se põe como essência. Este pôr é a reflexão da essência, reflexão que *suprassume* a si mesma em seu *determinar*, conforme aquele lado, é *pôr*, conforme esse, é *o pôr da essência*, com isso, ambos dentro de um atuar.

A reflexão é a *mediação pura* em geral, o fundamento é a *mediação real* da essência consigo. Aquela, o movimento de retorno para si mesmo do nada através do nada, é o aparecer *de si* dentro de um *outro*; mas, porque a oposição ainda não tem nenhuma autossubsistência dentro desta reflexão, então nem aquele primeiro, o que aparece, é um positivo, nem o *outro*, dentro do qual ele aparece, um negativo. Ambos são substratos, propriamente apenas da imaginação; eles ainda não são termos que se relacionam consigo mesmos. A mediação pura é somente uma *relação pura*, sem relacionados. A reflexão determinante põe, com efeito, termos tais que são idênticos consigo, mas, ao mesmo tempo, são somente *relações determinadas*. O fundamento, pelo contrário, é a mediação real, porque ele contém a reflexão enquanto reflexão suprassumida; ele é a essência *que retorna para dentro de si* e *se põe através de seu não ser*. Conforme esse momento da reflexão suprassumida, o posto obtém a determinação da *imediatidade*, de um tal que é idêntico a si fora da relação ou de sua aparência. Este imediato é o *ser* restabelecido pela essência, o não ser da reflexão, através do qual a essência se medeia. A essência retorna para dentro de si enquanto essência que nega; em seu retorno para dentro de si, portanto, ela se dá a determinidade, que justamente por causa disso é o negativo idêntico consigo, o ser posto suprassumido e, com isso, igualmente ser posto *que é* enquanto identidade da essência consigo como fundamento.

O fundamento é, *primeiramente, fundamento absoluto*, dentro do qual a essência é inicialmente enquanto *base* em geral para a relação de fundamento; mais precisamente, porém, o fundamento se determina como *forma* e *matéria* e se dá um *conteúdo*.

Em segundo lugar, ele é *fundamento determinado* enquanto fundamento de um conteúdo determinado; na medida em que a relação de fundamento se torna externa a si dentro de sua realização em geral, ela passa para a mediação *condicionante*.

Em terceiro lugar, o fundamento pressupõe uma condição; mas a condição pressupõe igualmente o fundamento; o incondicionado é a unidade deles, a *Coisa em si*, que passa para a existência através da mediação da relação condicionante.

Observação [Proposição do fundamento]

Como as outras determinações de reflexão, o fundamento foi expresso numa proposição: *tudo tem seu fundamento suficiente*. Isso, em geral, nada mais significa do que isto: o que *é* não tem de ser considerado como *imediato que é*, mas como *posto*; não se tem que se deter no ser aí imediato ou na determinidade em geral, mas é preciso regressar, a partir daí, para seu fundamento, na qual reflexão o ser aí imediato é enquanto suprassumido e dentro de seu ser em si e para si. Na proposição do fundamento, portanto, enuncia-se a essencialidade da reflexão dentro de si frente ao mero ser. – Que o fundamento seja *suficiente*, é propriamente muito supérfluo de acrescentar, pois isso é óbvio; aquilo para o qual o fundamento não for suficiente, não teria nenhum fundamento, mas tudo deve ter um fundamento. Só que *Leibniz*, o qual principalmente se preocupava com o princípio do fundamento suficiente e fez dele até mesmo a proposição fundamental de toda a sua filosofia, ligou a isso um sentido mais profundo e um conceito mais importante do que lhe é habitualmente ligado ao deter-se apenas na expressão imediata; embora a proposição já tenha de ser vista como importante também apenas nesse sentido, a saber, que o ser como tal, em sua imediatidade, é declarado como o inverdadeiro e, essencialmente, como um posto, o fundamento, porém, é declarado como imediato verídico. Mas, Leibniz contrapôs o *suficiente* do fundamento principalmente à causalidade em seu sentido estrito, enquanto modo mecânico de ação. Na medida em que esse é, em geral, uma atividade externa, restrita, conforme seu conteúdo, a *uma* determinidade, as determinações postas por ele entram em uma *combinação de maneira externa* e *contingente*; as determinações parciais são compreendidas através de suas causas; mas a *relação* das mesmas, a qual constitui o essencial de uma existência, não está contida nas causas do mecanismo. Essa relação, o todo enquanto unidade essencial, está apenas no *conceito*, na *finalidade*. Para esta unidade, as causas mecânicas não são suficientes, porque no fundamento delas não está a finalidade enquanto unidade das determinações. Por fundamento suficiente, portanto, Leibniz entendeu um fundamento que fosse suficiente também para essa unidade, que, por conseguinte, não compreendesse dentro de si as meras causas, mas as *causas finais*. Esta determinação do fundamento, porém, ainda não cabe aqui; o fundamento *teleológico* é uma propriedade do *conceito* e da mediação através do mesmo, a qual é a razão.

A. O fundamento absoluto

a. Forma e essência

A determinação de reflexão, na medida em que regressa para dentro do fundamento, é um ser aí primeiro, um ser aí imediato em geral, do qual se inicia. Mas, o ser aí tem ainda somente o significado do ser posto e *pressupõe* essencialmente um fundamento, – no sentido de que ele, antes, não o *põe*, que este pôr é um suprassumir de si mesmo, o imediato, antes, é o posto, e o fundamento é o não posto. Como resultou, este pressupor é o pôr, o qual se repercute sobre o ponente; enquanto é o ser determinado suprassumido, o fundamento não é o indeterminado, mas sim a essência determinada através de si mesma, mas enquanto *determinado de modo indeterminado*, ou seja, o *determinado* enquanto ser posto suprassumido. *O fundamento é a essência que, dentro de sua negatividade, é idêntica consigo.*

A *determinidade* da essência enquanto fundamento se torna, com isso, a determinidade dupla do *fundamento* e do *fundamentado.* Ela é, *em primeiro lugar,* a essência enquanto fundamento, *determinada* a ser a essência frente ao ser posto, enquanto *ser não posto.* Em segundo lugar, ela é o fundamentado, o imediato, que, porém, não é em e para si, o ser posto enquanto ser posto. Este é, com isso, igualmente idêntico consigo, mas é a identidade do negativo consigo. O negativo idêntico consigo e o positivo idêntico consigo é *agora uma e a mesma identidade.* Pois o fundamento é identidade do positivo ou até mesmo também do ser posto consigo; o fundamentado é o ser posto enquanto ser posto, mas essa sua reflexão dentro de si é a identidade do fundamento. – Essa identidade simples não é, portanto, ela mesma o fundamento, pois o fundamento é a essência *posta,* enquanto o não posto *frente ao ser posto.* Ela é, como a unidade dessa identidade determinada (do fundamento) e da identidade negativa (do fundamentado), a *essência em geral,* diferenciada da sua *mediação.*

Essa mediação, comparada com as reflexões precedentes, a partir das quais ela provém, não é, *primeiramente,* a reflexão pura, enquanto aquela que não é diferente da essência e ainda não tem nela o negativo, com isso também a autossubsistência das determinações. No fundamento, enquanto reflexão suprassumida, porém, essas determinações têm um subsistir. – Tal mediação também não é a reflexão determinante, cujas determinações têm autossubsistência essencial; pois essa foi ao fundo dentro do fundamento, em cuja unidade elas são apenas determinações postas. – Essa mediação do fundamento é, por conseguinte, a unidade da reflexão pura e da reflexão determinante; suas determinações – ou o posto – têm subsistir, e, inversamente, o subsistir das mesmas é um posto. Porque esse seu subsistir é ele mesmo um posto, ou seja, tem determinidade, elas são, com isso, diferenciadas de sua identidade simples e constituem a *forma frente* à essência.

A essência *tem* uma forma e determinações dessa. Somente enquanto fundamento a essência tem uma imediatidade firme, ou seja, é *substrato.* A essência como tal é uma com sua reflexão e não diferenciada de seu próprio movimento. Não é, portanto, a essência, que o percorre; ela também não é aquilo do qual o movimento inicia como de um primeiro. Essa circunstância dificulta a apresentação da reflexão em geral; pois não se pode propriamente dizer que a essência regressa para dentro de si mesma, que a essência aparece dentro de si, porque ela não é *antes* ou *dentro de* seu movimento e este não tem nenhuma base na qual transcorre. Um relacionado emerge dentro do fundamento somente depois do momento da reflexão suprassumida. Mas a essência, enquanto substrato relacionado, é a essência determinada; em virtude desse ser posto, ela tem essencialmente a forma nela. – As determinações de forma, pelo contrário, são agora as determinações *enquanto estão na essência*; *esta subjaz a elas* enquanto o indeterminado, que na sua determinação é indiferente frente a elas; elas têm, na essência, sua reflexão dentro de si. As determinações de reflexão deveriam ter seu subsistir nelas mesmas e ser autossubsistentes; mas sua autossubsistência é sua dissolução; assim, elas têm a mesma em um outro; mas essa dissolução é, ela mesma, essa identidade consigo ou o fundamento do subsistir, que elas se dão.

Em geral, todo o *determinado* pertence à forma; é determinação de forma, na medida em que ele é um posto, com isso, diferenciado de um *tal, do qual* ele é forma; a determinidade como *qualidade* é uma com seu substrato, com o ser; o ser é o imediatamente determinado, que ainda não está diferenciado de sua determinidade – ou que, dentro dela, ainda não está refletido dentro de si, assim como essa, portanto, é uma determinidade que é, não ainda uma determinidade posta. – Além disso, as determinações de forma da essência, enquanto determinidades de reflexão, são, conforme sua determinidade mais precisa, os momentos da reflexão acima considerados, a *identidade* e a *diferença*, – esta, em parte, como diversidade, em parte como *oposição*. Ademais, porém, a *relação de fundamento* também cabe aqui, na medida em que ela é, com efeito, a determinação de reflexão suprassumida, mas, através disso, a essência é, ao mesmo tempo, como algo posto. Pelo contrário, não pertence à forma a identidade, a qual o fundamento tem dentro de si, a saber, o fato de que o ser posto enquanto suprassumido e o ser posto enquanto tal – o fundamento e o fundamentado – são *uma só* reflexão, a qual constitui a essência enquanto *base simples*, que é o *subsistir* da forma. Só este subsistir está *posto* dentro do fundamento; ou seja, essa essência é, ela mesma, essencialmente como determinada; com isso, ela é também de novo o momento da relação de fundamento e forma. – A inter-relação absoluta da forma e da essência é esta: a essência é unidade simples do fundamento e do fundamentado, mas, nisso, justamente é, ela mesma, determinada, ou seja, é um negativo e se diferencia, enquanto base, da forma, mas assim, ao mesmo tempo, torna-se, ela mesma, fundamento e momento da forma.

A forma é, portanto, o todo plenamente realizado da reflexão; ela também contém essa determinação da mesma, de ser suprassumida; por conseguinte, enquanto é uma unidade de seu determinar, ela também é *relacionada* com seu ser suprassumido, *com um outro*, que não seria, ele mesmo, forma, mas aquilo *no qual* ela estaria. Enquanto negatividade *essencial*, que se relaciona consigo mesma frente a esse negativo simples, ela é o *ponente* e o *determinante*; a essência simples, pelo contrário, é a base indeterminada e *inativa*, na qual as determinações de forma têm o subsistir ou a reflexão dentro de si. – A reflexão exterior costuma deter-se nessa diferenciação da essência e da forma; ela é necessária, mas esse próprio diferenciar é sua unidade, assim como essa unidade fundamental é a essência que se repele de si e faz de si o ser posto. A forma é a própria negatividade absoluta ou a identidade negativa absoluta consigo, pelo que justamente a essência não é ser, mas essência. Esta identidade, tomada de modo abtrato, é a essência frente à forma, assim como a negatividade, tomada de modo abstrato como o ser posto, é a determinação singular de forma. Mas a determinação, como ela se mostrou, é, em sua verdade, a negatividade total que se relaciona consigo, que, com isso, enquanto é esta identidade, é, nela mesma, a essência simples. – A forma tem, portanto, em sua identidade própria, a essência, como a essência, em sua natureza negativa, tem a forma absoluta. Não se pode perguntar, portanto, *como a forma sobreviria à essência*, pois aquela é apenas o aparecer dessa dentro de si mesma, a reflexão própria que lhe é imanente. A forma é, igualmente nela mesma, a reflexão que retorna para dentro de si ou a essência idêntica; em seu determinar, ela faz da determinação o ser posto enquanto ser posto. – Ela não determina, portanto, a essência, como se ela fosse verdadeiramente pressuposta, separada da essência, pois, assim, ela é a determinação de reflexão inessencial, que incessantemente vai ao fundo; com isso, ela mesma é, antes, o fundamento de seu suprassumir ou a relação idêntica de suas determinações. Que a forma determina a essência, por conseguinte, significa que a forma, em seu diferenciar, suprassume esse próprio diferenciar e é a identidade consigo, a qual é a essência enquanto subsistir da determinação; ela é a contradição de ser suprassumida dentro de seu ser posto e de ter, nesse ser suprassumido, o subsistir; – com isso, ela é o fundamento enquanto essência idêntica consigo dentro do ser determinado ou negado.

Essas diferenças, da forma e da essência, são, portanto, somente *momentos* da própria relação simples de forma. Mas elas precisam ser consideradas e fixadas mais precisamente. A forma determinante se relaciona consigo como ser posto suprassumido, ela se relaciona, com isso, com sua identidade como com um outro. Ela se põe como suprassumida; ela *press*upõe, com isso, sua identidade; a essência, conforme esse momento, é o indeterminado, para o qual a forma é um outro. Assim, ela não é a essência, a qual é a reflexão absoluta nela mesma, mas está *determinada* enquanto identidade sem forma; ela é a *matéria*.

b. Forma e matéria

[1.] A essência torna-se matéria, na medida em que sua reflexão se determina a relacionar-se com a essência como com o indeterminado sem forma. A matéria é, portanto, a identidade simples sem diferença, que é a essência, com a determinação de ser o outro da forma. Ela é, portanto, a autêntica *base* ou o substrato da forma, porque constitui a reflexão dentro de si das determinações de forma, ou seja, o autossubsistente, com o qual essas se relacionam como com seu subsistir positivo.

Se se abstrai de todas as determinações, de toda a forma de um algo, resta a matéria indeterminada. A matéria é um pura e simplesmente *abstrato*. (Não se pode ver, sentir, etc., a matéria; o que se vê, o que se sente, é uma *matéria determinada*, quer dizer, uma unidade da matéria e da forma.) Essa abstração, a partir da qual surge a matéria, não é, porém, somente um descartar e suprassumir *externo* da forma, mas a forma reduz-se através de si mesma, como resultou, a essa identidade simples.

Além disso, a forma *pressupõe* uma matéria, com a qual se relaciona. Mas, por isso, as duas não se *encontram* uma frente à outra de modo exterior e contingente; nem a matéria nem a forma é por si mesma, ou seja, em outras palavras, *eterna*. A matéria é o indiferente frente à forma, mas esta indiferença é a *determinidade* da identidade consigo, para dentro da qual a forma regressa como para sua base. A forma pressu*põe* a matéria, precisamente no fato de que ela se põe como um suprassumido, com isso, relaciona-se com esta sua identidade como com um outro.

Inversamente, a forma é pressuposta pela matéria; pois, esta não é a essência simples, que imediatamente é, ela mesma, a reflexão absoluta, mas a essência determinada enquanto o positivo, a saber, enquanto aquilo que é somente enquanto negação suprassumida. – Mas, por outro lado, porque a forma se põe como matéria somente na medida em que ela suprassume a si mesma, com isso, *pressupõe* a matéria, essa está determinada também como subsistir *sem fundamento*. De igual modo, a matéria não está determinada enquanto fundamento da forma; mas, na medida em que a matéria se põe como a identidade abstrata da determinação suprassumida de forma, ela não é a identidade enquanto fundamento e a forma, na mesma medida, é sem fundamento frente a ela. Forma e matéria, portanto, estão determinadas, tanto uma como a outra, a não ser postas uma pela outra, a não ser fundamento uma da outra.

A matéria é, antes, a identidade do fundamento e do fundamentado, enquanto base que se contrapõe a esta relação de forma. Esta determinação da indiferença comum a ambas é a determinação da matéria como tal e constitui também a relação de ambas uma com a outra. De igual modo, a determinação de forma, de ser a relação enquanto relação de diferentes, é também o outro momento do relacionar-se de ambas uma com a outra. – A matéria, o determinado enquanto indiferente, é o *passivo* frente à forma enquanto *ativo*. Esta, enquanto negativo que se relaciona consigo, é a contradição dentro de si mesma, aquilo que se dissolve, que se repele de si e se determina. Ela se relaciona com a matéria, e está *posta* de modo a se relacionar com esse seu subsistir como com um outro. A matéria, pelo contrário, está posta de modo a se relacionar somente consigo e a ser indiferente frente a outro; mas ela se relaciona *em si* com a forma, pois, ela contém a negatividade suprassumida e é matéria somente através dessa determinação. A matéria se relaciona com a forma como com um *outro* somente porque a forma não está posta nela, porque ela é a forma apenas *em si*. A matéria contém a forma encerrada dentro de si e é a receptividade absoluta para ela, somente por causa do fato de ela ter a mesma absolutamente dentro dela, porque essa é sua determinação que é em si. A *matéria, portanto, tem de* ser *formada* e a forma tem de se *materializar*, tem de se dar, na matéria, a identidade consigo ou o subsistir.

2. A forma determina, por conseguinte, a matéria, e a matéria é determinada pela forma. – Porque a própria forma é a identidade absoluta consigo, então, contém a matéria dentro de si, de igual modo, porque a matéria, em sua abstração pura ou negatividade absoluta, tem a forma dentro dela mesma, então, a atividade da forma sobre a matéria e o ser determinado desta por meio daquela é, antes, somente *o suprassumir da aparência* da *indiferença* e da diferencialidade delas. Essa relação do determinar é, assim, a mediação de cada uma de ambas consigo através de seu não ser próprio, – mas ambas estas mediações são *um* movimento e o restabelecimento de sua identidade originária, – a interiorização de sua exteriorização.

Primeiramente, forma e matéria se *pre*ssupõem reciprocamente. Como resultou, isso significa que a *única* unidade essencial é relação negativa consigo mesma, assim, ela divide-se na identidade essencial, determinada enquanto a base indiferente, e na diferença essencial ou negatividade enquanto forma determinante. Aquela unidade da essência e da forma, que se contrapõem enquanto forma e matéria, é o *fundamento absoluto* que se *determina*. Na medida em que ela se torna um diverso, a relação torna-se pressuposição recíproca em virtude da identidade subjacente dos diversos.

Em segundo lugar, a forma, enquanto autossubsistente, é, em todos os casos, a contradição que se suprassume; mas ela está também posta como tal contradição, pois ela é, ao mesmo tempo, autossubsistente e, ao mesmo tempo, relacionada essencialmente com um outro; – ela, com isso, suprassume-se. Como é ela mesma bilateral, também esse suprassumir tem o lado duplo: *primeiramente*, ela suprassume *sua autossubsistência*, ela faz de si um *posto*, um que está em um outro, e este outro dela é a matéria.

Em segundo lugar, ela suprassume sua determinidade frente à matéria, sua relação com a mesma, com isso, seu *ser posto* e se dá, através disso, *subsistir*. Enquanto ela suprassume seu ser posto, esta sua reflexão é a identidade própria, para a qual ela passa; mas, na medida em que ela, ao mesmo tempo, exterioriza esta identidade e se contrapõe a ela enquanto matéria, então aquela reflexão dentro de si do ser posto é como unificação com uma matéria, na qual ela obtém subsistir; nesta unificação, portanto, ela se junta tanto com a matéria *como com um outro* – conforme o primeiro lado, de que ela faz de si um ser posto – quanto, nisso, *com sua identidade própria*.

Portanto, *a atividade da forma*, através da qual é determinada a matéria, consiste em um comportamento negativo da forma frente a si mesma. Mas, inversamente, com isso, ela se comporta negativamente também frente à matéria; só que esse tornar-se determinado da matéria é, de igual modo, o movimento próprio da forma mesma. Esta é livre da matéria, mas ela suprassume esta sua autossubsistência; mas sua autossubsistência é a própria matéria, pois, ela tem nessa sua identidade essencial. Portanto, na medida em que ela faz de si o ser posto, isso é um e o mesmo com o fato de fazer da matéria um determinado. – Mas, considerada do outro lado, a identidade própria da forma, ao mesmo tempo, está exteriorizada em relação a si mesma, e a matéria é seu outro; nessa medida, a matéria também não é determinada pelo fato de que a forma suprassume sua autossubsistência própria. Só que a matéria somente é autossubsistente frente à forma; na medida em que o negativo se suprassume, também o positivo se suprassume. Portanto, na medida em que a forma se suprassume, cai fora também a determinidade da matéria, a qual ela tem frente à forma, a saber, a de ser o subsistir indeterminado.

Aquilo que aparece como *atividade da forma* é, além disso, igualmente o *movimento próprio da matéria* mesma. A determinação que é *em si* ou o dever ser da matéria é sua negatividade absoluta. Através dessa, a matéria relaciona-se pura e simplesmente não somente com a forma como com um outro, mas esse exterior é a forma, que ela mesma contém como encerrada dentro de si. A matéria é a mesma contradição em si que a forma contém, e esta contradição, como sua dissolução, é apenas *uma só*. Mas a matéria é contraditória dentro de si mesma, porque, enquanto identidade indeterminada consigo, ela é, ao mesmo tempo, a negatividade absoluta; ela, portanto, suprassume-se nela mesma, e sua identidade se decompõe dentro de sua negatividade, e esta obtém seu subsistir naquela. Na medida em que, portanto, a matéria é determinada pela forma como por um exterior, ela alcança, com isso, sua destinação, e a exterioridade do relacionar, tanto para a forma quanto para a matéria, consiste no fato de que cada uma ou, antes, a unidade originária delas, em seu pôr, é, ao mesmo tempo, *pressuponente*, pelo que a relação consigo é, ao mesmo tempo, relação consigo enquanto suprassumido, ou seja, relação com seu outro.

Em terceiro lugar, através desse movimento da forma e da matéria, a unidade originária delas, por um lado, está produzida, por outro lado, doravante, é uma unidade *posta*. A matéria tanto determina a si mesma quanto esse determinar é, para ela, um atuar externo da forma; inversamente, a forma tanto determina somente a si ou tem nela mesma a matéria que é determinada por ela quanto, em seu determinar, ela se relaciona para com um outro; e ambos, o atuar da forma e o movimento da matéria, são o mesmo, só que aquele é um atuar, quer dizer, a negatividade enquanto posta, mas, esse é movimento ou devir, a negatividade como determinação *que é em si*. O resultado é, portanto, a unidade do ser em si e do ser posto. A matéria está, como tal, determinada ou tem necessariamente uma forma, e a forma é pura e simplesmente forma material, subsistente.

A forma, na medida em que ela pressupõe uma matéria como o seu outro, é *finita*. Ela não é fundamento, mas apenas o elemento ativo. Igualmente a matéria, na medida em que pressupõe a forma como seu não ser, é a matéria *finita*; tampouco ela é fundamento de sua unidade com a forma, mas somente a base para a forma. Mas nem esta matéria finita nem a forma finita têm verdade alguma; cada uma se relaciona com a outra, ou seja, somente sua unidade é sua verdade. Ambas estas determinações regressam para dentro dessa unidade e, nisso, suprassumem sua autossubsistência; com isso, a unidade se demonstra como fundamento delas. A matéria é, portanto, fundamento da sua determinação de forma somente na medida em que não é matéria enquanto matéria, mas a unidade absoluta da essência e da forma; igualmente, a forma é fundamento do subsistir de suas determinações somente na medida em que é aquela mesma única unidade. Mas esta única unidade, enquanto negatividade absoluta e, mais determinadamente, enquanto unidade excludente, é pressuponente na sua reflexão; ou seja, é *um* atuar, de conservar-se, dentro do pôr, enquanto algo posto dentro da unidade e de se repelir de si mesmo, de relacionar-se consigo enquanto consigo, e, consigo, como com um outro. Ou seja, o tornar-se determinado da matéria através da forma é a mediação consigo da essência enquanto fundamento dentro de uma unidade, através de si mesma e através da negação de si mesma.

A matéria formada ou a forma que tem subsistir não é, agora, apenas aquela unidade absoluta do fundamento consigo, mas também a unidade *posta*. O movimento considerado é aquilo em que o fundamento absoluto apresentou seus momentos, ao mesmo tempo, como momentos que se suprassumem e, com isso, como postos. Ou seja, a unidade restabelecida, em seu juntar-se consigo, repeliu-se de si mesma e, igualmente, determinou-se; pois, sua unidade, enquanto se estabeleceu através da negação, é também unidade negativa. Ela é, portanto, a unidade da forma e da matéria como base delas, mas como sua *base determinada*, a qual é matéria formada, que, porém, frente à forma e à matéria, é, ao mesmo tempo, indiferente como frente a [momentos] suprassumidos e inessenciais. Ela é o *conteúdo*.

c. Forma e conteúdo

A forma está, primeiramente, contraposta à essência; assim, ela é relação de fundamento em geral, e suas determinações [são] o fundamento e o fundamentado. Então, ela está contraposta à matéria; assim, ela é a reflexão determinante, e suas determinações são a própria determinação de reflexão e o subsistir da mesma. Por fim, ela está contraposta ao conteúdo; assim, suas determinações são, de novo, ela mesma e a matéria. O que anteriormente era o idêntico consigo, primeiramente, o fundamento, então, o subsistir em geral e, por último, a matéria, entra sob a dominação da forma e é, de novo, uma de suas determinações.

O conteúdo tem, *primeiramente*, uma forma e uma matéria, as quais lhe pertencem e lhe são essenciais; ele é sua unidade. Mas, na medida em que esta unidade é, ao mesmo tempo, unidade *determinada* ou *posta*, ele está contraposto à forma; esta constitui o *ser posto* e, frente a ele, é o inessencial. Ele é, portanto, indiferente frente a ela; essa compreende tanto a forma como tal quanto a matéria, e ele tem, por conseguinte, uma forma e uma matéria, das quais ele constitui a base, e que são, para ele, enquanto mero ser posto.

O conteúdo é, *em segundo lugar*, o idêntico em forma e matéria, de modo que estas seriam apenas determinações externas indiferentes. Elas são o ser posto em geral, que, porém, dentro do conteúdo, regressou para dentro de sua unidade ou de seu fundamento. A identidade do conteúdo consigo mesmo é, portanto, uma vez, aquela identidade indiferente frente à forma; mas, outra vez, ela é a identidade *do fundamento*. O fundamento desapareceu inicialmente dentro do conteúdo; mas o conteúdo é, ao mesmo tempo, a reflexão negativa das determinações de forma dentro de si; a unidade dele, que é inicialmente apenas a unidade indiferente frente à forma, é, portanto, também a unidade formal ou a *relação de fundamento* enquanto tal. O conteúdo tem, portanto, essa por sua forma *essencial*, e o *fundamento*, inversamente, tem um *conteúdo*.

Logo, o conteúdo do fundamento é o fundamento que regressou para dentro de sua unidade consigo; inicialmente, o fundamento é a essência que é idêntica consigo dentro de seu ser posto; enquanto diversa e indiferente frente a seu ser posto, ela é a matéria indeterminada; mas, enquanto conteúdo, ela é, ao mesmo tempo, a identidade formada, e essa forma se torna relação de fundamento, porque as determinações de sua oposição, dentro do conteúdo, estão postas também como determinações negadas. – O conteúdo está ulteriormente *determinado* nele mesmo, não apenas como a matéria enquanto o indiferente em geral, mas enquanto matéria formada, de modo que as determinações da forma têm um subsistir material, indiferente. Por um lado, o conteúdo é a identidade essencial do fundamento consigo em seu ser posto, por outro lado, é a identidade posta frente à relação de fundamento; esse ser posto, que, enquanto determinação de forma, está nessa identidade, está contraposto ao ser posto livre, quer dizer, à forma enquanto toda a relação de fundamento e fundamentado; essa forma é o ser posto total que retorna para dentro de si, aquela, portanto, é apenas o ser posto como imediato, a *determinidade* enquanto tal.

Com isso, o fundamento fez de si em geral o fundamento determinado, e a própria determinidade é a determinidade duplicada: em primeiro lugar, da forma, e, em segundo lugar, do conteúdo. Aquela é sua determinidade, de ser externo ao conteúdo, que é indiferente frente a essa relação. Esta é a determinidade do conteúdo que o fundamento tem.

B. O fundamento determinado

a. O fundamento formal

O fundamento tem um conteúdo determinado. A determinidade do conteúdo é, como resultou, a *base* para a forma, o *imediato* simples frente à *mediação* da forma. O fundamento é identidade que se relaciona negativamente consigo, que, através disso, faz de si o *ser posto*; ela se relaciona negativamente *consigo*, na medida em que ela é idêntica a si nessa sua negatividade; essa identidade é a base ou o conteúdo, que, desse modo, constitui a unidade indiferente ou positiva da relação de fundamento e é o *mediador* da mesma.

Nesse conteúdo, a determinidade do fundamento e do fundamentado um frente ao outro inicialmente desapareceu. Mas, a mediação é, além disso, unidade *negativa*. O negativo, enquanto está naquela base indiferente, é a *determinidade imediata* da mesma, pela qual o fundamento tem um conteúdo determinado. Então, porém, o negativo é a relação negativa da forma consigo mesma. O posto, por um lado, suprassume a si mesmo e regressa para seu fundamento; mas o fundamento, a autossubsistência essencial, relaciona-se negativamente consigo mesma e faz de si o posto. Essa mediação negativa do fundamento e do fundamentado é a mediação peculiar da forma como tal, *a mediação formal*. Agora, ambos os lados da forma, porque um passa para o outro, põem-se, com isso, de modo comum *dentro de uma identidade* como lados suprassumidos; eles, através disso, *pre*ssupõem, ao mesmo tempo, a identidade. Ela é o conteúdo determinado, com o qual, portanto, a mediação formal se relaciona através de si mesma como com o mediador positivo. Ele é o idêntico de ambos, e, na medida em que eles são diferentes, mas cada um, dentro de sua diferença, é a relação com o outro, o conteúdo é o subsistir dos mesmos, *de cada um, enquanto o* próprio *todo.*

Consequentemente, resulta que, no fundamento determinado, está presente isto: *em primeiro lugar,* um *conteúdo* determinado é considerado conforme *dois lados,* uma vez, na medida em que ele está posto enquanto *fundamento,* outra vez, na medida em que ele está posto enquanto *fundamentado.* Ele mesmo é indiferente frente a essa forma; em geral, ele é em ambos apenas *uma* determinação. *Em segundo lugar,* o próprio fundamento é tanto momento da forma quanto o que é posto por ele; isso é a *identidade* deles *segundo a forma.* É indiferente, qual de ambas as determinações se torna o primeiro elemento, do qual se passa, como do posto, para o outro, como para o fundamento, ou do qual, como do fundamento, passa-se para o outro, como para o posto. O fundamentado, considerado por si, é o suprassumir de si mesmo; com isso, ele faz de si, por um lado, o posto, e é, ao mesmo tempo, o pôr do fundamento. O mesmo movimento é o fundamento enquanto tal: ele faz de si o posto, através disso, torna-se fundamento de algo, quer dizer, nisso ele está presente tanto como posto quanto, pela primeira vez, como fundamento. O fundamento de que haja um fundamento, é o posto, e, inversamente, com isso, o fundamento é o posto. A mediação inicia do mesmo modo tanto a partir de um quanto a partir do outro, cada lado é tanto fundamento quanto posto e, cada um, toda a mediação ou toda a forma. – Além disso, essa forma inteira é, ela mesma, enquanto o idêntico a si, a *base* das determinações, que são ambos os lados do fundamento e do fundamentado; assim, forma e conteúdo são, eles mesmos, uma e a mesma identidade.

Em virtude dessa identidade do fundamento e do fundamentado, conforme tanto o conteúdo quanto a forma, o fundamento é *suficiente* (o suficiente restrito a essa relação); *nada há dentro do fundamento, que não esteja dentro do fundamentado, assim como nada dentro do fundamentado que não esteja dentro do fundamento.* Se se pergunta por um fundamento, quer-se ver *a mesma* determinação, que é o conteúdo, de *modo duplo,* uma vez, na forma do posto, outra vez, naquela do ser aí refletido dentro de si, da essencialidade.

Na medida em que, agora, dentro do fundamento determinado, fundamento e fundamentado [são] ambos toda a forma e seu conteúdo é, com efeito, um conteúdo determinado, mas é um e o mesmo, então o fundamento em ambos os seus lados ainda não está realmente determinado, eles não têm nenhum conteúdo diverso; a determinidade é somente simples, ainda não é a determinidade que passou para os lados; está presente o fundamento determinado somente dentro de sua forma pura, o *fundamento formal*. Porque o conteúdo é apenas essa determinidade simples, que não tem a forma da relação de fundamento nela mesma, então ela é o conteúdo idêntico a si, indiferente frente à forma, e essa é externa a ele; ele é um outro do que ela.

Observação [Modos formais de explicação a partir de fundamentos tautológicos]

Se a reflexão sobre fundamentos determinados se mantém naquela forma do fundamento que aqui resultou, então a indicação de um fundamento permanece um mero formalismo e uma tautologia vazia, que exprime, na forma da reflexão dentro de si, da essencialidade, o mesmo conteúdo que já está presente na forma do ser aí imediato, considerado como posto. Um tal indicar de fundamentos é, por causa disso, acompanhado da mesma vacuidade que o discurso conforme a proposição da identidade. As ciências, principalmente as físicas, estão cheias de tautologias dessa espécie, as quais constituem quase um privilégio das ciências. – Por exemplo, como fundamento de que os planetas se movem em volta do Sol, indica-se a *força atrativa* da Terra e do Sol entre eles. Com isso, conforme o conteúdo, não está enunciado nada mais do que o fenômeno contém, a saber, a relação desses corpos um com o outro no movimento deles, apenas na forma de determinação refletida dentro de si, de força. Se se pergunta que tipo de força é a força atrativa, então a resposta é que ela é a força que faz com que a Terra se mova em torno do Sol; quer dizer, ela tem o mesmo conteúdo que o ser aí, do qual ela deve ser fundamento; a relação da Terra e do Sol a respeito do movimento é a base idêntica do fundamento e do fundamentado. – Se uma forma da cristalização é explicada através do fato de que ela tem seu fundamento no arranjo particular em que as moléculas entram em relação umas com as outras, então a cristalização que é aí é o próprio arranjo, que é expresso como fundamento. Na vida comum, essas etiologias, das quais as ciências têm o privilégio, valem por aquilo que são, por um falatório tautológico, um vazio. Se, em resposta à pergunta sobre por que esse ser humano viaja para a cidade, indica-se por fundamento que na cidade se encontra uma força atrativa que o impulsiona para lá, então esse tipo de resposta, que está sancionado nas ciências, vale por insosso. – *Leibniz* objetou à força atrativa *newtoniana* o fato de que ela seria uma qualidade oculta, como aquela que os escolásticos usavam a serviço da explicação. Dever-se-ia, antes, fazer a objeção oposta, de que ela seria uma qualidade *demasiadamente bem conhecida*; pois ela não tem nenhum outro conteúdo senão o próprio fenômeno. – Aquilo pelo qual justamente é recomendável esse modo de explicação é sua grande clareza e compreensibilidade, pois, nada é mais claro e compreesível do que, por exemplo, que uma planta teria seu fundamento em uma força vegetativa, quer dizer, em uma força que produz plantas. – Ela poderia ser denominada uma qualidade *oculta* apenas no sentido de que o fundamento deve ter um *outro conteúdo* do que aquele que precisa ser explicado; um tal conteúdo não está indicado; nessa medida, aquela força usada para explicar é, certamente, um fundamento oculto, enquanto um fundamento, tal como se exige, *não* está indicado. Através desse formalismo, explica-se tão pouco quanto se conhece a natureza de uma planta quando eu digo que ela é uma planta ou que ela teria seu fundamento em uma força produtora de plantas; por causa disso, apesar de toda a clareza dessa proposição, pode-se denominar esse um modo de explicação muito *oculto*.

Em segundo lugar, de acordo com a forma, nesse modo de explicação ocorrem ambas as *direções contrapostas da relação de fundamento*, sem serem reconhecidas em sua relação determinada. O fundamento é, por um lado, fundamento enquanto determinação refletida dentro de si do conteúdo do ser aí, que ele fundamenta, por outro lado, ele é o posto. Ele é aquilo a partir do qual o ser aí deve ser compreendido; mas, *inversamente, a partir desse se infere aquele* e o fundamento é compreendido a partir do ser aí. A ocupação principal dessa reflexão consiste, a saber, em descobrir os fundamentos a partir do ser aí, quer dizer, em transpor o ser aí imediato para a forma do ser refletido; o fundamento, em vez de ser em si e para si e autossubsistente, é, antes, com isso, o posto e o derivado. Agora, porque ele, através desse procedimento, está orientado para o fenômeno e suas determinações se baseiam nesse, então esse certamente flui de seu fundamento de modo totalmente suave e com vento favorável. Mas, através disso, o conhecimento não saiu do lugar; ele ronda em torno de uma diferença da forma, diferença que esse próprio procedimento revira e suprassume. Uma das dificuldades principais de se introduzir ao estudo das ciências, em que esse procedimento é dominante, baseia-se, por causa disso, nesse caráter invertido da posição, que consiste em adiantar como fundamento o que, de fato, é derivado, e, ao avançar para as consequências, em indicar somente nelas, de fato, o fundamento daqueles pretensos fundamentos. Na apresentação, inicia-se com os fundamentos, eles são colocados no ar enquanto princípios e conceitos primitivos; eles são determinações simples, sem necessidade alguma em si e para si mesmos; o que se segue deve ser fundado neles. Quem, portanto, quer penetrar em ciências desse tipo, tem de, com isso, iniciar a se inculcar com aqueles fundamentos, – uma ocupação que resulta desagradável à razão, porque ela deve deixar valer como base o que é sem fundamento. Melhor avança aquele que, sem muita reflexão, admite os princípios como *dados* e os emprega, doravante, como regras fundamentais do seu entendimento. Sem esse método, não se pode ganhar o início; tampouco se pode fazer progressão alguma sem ele. Mas, agora, essa fica impedida pelo fato de que, dentro dela, vem à tona o contrachoque do método, o qual, no que se segue, quer mostrar o derivado, que, porém, de fato, somente contém os fundamentos para aquelas pressuposições. Além disso, porque o que se segue se mostra como o ser aí, a partir do qual o fundamento foi derivado, então essa relação, dentro da qual o fenômeno é exposto, suscita uma desconfiança a respeito da apresentação do mesmo; pois ele não se mostra expresso em sua imediatidade, mas enquanto comprovante do fundamento. Contudo, porque esse, de novo, é derivado a partir daquele, exige-se, antes, ver o fenômeno em sua imediatidade, a fim de poder avaliar o fundamento a partir dele. Portanto, em tal apresentação, em que aquilo que propriamente fundamenta ocorre enquanto derivado, não se sabe ao que se ater, nem com respeito ao fundamento, nem com respeito ao fenômeno. A incerteza é aumentada pelo fato de que – especialmente se a exposição não é rigorosamente consequente, mas é mais *de boa-fé* –, detectam-se por todas as partes indícios e circunstâncias do fenômeno, que apontam para algo mais e, muitas vezes, totalmente diferente do que está contido meramente nos princípios. A confusão torna-se finalmente ainda maior, enquanto determinações refletidas e meramente hipotéticas são mescladas com determinações imediatas do próprio fenômeno, se aquelas são enunciadas como se pertencessem à experiência imediata. Assim, alguns daqueles que abordam essas ciências com boa-fé, podem, decerto, ter a opinião de que as moléculas, os interstícios vazios, a força centrífuga, o éter, o raio de luz isolado, a *matéria* elétrica, magnética, e ainda uma multidão de determinações semelhantes, seriam coisas ou relações que, de acordo com a maneira em que se fala delas como de determinações imediatas do ser aí, estariam, de fato, presentes *na percepção*. Elas servem como fundamentos primeiros para outro, são enunciadas e aplicadas confiadamente como efetividades; deixam-se valer de boa-fé, antes que se perceba que elas são, antes, determinações concluídas a partir daquilo que elas devem fundamentar, hipóteses e invenções derivadas por uma reflexão acrítica. De fato, encontramo-nos em uma espécie de círculo de bruxas, em que determinações do ser aí e determinações da reflexão, fundamento e fundamentado, fenômenos e fantasmas, inseparavelmente associados, agitam-se aqui e ali e gozam de igual posição entre eles.

Na ocupação formal desse modo de explicação a partir de fundamentos, ouve-se também de novo, ao mesmo tempo, falar que, a despeito de todo o explicar a partir das bem conhecidas forças e matérias, nós *não conhecemos* a *essência interior* dessas próprias forças e matérias. Nisso, tem de se ver somente a confissão de que esse fundamentar é plenamente insuficiente a si mesmo, de que ele mesmo exige algo totalmente diferente de tais fundamentos. Só que, então, não se pode ver para que se faz esse esforço com esse explicar, por que não se procura o outro ou, pelo menos, descarta-se aquele explicar e detém-se nos simples fatos.

b. O fundamento real

A determinidade do fundamento, como se mostrou, é, por um lado, determinidade da *base* ou determinação de conteúdo, por outro lado, é o ser outro na própria *relação de fundamento*, a saber, a diferencialidade de seu conteúdo e da forma; a relação de fundamento e fundamentado transcorre como uma forma externa no conteúdo, que é indiferente frente a essas determinações. – De fato, porém, ambos não são externos um ao outro; pois, o conteúdo consiste em ser a *identidade* do *fundamento* consigo mesmo dentro do *fundamentado* e do *fundamentado* dentro do *fundamento*. O lado do fundamento se mostrou ser, ele mesmo, um posto, e o lado do fundamentado mostrou ser ele mesmo fundamento; cada um é, nele mesmo, essa identidade do todo. Mas, porque eles, ao mesmo tempo, pertencem à forma e constituem sua diferencialidade determinada, então cada um é, *dentro de sua determinidade*, a identidade do todo consigo. Cada um tem, com isso, um *conteúdo diverso* frente ao outro. – Ou, considerado do lado do conteúdo, porque ele é a identidade enquanto aquela da *relação de fundamento* consigo, ele tem essencialmente essa diferença de forma nele mesmo, e é, pois, enquanto fundamento, um conteúdo diferente do fundamentado.

Agora, na medida em que fundamento e fundamentado têm um conteúdo diverso, a relação de fundamento cessou de ser uma relação formal; o regresso para o fundamento e o proceder a partir dele para o posto não são mais a tautologia; o *fundamento* está realizado. Quando se pergunta por um fundamento, por conseguinte, exige-se propriamente por fundamento uma determinação de conteúdo diferente daquela por cujo fundamento se pergunta.

Agora, essa relação se determina ulteriormente. A saber, na medida em que ambos os seus lados são um conteúdo diverso, eles são indiferentes um frente ao outro; cada um é uma determinação imediata, idêntica a si. Além disso, relacionados um com o outro enquanto fundamento e fundamentado, o fundamento é o refletido dentro de si no interior do outro enquanto no interior de seu ser posto; portanto, o conteúdo que o lado do fundamento tem está igualmente dentro do fundamentado; este, enquanto o posto, tem sua identidade consigo e seu subsistir somente dentro do fundamento. Todavia, além desse conteúdo do fundamento, o fundamentado tem, doravante, também seu conteúdo peculiar e é, com isso, a *unidade* de um conteúdo *duplo*. Agora, essa é, decerto, enquanto unidade de diferentes, a unidade negativa deles, mas, porque se trata de determinações de conteúdo indiferentes uma frente à outra, ela é apenas sua relação vazia, sem conteúdo nela mesma, não sua mediação, – um *uno* ou *algo* enquanto ligação externa das mesmas.

Portanto, na relação real de fundamento, está presente o duplo aspecto: *uma vez*, a determinação de conteúdo, que é fundamento, continua consigo mesma dentro do ser posto, de modo que ela constitui o simplesmente idêntico do fundamento e do fundamentado; assim, o fundamentado contém completamente o fundamento dentro de si, sua relação é compacidade sem diferença, essencial. O que, dentro do fundamentado, ainda sobrevém a essa *essência* simples é, portanto, somente uma forma inessencial, determinações externas de conteúdo, que, como tais, estão livres do fundamento e são uma multiplicidade imediata. Aquele essencial não é, portanto, o fundamento desse inessencial, nem é fundamento da *relação* de ambos um com o outro dentro do fundamentado. Ele é um positivamente idêntico, que é imanente ao fundamentado, mas não se põe nisso em nenhuma diferença de forma, mas, enquanto conteúdo que se relaciona consigo mesmo, é *base* indiferente positiva. *Outra vez*, o que está ligado com essa base dentro do algo é um conteúdo indiferente, mas enquanto lado inessencial. A coisa principal é a *relação* da base e da multiplicidade inessencial. Mas essa relação, porque as determinações relacionadas são conteúdo indiferente, também *não* é *fundamento*; uma está determinada, com efeito, como conteúdo essencial, a outra, somente como inessencial ou posto, mas, enquanto conteúdo que se relaciona consigo, essa forma é externa a ambas. O *uno do algo*, que constitui a relação delas, não é, por causa disso, relação de forma, mas somente um laço externo, que não adquire como *posto* o conteúdo multíplice inessencial; portanto, ele é igualmente apenas *base*.

O fundamento, no modo em que se determina como fundamento real, decompõe-se, com isso, em virtude da diversidade de conteúdo, a qual constitui sua realidade, em determinações externas. Ambas as relações, o *conteúdo essencial* enquanto *identidade imediata* simples do fundamento e do fundamentado e, então, *o algo* enquanto a relação do conteúdo diferente, são *duas bases diversas*; a forma idêntica a si do fundamento, segundo a qual o mesmo é, uma vez, enquanto essencial, outra vez, enquanto posto, desapareceu; a relação de fundamento, assim, tornou-se *externa* a si mesma.

Agora, por conseguinte, é um fundamento externo o que conecta conteúdo diverso e determina qual é o fundamento e qual é o posto por ele; essa determinação não está dentro do próprio conteúdo bilateral. O fundamento real é, portanto, *relação com outro*, por um lado, do conteúdo com outro conteúdo, por outro lado, da própria relação de fundamento (da forma) com outro, a saber, com um *imediato*, não posto por ela.

Observação [Modo de explicação formal a partir de um fundamento diverso do fundamentado]

A relação formal de fundamento contém apenas *um* conteúdo para fundamento e fundamentado; nessa identidade está sua necessidade, mas, ao mesmo tempo, sua tautologia. O fundamento real contém um conteúdo diverso; mas, com isso, entra em cena a contingência e a exterioridade da relação de fundamento. Por um lado, aquilo que é considerado como o essencial e, por causa disso, como a determinação de fundamento, não é fundamento das outras determinações que estão conectadas com ela. Por outro lado, está também indeterminado qual das várias determinações de conteúdo de uma coisa concreta devem ser assumidas como a essencial e como fundamento; a escolha entre elas é, portanto, livre. Assim, por exemplo, sob o primeiro aspecto, o fundamento de uma casa é a base de sustentação da mesma; aquilo pelo qual essa é fundamento é a *gravidade* imanente à matéria sensível, o que é pura e simplesmente idêntico tanto no fundamento quanto na casa fundamentada. O fato de que, agora, na matéria dotada de gravidade, haja uma diferença tal como a de uma base de sustentação e de uma modificação diferente dela, pela qual ela constitui uma habitação, é perfeitamente indiferente ao próprio corpo grave; sua relação com as outras determinações de conteúdo da finalidade, da disposição da casa etc. é externa para ele; ele é, portanto, certamente, base, mas não fundamento das mesmas. Enquanto fundamento de que uma casa esteja em pé, a gravidade é também fundamento de que uma pedra caia; a pedra tem esse fundamento, a gravidade, dentro de si; mas o fato de que ela tenha uma determinação ulterior de conteúdo, pela qual ela não é meramente um corpo grave, mas pedra, é externa à gravidade; além disso, é posto por um outro o fato de que ela tenha sido anteriormente afastada do corpo sobre o qual ela cai, como também o tempo e o espaço e sua relação, o movimento, são um conteúdo diferente da gravidade, e podem ser representados sem ela (como se costuma dizer), consequentemente, não são postos essencialmente por ela. – A gravidade é também fundamento de que um projétil faça o movimento contraposto àquele de queda. – A partir da diversidade das determinações, das quais a gravidade é fundamento, fica claro que, ao mesmo tempo, exige-se um outro que faça dela o fundamento dessa ou de uma outra determinação.

Quando se diz da *natureza* que ela é o *fundamento do mundo*, aquilo que é denominado natureza é, então, por um lado, *uno* com o mundo, e o mundo, nada senão a própria natureza. Mas eles são também diferentes, de modo que a natureza é mais o indeterminado ou, pelo menos, somente a essência do mundo idêntica a si, determinada nas diferenças universais, que são leis; e à natureza, para ela ser mundo, ainda sobrevém exteriormente uma multiplicidade de determinações. Mas essas não têm seu fundamento dentro da natureza como tal; ela é, antes, o indiferente frente a elas enquanto contingências. – Trata-se da mesma relação quando *Deus* é determinado como *fundamento da natureza*. Enquanto fundamento, ele é a essência da natureza, essa contém a essência dentro dela e é algo idêntico a ela; mas a natureza tem ainda uma multiplicidade ulterior que é diferente do próprio fundamento; ela é o *terceiro*, em que ambos esses diversos estão conectados; aquele fundamento não é nem fundamento da multiplicidade diversa dele nem de sua conexão com ela. A natureza não é, portanto, reconhecida a partir de Deus como do fundamento, pois assim ele seria somente sua essência universal, que não a contém como ela é: essência determinada e natureza.

Portanto, o indicar fundamentos reais em virtude dessa diversidade de conteúdo do fundamento ou, propriamente, da base, e em virtude daquilo que está conectado com ele dentro do fundamentado, torna-se um formalismo na mesma medida que o próprio fundamento formal. Neste, o conteúdo idêntico a si é indiferente frente à forma; isso ocorre igualmente no fundamento real. Através disso, agora, o que mais ocorre é que ele não contém nele mesmo a indicação de quais das determinações multíplices devem ser tomadas como as essenciais. *Algo* é um *concreto* de tais determinações multíplices, que se mostram igualmente constantes e permanentes nele. Por conseguinte, tanto uma quanto a outra pode ser determinada como fundamento, a saber, como a *essencial*; em comparação com aquela, então, a outra seria somente um posto. Isso se liga ao que foi há pouco mencionado, de que, quando está presente uma determinação, que, em um caso, é vista como fundamento de uma outra, disso não se segue que essa outra, num outro caso ou em geral, esteja posta com ela. – A *pena*, por exemplo, tem as determinações multíplices de que ela é talião, além disso, é exemplo dissuasivo; de que ela é algo ameaçado pela lei para a dissuasão, e também é algo que traz o criminoso à reflexão e ao melhoramento. Cada uma dessas determinações diversas foi considerada como *fundamento da pena*, porque cada uma é uma determinação essencial e, através disso, as outras, enquanto diferentes dela, são determinadas frente a ela somente como algo contingente. Mas aquela que é assumida como fundamento ainda não é toda a pena mesma; esse concreto contém também aquelas outras, que, dentro dele, estão apenas conectadas com a primeira, sem que elas tenham seu fundamento nela. – Ou ainda, um *funcionário* tem habilidade para o cargo; como indivíduo, tem um parentesco; tem esses ou aqueles conhecidos; tem um caráter particular; esteve nessas e naquelas circunstâncias e oportunidades de mostrar-se etc. Cada uma dessas propriedades pode ser fundamento ou pode ser vista como aquele fundamento pelo qual o funcionário tem esse cargo; elas são um conteúdo diverso, que está ligado dentro de um terceiro; a forma, de ser determinado mutuamente como o essencial e como o posto, é externa a esse conteúdo. Cada uma dessas propriedades é essencial ao funcionário, porque ele é o indivíduo determinado que é através delas; na medida em que o cargo pode ser considerado como uma determinação externa posta, cada uma pode ser determinada como fundamento frente a esse, mas, inversamente, também aquelas mesmas podem ser consideradas como postas e o cargo como fundamento delas. Como elas se relacionam *efetivamente*, quer dizer, no caso isolado, isso é uma determinação externa à relação de fundamento ao próprio conteúdo; é um terceiro, o que atribui a elas a forma de fundamento e de fundamentado.

Assim, cada ser aí pode ter em geral vários fundamentos; cada uma de suas determinações de conteúdo, como idêntica a si, penetra o todo concreto e pode ser considerada, portanto, como essencial; em virtude da contingência do modo de conexão, abrem-se infinitas portas aos vários *aspectos*, quer dizer, às várias determinações, que estão *fora* da própria Coisa. – Por causa disso, se um fundamento tenha essa ou aquela *consequência*, é igualmente contingente. Os motivos [*Beweggründe*] morais, por exemplo, são *determinações essenciais* da natureza ética, mas aquilo que se segue delas é, ao mesmo tempo, uma exterioridade diversa delas, a qual se segue e também não se segue delas; ela sobrevém-lhes somente através de um terceiro. Mais precisamente, é preciso tomar isso de modo que, para a determinação moral, *se* ela é fundamento, *não* seria contingente ter uma consequência ou um fundamentado, mas se em geral se faça ou não dela o fundamento. Entretanto, visto que também, de novo, o conteúdo, que é a consequência dela, se dela se faz o fundamento, tem a natureza da exterioridade, aquele pode ser imediatamente suprassumido por uma outra exterioridade. A partir de um motivo moral, portanto, uma ação pode ou também não pode surgir. Inversamente, uma ação pode ter vários fundamentos; enquanto um concreto, ela contém multíplices determinações essenciais, das quais cada uma pode, por causa disso, ser indicada como fundamento. O procurar e indicar razões [*Gründe*][7], em que principalmente consiste o *raciocínio*, é, por isso, um vaguear infindável, que não contém determinação última alguma; de toda e qualquer coisa, assim como da sua contraposta, podem ser indicadas uma ou várias boas razões, e podem estar presentes uma multidão de razões, sem que, a partir delas, algo aconteça. O que Sócrates e Platão denominam *sofistaria*, nada mais é do que o raciocínio a partir de razões; Platão contrapõe ao mesmo a consideração da ideia, quer dizer, da Coisa em si e para si mesma, ou seja, em seu *conceito*. As razões são tomadas somente a partir de determinações *essenciais* de conteúdo, de relações e aspectos, das quais cada Coisa, precisamente como seu oposto, tem várias; em sua forma da essencialidade, uma vale como tão boa quanto a outra; porque ela não contém toda a extensão da Coisa, ela é razão

---

[7]. A fim de ressaltar a afinidade com *Räsonnement* (raciocínio), resolvemos traduzir *Grund* por "razão" nesse contexto. Nos demais casos, porém, *Grund* foi traduzido por "fundamento", para não criar um equívoco com a tradução de *Vernunft*, que também é "razão", mas uma razão no sentido rigoroso do conceito (cujo tratamento é reservado ao terceiro volume da *Ciência da Lógica*), o qual não está mais submetido aos limites da figura da essência que está sendo investigada neste capítulo [N.T.].

unilateral, tendo os outros lados particulares da Coisa, de novo, razões particulares, das quais nenhuma esgota a Coisa, que constitui sua *conexão* e as contém todas; nenhuma delas é razão *suficiente*, quer dizer, o conceito.

c. O fundamento completo

1. No fundamento real, o fundamento enquanto conteúdo e o fundamento enquanto relação são apenas *bases*. Aquele está *posto* somente enquanto essencial e enquanto fundamento; a relação é o *algo* do fundamentado enquanto substrato indeterminado de um conteúdo diverso, uma conexão do mesmo, a qual não é a reflexão própria dele, mas é uma reflexão externa e, com isso, somente uma reflexão posta. A relação real de fundamento é, antes, portanto, o fundamento enquanto suprassumido; ela constitui, antes, com isso, o lado do *fundamentado* ou do *ser posto*. Mas agora, enquanto ser posto, o próprio fundamento regressou para seu fundamento; ele é agora um fundamentado, que tem *um outro fundamento*. Através disso, esse fundamento determina-se de modo a ser, *em primeiro lugar*, o *idêntico* ao fundamento real como a um fundamentado; ambos os lados têm, conforme essa determinação, um e o mesmo conteúdo; as duas determinações de conteúdo e sua conexão dentro do algo se encontram igualmente dentro do novo fundamento. Mas, *em segundo lugar*, o novo fundamento, para dentro do qual aquela conexão externa apenas posta se suprassumiu, é, enquanto a reflexão dentro de si dela, a *relação absoluta* das duas determinações de conteúdo.

Pelo fato de que o próprio fundamento real regressou para seu fundamento, restabelece-se nele a identidade do fundamento e do fundamentado ou o fundamento formal. A relação de fundamento que surgiu é, por causa disso, a relação *completa*, que contém dentro de si, ao mesmo tempo, o fundamento formal e o fundamento real, e medeia as determinações de conteúdo que, no último, são imediatas uma frente à outra.

2. Com isso, a relação de fundamento se determinou mais precisamente da seguinte maneira. *Em primeiro lugar*, algo tem um fundamento; ele contém *a determinação de conteúdo* que é o *fundamento*, e ainda uma *segunda* enquanto *posta* por ele. Mas, enquanto

conteúdo indiferente, uma não é, nela mesma, fundamento, a outra não é, nela mesma, o que é fundamentado por aquela, mas essa *relação* é, dentro da imediatidade do conteúdo, enquanto uma relação suprassumida ou posta e tem, como tal, seu fundamento dentro de uma *outra*. Essa segunda relação, enquanto diferente apenas segundo a forma, tem o mesmo conteúdo que a primeira, a saber, ambas as determinações de conteúdo, mas é a conexão *imediata* das mesmas. Todavia, na medida em que o que está conectado é, em geral, conteúdo diverso, [e] com isso, determinação indiferente de um frente ao outro, ela não é sua relação verdadeiramente absoluta, segundo a qual uma das determinações seria o idêntico a si dentro do ser posto, a outra, somente esse ser posto do mesmo idêntico; porém, um algo as sustenta e constitui sua relação não refletida, mas somente imediata, que, portanto, é somente fundamento relativo frente à conexão dentro do outro algo. *Ambos* os *algos* são, portanto, as duas relações diferentes de conteúdo que resultaram. Eles estão na idêntica relação de fundamento da forma; eles são um e o mesmo *conteúdo todo*, a saber, as duas determinações de conteúdo e sua relação; eles são diferentes somente através do modo dessa relação, que em um é relação imediata, no outro, relação posta, pelo que um se diferencia do outro, somente *segundo a forma*, enquanto fundamento e fundamentado. – *Em segundo lugar*, essa relação de fundamento não é somente formal, mas também real. Como se mostrou, o fundamento formal passa para o fundamento real; os momentos da forma se refletem dentro de si mesmos; eles são um conteúdo autossubsistente, e a relação de fundamento contém também um *conteúdo* peculiar *enquanto fundamento*, e um, enquanto *fundamentado*. O conteúdo constitui primeiramente a identidade *imediata* de ambos os lados do fundamento formal, então, eles têm um e o mesmo conteúdo. Mas o conteúdo tem nele mesmo também a forma e é, assim, duplo *conteúdo*, que se relaciona enquanto fundamento e fundamentado. Portanto, uma das duas determinações de conteúdo de ambos os algos está determinada não meramente como comum a eles segundo a comparação exterior, mas [determinada] a ser seu substrato idêntico e a base da sua relação. Frente à outra determinação de conteúdo, ela é a essencial e fundamento da mesma como da determinação posta, a saber, dentro do algo cuja relação é a relação fundamentada. Dentro do primeiro algo, que é a relação de fundamento, também essa segunda determinação de conteúdo está conectada imediatamente e *em si* com a primeira. Mas, o outro algo contém somente uma determinação *em si* como aquilo dentro do qual ele é imediatamente idêntico ao primeiro algo, mas, a outra, como aquela posta dentro dele. A primeira determinação de conteúdo é fundamento da mesma pelo fato de que ela, no primeiro algo, está conectada *originariamente* com a outra determinação de conteúdo.

A *relação de fundamento* das determinações de conteúdo dentro do segundo algo está, assim, *mediada* através da relação que é em si do primeiro algo. O silogismo é: porque dentro de um algo a determinação *B* está conectada em si com a determinação *A*, então, dentro do segundo algo, ao qual compete imediatamente apenas uma determinação *A*, também *B* está conectado com essa. Dentro do segundo algo, não somente essa segunda determinação é mediata [*mittelbar*], mas também está mediado [*vermittelt*], a saber, através da relação originária da determinação imediata com *B* dentro do primeiro algo, o fato de que tal determinação é fundamento. Essa relação é, com isso, fundamento do fundamento *A*, e a *toda a* relação de fundamento está dentro do segundo algo enquanto um posto ou fundamentado.

3. O fundamento real se mostra como a *reflexão externa* a si do fundamento; a mediação completa do mesmo é o restabelecimento de sua identidade consigo. Mas, na medida em que essa, ao mesmo tempo, obteve, através disso, a exterioridade do fundamento real, então a relação formal de fundamento, dentro dessa unidade de si mesma e do fundamento real, é tanto fundamento que se põe quanto fundamento que se *suprassume*; a relação de fundamento se medeia consigo *através de sua negação*. Primeiramente, o fundamento, enquanto *relação originária*, é relação de determinações imediatas de conteúdo. A relação de fundamento, enquanto forma essencial, tem, por seus lados, lados tais que são suprassumidos ou momentos. Por conseguinte, enquanto forma de determinações *imediatas*, ela é a relação idêntica consigo enquanto, ao mesmo tempo, relação de *sua negação*; com isso, ela não é fundamento em e para si mesma, mas enquanto relação com a relação *suprassumida* de fundamento. – Em segundo lugar, a relação suprassumida ou o imediato que, dentro da relação originária e da posta, é a *base* idêntica, não é igualmente o

fundamento real em e para si mesmo, mas, o fato de que o imediato seja fundamento, é posto por aquela conexão originária.

A relação de fundamento em sua totalidade é, com isso, essencialmente reflexão *pressuponente*; o fundamento formal pressupõe a determinação *imediata* de conteúdo, e essa, enquanto fundamento real, pressupõe a forma. O fundamento é, portanto, a forma como conexão imediata; mas de modo que ela se repele de si mesma e pressupõe, antes, a imediatidade, nela se relaciona consigo como com um outro. Esse imediato é a determinação de conteúdo, o *fundamento* simples; mas esse, enquanto tal, a saber, enquanto fundamento, está igualmente repelido de si e, do mesmo modo, relaciona-se consigo como com um outro. – Assim, a relação total de fundamento determinou-se até ser *mediação condicionante*.

C. A condição

a. O relativamente incondicionado

1. O fundamento é o imediato e o fundamentado é o mediado. Mas o fundamento é reflexão ponente; como tal, ele faz de si o ser posto e é reflexão pressuponente; assim, relaciona-se consigo como com um suprassumido, com um imediato, através do qual ele mesmo está mediado. Essa mediação, enquanto avançar do imediato para o fundamento, não é uma reflexão exterior, mas, como resultou, o atuar próprio do fundamento, ou, o que é o mesmo, a relação de fundamento, enquanto reflexão dentro da identidade consigo, é, do mesmo modo, essencialmente, reflexão que se exterioriza. O imediato, com o qual o fundamento se relaciona como com sua pressuposição essencial, é a *condição*; o fundamento real, portanto, está essencialmente condicionado. A determinidade que ele contém é o ser outro de si mesmo.

A condição é, então, *em primeiro lugar*, um ser aí imediato, multíplice. *Em segundo lugar*, esse ser aí está relacionado com um outro, com algo que é fundamento, não desse ser aí, mas sob outro aspecto; pois, o próprio ser aí é imediato e sem fundamento. Conforme aquela relação, ele é um *posto*; o ser aí imediato, enquanto condição, não deve ser para si, mas para outro. Mas, ao mesmo tempo, o fato de que ele é, assim, para outro, é mesmo somente um ser posto; o fato de que ele é um posto está suprassumido em sua imediatidade, e um *ser aí é indiferente frente ao fato de ser condição*. Em terceiro lugar, a condição é um imediato, de modo que ela constitui a *pressuposição* do fundamento. Nessa determinação, ela é a relação de forma do fundamento que regressou para a identidade consigo, com isso, o *conteúdo* do mesmo. Mas o conteúdo como tal é a unidade indiferente do fundamento somente enquanto está dentro da forma, – sem forma, não há conteúdo algum. Ele se liberta ainda da mesma, na medida em que a relação de fundamento, dentro do fundamento *completo*, torna-se uma relação externa frente a sua identidade, pelo que o conteúdo obtém a imediatidade. Na medida, portanto, em que a condição é aquilo em que a relação do fundamento tem sua *identidade* consigo, a condição constitui seu conteúdo; mas, porque é o indiferente frente a essa forma, ele é apenas *em si* o conteúdo dela, um tal que somente *deve* tornar-se conteúdo, com isso, constitui o *material* para o fundamento. Posto enquanto condição, o ser aí, conforme o segundo momento, tem a determinação de perder sua imediatidade indiferente e tornar-se momento de um outro. Através de sua imediatidade, o ser aí é indiferente a essa relação; mas, na medida em que entra dentro da mesma, ele constitui o *ser em si* do fundamento e é o *incondicionado* para o mesmo. A fim de ser condição, ele tem no fundamento sua pressuposição e é, ele mesmo, condicionado; mas essa determinação lhe é externa.

2. Algo não é através de sua condição; sua condição não é seu fundamento. Ela é o momento da imediatidade incondicionada para o fundamento, mas não é, ela mesma, o movimento e o pôr que se relaciona negativamente consigo e faz de si o ser posto. A condição está, portanto, contraposta à *relação de fundamento*. Além da sua condição, algo tem também um fundamento. – Este é o movimento vazio da reflexão, porque ela tem a imediatidade como sua pressuposição fora dela. Ela, porém, é toda a forma e o mediar autossubsistente; pois, a condição não é seu fundamento. Na medida em que esse mediar se relaciona consigo enquanto pôr, ele é, conforme esse lado, igualmente um imediato e um *incondicionado*; ele, com efeito, pressupõe-se, mas enquanto pôr exteriorizado ou suprassumido; pelo contrário, o que ele é de acordo com sua determinação, o é em si e para si mes-

mo. – Na medida em que, assim, a relação de fundamento é relação autossubsistente consigo e tem a identidade da reflexão nela mesma, ela tem um *conteúdo peculiar* frente ao conteúdo da condição. Aquele é conteúdo do fundamento e, por isso, essencialmente formado; este, pelo contrário, é somente material imediato, para o qual a relação com o fundamento é, ao mesmo tempo, igualmente externa, enquanto o material também constitui o ser em si do fundamento; o material é, com isso, uma mistura de conteúdo autossubsistente que não tem nenhuma relação com o conteúdo da determinação de fundamento, e de conteúdo tal que entra dentro dela e, enquanto seu material, deve ser momento da mesma.

3. Ambos os lados do todo, *condição e fundamento*, são, então, por um lado, *indiferentes* e *incondicionados* um frente ao outro, – um enquanto o não relacionado, para o qual a relação em que ele é condição é externa, o outro enquanto relação ou forma, para a qual o ser aí determinado da condição é somente como material, como um passivo, cuja forma, que o mesmo tem para si nele, é uma forma inessencial. Além disso, ambos são também *mediados*. A condição é o *ser em si* do fundamento; tanto é momento essencial da relação de fundamento que ela é a identidade simples do mesmo consigo. Mas isso também está suprassumido; este ser em si é apenas um ser em si posto; o ser aí imediato é indiferente ao fato de ser condição. Que a condição seja o *ser em si* para o fundamento, constitui, portanto, seu lado segundo o qual ela é uma condição mediada. Do mesmo modo, a relação de fundamento, dentro de sua autossubsistência, tem também uma pressuposição e seu ser em si, fora de si. – Com isso, cada um de ambos os lados é a *contradição* da imediatidade indiferente e da mediação essencial, ambas dentro de *uma* relação, – ou seja, a contradição do subsistir autossubsistente e da determinação de ser somente momento.

b. O incondicionado absoluto

Inicialmente, ambos os relativamente incondicionados aparecem cada um dentro do outro, – a condição, enquanto imediato, dentro da relação de forma do fundamento, e essa, dentro do ser aí imediato, enquanto seu ser posto; mas cada um, além dessa aparência de seu outro, é, nele, autossubsistente e tem seu conteúdo peculiar.

Primeiramente a *condição* é ser aí imediato; sua forma tem os dois momentos: o *ser posto*, segundo o qual ele, enquanto condição, é material e momento do fundamento, e o *ser em si*, segundo o qual ele constitui a essencialidade do fundamento ou sua reflexão simples dentro de si. Ambos os lados da forma são externos ao ser aí imediato; pois ele é a relação de fundamento suprassumida. – Mas, *em primeiro lugar*, o ser aí é, nele mesmo, somente o fato de, dentro de sua imediatidade, suprassumi-la e ir ao fundo. O *ser* é, em geral, somente o *devir* rumo à essência; é sua natureza essencial, de fazer de si o posto e a identidade que, através de sua negação, é o imediato. Então, as determinações de forma do ser posto e do ser em si idêntico a si, a forma pela qual o ser aí imediato é condição, não lhe são, portanto, externas, mas ele é essa própria reflexão. *Em segundo lugar*, enquanto condição, o ser está agora também posto como aquilo que ele é essencialmente, a saber, como momento, com isso, de um outro, e, ao mesmo tempo, como o ser em si igualmente de um outro; mas ele é *em si* somente através de sua negação, a saber, através do fundamento e de sua reflexão que se suprassume e, com isso, pressupõe-se; o ser em si do ser é, com isso, somente um posto. Esse ser em si da condição tem os dois lados, por um lado, de ser sua essencialidade enquanto a do fundamento, mas, por outro, de ser a imediatidade de seu ser aí. Ou, antes, ambos os lados são o mesmo. O ser aí é um imediato, mas a imediatidade é essencialmente o mediado, a saber, através do fundamento que suprassume a si mesmo. Enquanto essa imediatidade mediada pelo mediar que se suprassume, ele é, ao mesmo tempo, o ser em si do fundamento e o incondicionado do mesmo; mas, igualmente, esse próprio ser em si é, ao mesmo tempo, de novo, somente momento ou ser posto, pois ele está mediado. – A condição é, por conseguinte, toda a forma da relação de fundamento; ela é o ser em si pressuposto da mesma, mas, com isso, ela mesma é um ser posto, e sua imediatidade é isto: fazer de si o ser posto, repelir-se, portanto, de si mesma, de modo que ela tanto vai ao fundo quanto ela é fundamento, que faz de si o ser posto e, com isso, também o fundamentado, e ambos são um e o mesmo.

Do mesmo modo, no fundamento condicionado, o ser em si não é apenas enquanto aparecer de um outro nele. Esse fundamento é a reflexão autossubsistente, quer dizer, a reflexão do pôr que se relaciona consigo e, com isso, o idêntico a si, ou seja, [ele] é, dentro dele mesmo, seu ser em si e seu conteúdo. Mas, ao mesmo tempo, o fundamento é reflexão pressuponente; ele se relaciona negativamente consigo mesmo e se contrapõe seu ser em si como outro para ele, e a condição, tanto conforme seu momento do ser em si quanto conforme aquele do ser aí imediato, é o momento próprio da relação de fundamento; o ser aí imediato é essencialmente apenas através de seu fundamento e é seu momento enquanto momento de pressupor. Portanto, esse fundamento é, igualmente, o próprio todo.

Com isso, está presente em geral apenas *um* todo da *forma*, mas igualmente apenas *um* todo do *conteúdo*. Pois o conteúdo peculiar da condição é somente conteúdo essencial, na medida em que ele é a identidade da reflexão consigo dentro da forma ou enquanto esse ser aí imediato é, nele mesmo, a relação de fundamento. Além disso, esse ser aí somente é condição através da reflexão pressuponente do fundamento; o ser aí é identidade consigo mesmo do fundamento, ou seja, seu conteúdo, ao qual o fundamento se contrapõe. O ser aí não é, portanto, meramente material sem forma para a relação de fundamento, mas, porque tem nele mesmo essa forma, ele é matéria formada e, enquanto é, ao mesmo tempo, o indiferente frente à forma na identidade com ela, ele é conteúdo. Ele é, finalmente, o mesmo conteúdo que o fundamento tem, pois ele é justamente conteúdo enquanto o idêntico a si na relação de forma.

Ambos os lados do todo, condição e fundamento, são, portanto, *uma* unidade essencial, tanto como conteúdo quanto como forma. Eles passam um para dentro do outro através de si mesmos, ou, sendo reflexões, põem a si mesmos enquanto suprassumidos, relacionam-se com essa sua negação e *pressupõem-se reciprocamente*. Mas isso é, ao mesmo tempo, somente *uma* reflexão de ambos, seu pressupor, portanto, também é apenas um só; a reciprocidade dos mesmos passa, antes, para o fato de que eles pressupõem sua *única* identidade como seu subsistir e sua base. Essa identidade, o único conteúdo e a única unidade de forma de ambos, é o *verdadeiramente incondicionado; a Coisa em si mesma*. – Como resultou acima, a condição é apenas o relativamente incondicionado. Costuma-se considerá-la, portanto, ela mesma como um condicionado e perguntar por uma nova condição, com o que está introduzido o *progresso* habitual *ao infinito* de condição para condição. Ora, por que, em uma condição, pergunta-se por uma nova condição, quer dizer, por que ela é assumida como um condicionado? Porque ela é um ser aí finito qualquer. Mas essa é uma determinação ulterior da condição que não está em seu conceito. Só que a condição como tal é, por isso, um condicionado, porque ela é o ser em si posto; ela está, portanto, suprassumida no absolutamente incondicionado.

Ora, esse contém dentro de si ambos os lados, a condição e o fundamento, como seus momentos; ele é a unidade, para dentro da qual eles regressaram. Juntos, ambos constituem a forma ou o ser posto do mesmo. A Coisa incondicionada é condição de ambos, mas a condição absoluta, quer dizer, a condição que é ela mesma fundamento. – Enquanto *fundamento*, ela é agora a identidade negativa que se repeliu naqueles dois momentos, – *em primeiro lugar*, na figura da relação de fundamento suprassumida, de uma multiplicidade imediata, sem unidade, externa a si mesma, que se relaciona com o fundamento enquanto um outro para ela e constitui, ao mesmo tempo, o ser em si do mesmo; *em segundo lugar*, na figura de uma forma simples, interior, que é fundamento, mas se relaciona com o imediato idêntico a si como com um outro e determina o mesmo como condição, quer dizer, determina esse seu em si como seu momento próprio. – Ambos esses lados *pressupõem* a totalidade, de modo que ela é o que põe os mesmos. Inversamente, porque eles *pressupõem* a totalidade, então essa parece também de novo ser condicionada por aqueles e a Coisa [parece] brotar de sua condição e de seu fundamento. Mas, na medida em que ambos esses lados se mostraram como o idêntico, então a relação de condição e fundamento desapareceu; eles estão rebaixados a uma *aparência*; dentro de seu movimento do pôr e do pressupor, o absolutamente incondicionado é somente o movimento em que essa *aparência* se suprassume. O atuar da Coisa consiste em condicionar-se e em contrapor-se, enquanto fundamento, a suas condições; sua relação, como aquela das condições e do fundamento, é, porém, um aparecer *dentro de si* e seu relacionar-se para com eles é *seu juntar-se consigo mesma*.

c. O surgimento da Coisa na existência

O absolutamente incondicionado é o fundamento absoluto idêntico à sua condição, a Coisa imediata, enquanto verdadeiramente essencial. Enquanto *fundamento*, ela se relaciona negativamente consigo mesma, faz de si o ser posto, mas ser posto que é a reflexão completa dentro de seus lados e, como seu conceito resultou, a relação de forma idêntica a si dentro deles. Esse ser posto é, portanto, *em primeiro lugar*, o fundamento suprassumido, a Coisa como o imediato sem reflexão, – o lado das condições. Essa é a *totalidade* das determinações da Coisa, – a própria Coisa, mas projetada para a exterioridade do ser, o círculo restabelecido do ser. Na condição, a essência deixa sair a unidade de sua reflexão dentro de si enquanto uma imediatidade que, porém, doravante, tem a determinação de ser pressuposição *condicionante* e de constituir essencialmente apenas um de seus lados. As condições são, por isso, o conteúdo inteiro da Coisa, porque elas são o incondicionado na forma do ser sem forma. Mas elas têm ainda, em virtude dessa forma, também uma outra figura do que as determinações do conteúdo, tal como ele é dentro da Coisa enquanto tal. Elas aparecem como uma multiplicidade sem unidade, misturadas com o extraessencial e com outras circunstâncias, que não pertencem ao círculo do ser aí, na medida em que ele constitui as condições dessa Coisa *determinada*. – Para a Coisa absoluta ilimitada, a *própria esfera do ser* é a condição. O fundamento que regressa para dentro de si a põe como a primeira imediatidade, com a qual ele se relaciona como com seu incondicionado. Essa imediatidade, enquanto reflexão suprassumida, é *reflexão* dentro do elemento do ser, que, portanto, forma-se como tal até se tornar um todo; a forma continua a crescer como determinidade do ser e aparece, assim, como um conteúdo multíplice, diverso da determinação de reflexão e indiferente frente a ela. O inessencial, que a esfera do ser tem nela e do qual ela se despoja na medida em que ela é condição, é a determinidade da imediatidade, dentro da qual a unidade de forma está mergulhada. Essa unidade de forma, enquanto relação do ser, está, nele, inicialmente, enquanto *devir*, – o passar de uma determinidade do ser para uma outra. Mas o devir do ser é, além disso, devir rumo à essência e o regressar para dentro do fundamento. O ser aí que constitui as condições, então, não é, na verdade, determinado como condição e usado como material por um outro, mas, através de si mesmo, ele faz de si o momento de um outro. - Seu devir não é, além disso, iniciar de si como do verdadeiramente primeiro e imediato, mas sua imediatidade é apenas o pressuposto, e o movimento de seu devir é o atuar da própria reflexão. A verdade do ser aí é, portanto, de ser condição; sua imediatidade é unicamente pela reflexão da relação de fundamento, que se põe ela mesma como suprassumida. Com isso, o devir, do mesmo modo que a imediatidade, é apenas a aparência do incondicionado, na medida em que este se pressupõe a si mesmo e tem, nisso, sua forma, e a imediatidade do ser é, portanto, essencialmente apenas *momento* da forma.

O outro lado dessa aparência do incondicionado é a relação de fundamento como tal, determinada como forma frente à imediatidade das condições e do conteúdo. Mas a relação do fundamento é a forma da Coisa absoluta, que tem a unidade de sua forma consigo mesma ou seu *conteúdo* nela mesma e que, ao determiná-lo como condição, suprassume, dentro desse próprio pôr, a diversidade do conteúdo e o torna momento, assim como ela, inversamente, enquanto forma sem essência, dá a si, dentro dessa identidade consigo, a imediatidade do subsistir. A reflexão do fundamento suprassume a imediatidade das condições e as relaciona até torná-las momentos dentro da unidade da Coisa; mas as condições são o que é pressuposto pela própria Coisa incondicionada; com isso, então, ela suprassume seu pôr próprio, ou, seu pôr transforma-se, com isso, imediatamente e do mesmo modo, em *devir*. - Ambos são, por conseguinte, *uma* unidade; o movimento das condições nelas mesmas é devir, regressar para dentro do fundamento e pôr do fundamento; mas o fundamento enquanto posto, quer dizer, enquanto suprassumido, é o imediato. O fundamento relaciona-se negativamente consigo mesmo, faz de si o ser posto e fundamenta as condições; mas no fato de que, assim, o ser aí imediato está determinado como um posto, o fundamento o suprassume e, pela primeira vez, torna-se fundamento. - Essa reflexão, portanto, é a mediação da Coisa incondicionada consigo através de sua negação. Ou, antes, a reflexão do incondicionado é primeiramente pressupor, mas esse suprassumir de si mesma é imediatamente um pôr determinante; em segundo lugar, ela é, nisso, imediatamente suprassumir do pressuposto e determinar a partir de si; com isso, esse determinar é, novamente, suprassumir do pôr e é o devir em si mesmo. Nisso, a mediação, enquanto retorno para si através da negação, desapareceu; ela é reflexão simples, aparecendo dentro de si, e devir absoluto sem fundamento. O movimento da Coisa, de ser posta, *por um lado*, por suas *condições*, e, *por outro*, por seu fundamento, é somente o *desaparecer da aparência da mediação*. O tornar-se posto da Coisa é, com isso, um *emergir*, o expor-se simples *na existência*, puro movimento da Coisa rumo a si mesma.

Se todas as condições de uma Coisa estão presentes, então ela entra na existência. A Coisa *é, antes de existir*; e precisamente ela é, em primeiro lugar, enquanto *essência* ou enquanto incondicionado; em segundo lugar, ela tem *ser aí*, ou seja, está determinada, e precisamente na dupla maneira já considerada: por um lado, dentro de suas condições, por outro, dentro de seu fundamento. Naquelas, ela deu a si a forma do ser externo, sem fundamento, porque ela, enquanto reflexão absoluta, é a relação negativa consigo e faz de si sua pressuposição. Esse incondicionado pressuposto é, portanto, o imediato sem fundamento, cujo ser nada mais é do que o fato de ser aí enquanto sem fundamento. Se, portanto, todas as condições da Coisa estão presentes, quer dizer, se a totalidade da Coisa está posta como imediato sem fundamento, então essa multiplicidade dispersa *se interioriza* nela mesma. A Coisa toda tem de ser aí dentro de suas condições, ou seja, todas as condições pertencem à sua existência; pois *todas* constituem a reflexão; ou seja, o ser aí, porque é condição, está determinado pela forma, suas determinações são, portanto, determinações de reflexão, e com uma estão postas essencialmente as outras. – A *interiorização* das condições é, inicialmente, o ir ao fundo do ser aí imediato e o devir do fundamento. Mas, com isso, o fundamento é um fundamento posto, quer dizer, na mesma medida em que ele é como fundamento, nessa medida ele está suprassumido como fundamento e é ser imediato. Logo, se todas as condições da Coisa estão presentes, então elas se suprassumem enquanto ser aí imediato e pressuposição, e, igualmente, suprassume-se o fundamento. O fundamento se mostra somente como uma aparência que imediatamente desaparece; este emergir é, com isso, o movimento tautológico da Coisa rumo a si, e sua mediação através das condições e através do fundamento é o desaparecer de ambos. O brotar na existência é, portanto, tão imediato que ele somente está mediado pelo desaparecer da mediação.

A Coisa surge do seu fundamento. Ela não é fundamentada ou posta por ele de modo que o mesmo ainda permaneça embaixo, mas o pôr é o movimento para fora do fundamento rumo a si mesmo e o desaparecer simples do mesmo. Através da *unificação* com as condições, ele obtém a imediatidade exterior e o momento do ser. Mas ele não as obtém, nem como um externo, nem através de uma relação externa; mas, enquanto fundamento, faz de si o ser posto, sua essencialidade simples se junta consigo dentro do ser posto e, dentro desse suprassumir de si mesmo, é o desaparecer de sua diferença em relação ao seu ser posto, com isso, imediatidade simples essencial. O fundamento, então, não fica atrás como um diverso do fundamentado, mas a verdade do fundamentar é que o fundamento se reúne consigo mesmo no fundamentado e, com isso, sua reflexão para dentro de outro é sua reflexão dentro de si. A Coisa, como ela é o *incondicionado*, é, com isso, igualmente, também o *sem fundamento* e emerge do fundamento somente na medida em que o fundamento foi ao *fundo* e não é fundamento algum; a Coisa emerge do sem fundamento, quer dizer, da negatividade essencial própria ou da forma pura.

Essa imediatidade mediada pelo fundamento e pela condição e idêntica a si através do suprassumir da mediação é a *existência*.

SEGUNDA SEÇÃO
O APARECIMENTO

A essência tem que aparecer [erscheinen].

O ser é a abstração absoluta; essa negatividade não é um externo para ele, mas ele é ser, e nada mais do que ser, somente como essa negatividade absoluta. Em virtude da mesma, o ser é somente enquanto ser que se suprassume, e é *essência*. A essência, porém, enquanto igualdade simples consigo, é, inversamente, de igual modo, *ser*. A *Doutrina do Ser* contém a primeira proposição: *"o ser é essência"*. A segunda proposição: *"a essência é ser"*, constitui o conteúdo da primeira seção da *Doutrina da Essência*. Mas este ser, em que a essência se transforma, é o *ser essencial, a existência*; um ser que saiu da negatividade e da interioridade.

Assim, a essência *aparece* [*erscheint*]. A reflexão é o *aparecer* [*Scheinen*] da essência *dentro dela mesma*. As determinações da mesma, encerradas na unidade, são pura e simplesmente apenas como postas, suprassumidas; ou seja, ela é a essência imediatamente idêntica a si dentro de seu ser posto. Mas, na medida em que a essência é fundamento, determina-se realmente através de sua reflexão, que se suprassume a si mesma ou que retorna para dentro de si; além disso, na medida em que essa determinação, ou o ser outro da relação de fundamento, suprassume-se dentro da reflexão do fundamento e torna-se existência, as determinações de forma têm aqui um elemento do subsistir autossubsistente.

Sua *aparência* completa-se até o aparecimento.

A essencialidade que progrediu para a imediatidade é, *em primeiro lugar*, *existência* e existente ou *coisa* – enquanto unidade indiferenciada da essência com sua imediatidade. A coisa, com efeito, contém a reflexão, mas sua negatividade está inicialmente extinta em sua imediatidade; essa se suprassume só porque seu fundamento é essencialmente a reflexão; a coisa faz de si um ser posto.

Em segundo lugar, então, ela é *aparecimento*. O aparecimento é aquilo que a coisa é em si, ou seja, sua verdade. Mas essa existência somente posta, refletida dentro do ser outro, é, igualmente, o ir para além de si dentro de sua infinitude; ao mundo do aparecimento se contrapõe o mundo refletido dentro de si, o *mundo que é em si*.

Mas o ser que aparece e o ser essencial estão pura e simplesmente em relação um com o outro. Assim, a existência é, *em terceiro lugar, relação* essencial; o que aparece mostra o essencial, e esse é dentro de seu aparecimento. – A relação é a unificação ainda imperfeita da reflexão para dentro do ser outro e da reflexão dentro de si; a compenetração perfeita de ambos é a *efetividade*.

PRIMEIRO CAPÍTULO
A EXISTÊNCIA

Assim como a proposição do fundamento exprime: *"Tudo o que é, tem um fundamento, ou seja, é um posto, um mediado"*, teria de ser estabelecida e expressa também uma proposição da existência: *"Tudo o que é, existe"*. A verdade do ser não é de ser um primeiro imediato, mas sim de ser a essência que surgiu na forma da imediatidade.

Se, porém, além disso, foi dito também: *o que existe, tem um fundamento e está condicionado*, então também dever-se-ia dizer igualmente: *ele não tem fundamento algum e é incondicionado*. Pois a existência é a imediatidade que surgiu do suprassumir da mediação que relaciona através do fundamento e da condição, imediatidade que, no surgir, suprassume justamente esse próprio surgir.

Na medida em que as provas *da existência* de Deus podem ser mencionadas aqui, é preciso lembrar de antemão que, além do *ser* imediato, em primeiro lugar, e, em segundo lugar, da *existência*, do ser que surge da essência, ainda há um ser ulterior, o qual surge do conceito, a *objetividade*. – O provar é, em geral, o *conhecimento mediado*. As diversas espécies do ser exigem ou contêm sua espécie própria da mediação; assim, torna-se diversa também a natureza do provar em relação a cada uma. A *prova ontológica* quer partir do conceito; ela coloca como fundamento o sumo conjunto de todas as realidades, e, então, subsome à realidade também a existência. Ela é, portanto, a mediação que é silogismo, e que, aqui, ainda não pode ser considerada. Acima[8] já foi levado em consideração o que Kant lembra contra isso, e foi observado que Kant entende por *existência* o ser aí *determinado*, pelo qual algo entra no contexto de toda a experiência, quer dizer, entra na determinação de um *ser outro* e na

---

8. Livro I, Seção 1ª, cap. 1., Obs. 1. Remetemos à nossa edição em português da *Doutrina do Ser*: HEGEL, G.W.F. *Ciência da Lógica – 1. A Doutrina do Ser*. Petrópolis: Vozes, 2016. Cf. p. 89-93 [N.T.].

relação com *outro*. Assim, algo enquanto existente está mediado por outro, e a existência é, em geral, o lado de sua mediação. Ora, naquilo que Kant denomina o conceito, a saber, em algo, na medida em que ele é tomado como simplesmente *relacionado* apenas *consigo*, ou na representação como tal, não está sua mediação; na identidade abstrata consigo, a contraposição é deixada de lado. Ora, a prova ontológica deveria apresentar que o conceito absoluto, a saber, o conceito de Deus, vem ao ser aí determinado, à mediação, ou seja, como a essência simples se medeia com a mediação. Isso acontece por meio da subsunção indicada da existência sob seu universal, a saber, a realidade, a qual é assumida como o meio-termo entre Deus em seu conceito, por um lado, e a existência, por outro. – Como foi dito, dessa mediação, na medida em que ela tem a forma do silogismo, não se pode tratar aqui. Mas, o modo em que está constituída, na verdade, aquela mediação da essência com a existência, isso está contido na apresentação feita até agora. A natureza do próprio provar tem de ser considerada dentro da Doutrina do Conhecimento. Aqui, tem de se indicar somente o que se relaciona com a natureza da mediação em geral.

As provas do ser aí de Deus trazem um *fundamento* para esse ser aí. Ele não deve ser um fundamento objetivo do ser aí de Deus; pois essa é em e para si mesma. Assim, ele é meramente um *fundamento para o conhecimento*. Com isso, ele se dá a conhecer, ao mesmo tempo, como algo que *desaparece* no objeto, que inicialmente aparece fundamentado por ele. Agora, o fundamento, que é extraído da contingência do mundo, contém o regresso do mesmo para a essência absoluta; pois o contingente é o *sem fundamento* em si mesmo e o que se suprassume. A essência absoluta, com isso, surge, nessa maneira, de fato, do sem fundamento; o fundamento se suprassume; com isso, desaparece também a aparência da relação que foi dada a Deus, de ser algo fundamentado em um outro. Essa mediação é, com isso, a verídica. Só que aquela reflexão probatória não conhece essa natureza da sua mediação; ela se considera, por um lado, como algo meramente subjetivo e, com isso, afasta sua mediação de Deus mesmo, mas, por outro lado, ela, por causa disso, não reconhece o movimento mediador, nem o fato de que ele está dentro da *própria essência*, nem como ele é dentro dela. Sua relação verídica consiste no fato de que ela, a reflexão probatória, é ambas as coisas em um, a mediação como tal, mas, ao mesmo tempo, todavia, uma mediação subjetiva, externa, a saber, a *mediação* externa a si, a qual *se suprassume novamente nela mesma*. Mas, naquela apresentação, a existência obtém a relação enviesada de aparecer somente como um *mediado* ou um posto.

Assim, por outro lado, a existência também não pode ser considerada meramente como um *imediato*. Tomado na determinação de uma imediatidade, o apreender da existência de Deus foi expresso como algo indemonstrável, e o saber dela, como uma consciência *apenas* imediata, como uma *fé*. O saber deve vir a esse resultado, de que ele não sabe nada, quer dizer, de que ele mesmo *abandona* novamente seu movimento *mediador* e as determinações que ocorrem dentro dele. Isso resultou também dentro do que foi dito anteriormente; só que precisa ser acrescentado que a reflexão, na medida em que ela termina com o suprassumir de si mesma, não tem, por isso, o *nada* como resultado, de modo que, agora, o saber positivo da essência, enquanto relação *imediata* com a mesma, estaria *separado* daquele resultado e seria um surgir próprio, um ato que inicia somente de si; mas esse próprio fim, esse *ir ao fundo* da mediação, é, ao mesmo tempo, o *fundamento* do qual surge o imediato. A língua unifica, como observado acima, o significado desse *sucumbimento* e o do *fundamento* [*Grund*]; diz-se que a essência de Deus seria o *abismo* [*Abgrund*] para a razão finita. O abismo é, de fato, a essência divina, na medida em que a razão finita abandona sua finitude e mergulha seu movimento mediador no interior dela; mas esse *abismo*, o fundamento negativo, é, ao mesmo tempo, o fundamento *positivo* do surgir do ente, da essência imediata em si mesma; a mediação é *momento essencial*. A mediação através do fundamento se suprassume, mas não deixa o fundamento embaixo, de modo que aquilo que surge dele seria um *posto*, o qual teria sua essência em outro lugar, a saber, dentro do fundamento, mas esse fundamento, enquanto abismo, é a mediação desaparecida; e, inversamente, somente a mediação desaparecida é, ao mesmo tempo, o fundamento, e somente através dessa negação é o igual a si mesmo e o imediato.

Assim, a existência não tem de ser tomada, aqui, como um *predicado* ou como *determinação* da essência, de modo que uma proposição sobre isso rezaria: "A essência existe ou *tem* existência", mas, antes, a essência passou para a existência; a existência é sua exteriorização absoluta, além da qual a essência não permaneceu atrás. A proposição, portanto, rezaria: "A essência é a existência"; ela não é diferente de sua existência. – A essência *passou* para a existência, na medida em que a essência, enquanto fundamento, não se diferencia mais de si como do fundamentado, ou seja, aquele fundamento se suprassumiu. Mas essa negação é essencialmente, do mesmo modo, a posição do fundamento, ou seja, continuidade pura e simplesmente positiva consigo mesmo; a existência é a reflexão *do fundamento* dentro de si; sua identidade consigo mesmo que chegou a se estabelecer em sua negação, portanto, a mediação que se pôs idêntica consigo, e, através disso, é imediatidade.

Ora, porque a existência é essencialmente *a mediação idêntica consigo*, ela *tem as determinações* da mediação *nela*, mas de modo que elas são, ao mesmo tempo, refletidas dentro de si, e têm o subsistir essencial e imediato. Enquanto imediatidade que se põe através do suprassumir, a existência é unidade negativa e ser dentro de si; ela se determina, portanto, imediatamente como um *existente* e como *coisa*.

A. A coisa e suas propriedades

A existência, enquanto *existente*, está posta na forma da unidade negativa, que ela é essencialmente. Mas essa unidade negativa é, inicialmente, apenas determinação *imediata*, com isso, o uno do *algo* em geral. Mas o algo existente é diferente do algo que é. Aquele é essencialmente uma imediatidade tal que surgiu pela reflexão da mediação dentro de si mesma. Assim, o algo existente é uma *coisa*.

A *coisa* é diferenciada de sua *existência*, como o *algo* pode ser diferenciado de seu *ser*. A coisa e o existente são imediatamente um e o mesmo. Mas, porque a existência não é a primeira imediatidade do ser, mas sim tem o momento da mediação nela mesma, então sua determinação rumo à coisa e a diferenciação de ambas não é uma passagem, mas propriamente uma análise, e a existência como tal contém essa própria diferenciação dentro do momento da sua mediação. – A diferença da *coisa em si* e da existência *externa*.

a. Coisa em si e existência

1. A *coisa em si* é o existente como o *imediato essencial*, presente através da mediação suprassumida. Nisso, a mediação é igualmente essencial para a coisa em si; mas essa diferença, nessa existência primeira ou imediata, separa-se em *determinações indiferentes*. Um lado, a saber, a mediação da coisa, é sua *imediatidade não refletida*, portanto, seu ser em geral, o qual, por estar, ao mesmo tempo, determinado como mediação, é um *ser aí outro* a si mesmo, *multíplice* dentro de si e *externo*. Ele, porém, não é somente ser aí, mas está em relação com a mediação suprassumida e com a imediatidade essencial; ele é, portanto, o ser aí como *inessencial*, como ser posto. – (Se a coisa é diferenciada de sua existência, então ela é o *possível*, a coisa da representação ou a coisa de pensamento que, como tal, não deve, ao mesmo tempo, existir. Todavia, a determinação da possibilidade e a oposição da coisa frente à sua existência serão tratadas mais tarde.) – Mas a coisa em si e seu ser mediado estão ambos contidos dentro da existência, e ambos são, eles mesmos, existências; a coisa em si existe e é a existência essencial da coisa, mas o ser mediado é a existência inessencial.

A *coisa em si*, como o ser refletido simples da existência dentro de si, não é o fundamento do ser aí inessencial; ela é a unidade imóvel, indeterminada, porque ela tem justamente a determinação de ser a mediação suprassumida, e, portanto, apenas a *base* desse mesmo ser aí. Por isso, também a reflexão enquanto ser aí que se medeia através de outro, cai *fora da coisa em si*. Essa não deve ter nenhuma multiplicidade determinada nela mesma, e a obtém somente por ser *trazida à reflexão exterior*, mas permanece indiferente frente à multiplicidade. (A coisa em si tem cor somente se é trazida aos olhos, tem sabor, se trazida ao nariz etc.) Sua diversidade são considerações que um outro leva em conta, relações determinadas que esse se dá para com a coisa em si, e que não são determinações próprias da mesma.

2. Agora, esse outro é a reflexão, a qual, determinada como externa, é, *em primeiro lugar, externa a si mesma* e é a multiplicidade determinada. *Então*, ela é externa ao existente de modo essencial e se *relaciona* com esse como com sua *pressuposição* absoluta. Mas, ambos esses momentos da reflexão externa, sua multiplicidade pró-

pria e sua relação com a coisa em si que é outra para ela, são um e o mesmo. Pois essa existência é somente externa, na medida em que ela se relaciona com a identidade essencial como *com um outro*. A multiplicidade não tem, portanto, além da coisa em si, um subsistir autossubsistente próprio, mas é somente como aparência frente a essa, em sua relação necessária com ela, como o reflexo que se rompe nela. A diversidade está presente, portanto, como a relação de um outro com a coisa em si; contudo, esse outro não é nada subsistente por si, mas é somente como relação com a coisa em si; ao mesmo tempo, porém, ele é somente como o repelir essa coisa; ele é, assim, o contrachoque insubsistente de si dentro de si mesmo.

Ora, à coisa em si, por ela ser a identidade essencial da existência, não compete, portanto, essa reflexão sem essência, mas essa colapsa dentro de si mesma fora da coisa em si. Ela vai ao fundo e, ela mesma, torna-se, com isso, a identidade essencial ou a coisa em si. – Isso pode também ser considerado assim: a existência sem essência tem na coisa em si sua reflexão dentro de si; inicialmente, relaciona-se com ela como com seu *outro*; mas, sendo o outro frente àquilo que é em si, ela é somente o suprassumir de si mesma e o devir rumo ao ser em si. A coisa em si é, com isso, idêntica à existência externa.

Isso se apresenta na coisa em si do seguinte modo. A coisa em si é a existência *que se relaciona consigo*, essencial; ela é a identidade consigo somente na medida em que ela contém a negatividade da reflexão dentro de si mesma; aquilo que apareceu como existência externa a ela, é, portanto, momento dentro dela mesma. Por causa disso, ela é também coisa em si que se repele de si, que, *portanto, relaciona-se consigo como com um outro*. Com isso, agora estão presentes *várias* coisas em si, as quais estão na relação da reflexão externa umas com as outras. Essa existência inessencial é sua relação umas com as outras enquanto [relação] com outras; mas, além disso, ela mesma é essencial a elas, – ou seja, essa existência inessencial, na medida em que ela colapsa dentro de si, é coisa em si, mas uma *outra* do que aquela primeira; pois aquela primeira é essencialidade imediata, essa, porém, é a coisa em si que surge da existência inessencial. Só que essa outra coisa em si é apenas uma *outra* em geral, pois, como coisa idêntica consigo, ela não tem nenhuma determinidade ulterior frente à primeira; assim como a primeira, ela é a reflexão da existência inessencial dentro de si. A determinidade das diversas coisas em si, umas frente às outras, cai, portanto, na reflexão externa.

3. Doravante, essa reflexão externa é um relacionar das coisas em si umas para com as outras, *sua mediação recíproca* como mediação de outras. As coisas em si são, assim, os extremos de um silogismo, cujo termo médio é constituído por sua existência externa, através da qual elas são outras umas para as outras e diferentes. Essa sua diferença cai somente no interior de *sua relação*; somente desde sua superfície elas enviam, por assim dizer, determinações para a relação, frente à qual elas, enquanto absolutamente refletidas dentro de si, permanecem indiferentes. – Agora, essa relação constitui a totalidade da existência. A coisa em si está em relação com uma reflexão que lhe é externa, em que ela tem determinações multíplices; isso é o seu repelir de si mesma para uma outra coisa em si. Esse repelir é o seu contrachoque dentro de si mesma, na medida em que cada uma é somente um outro, enquanto se reflete a partir do outro; ela não tem seu ser posto nela mesma, mas no outro, está determinada somente pela determinidade do outro; esse outro está igualmente determinado somente pela determinidade do primeiro. Mas *ambas* as coisas em si, por elas, não terem, com isso, a diversidade nelas mesmas, mas cada uma somente na outra, não são coisas diferentes; a coisa em si, na medida em que ela deve se relacionar com o outro extremo como uma outra coisa em si, relaciona-se com algo não diferente dela, e a reflexão externa, a qual devia constituir a relação mediadora entre extremos, é um relacionar da coisa em si somente consigo mesma, ou, essencialmente, sua reflexão dentro de si; ela é, com isso, determinidade que é em si, ou a determinidade da coisa em si. Essa, portanto, não tem a determinidade em uma relação externa a ela com uma outra coisa em si, e na relação da outra com ela; a determinidade não é somente uma superfície da mesma, mas é sua mediação essencial consigo como com um outro. – Ambas as coisas em si, as quais devem constituir os extremos da relação, *coincidem, de fato, em um*; é somente *uma* coisa em si que, na reflexão externa, relaciona-se consigo mesma, e aquilo que constitui sua determinidade é sua *relação própria consigo como com um outro*.

Essa determinidade da coisa em si é a *propriedade da coisa*.

b. A propriedade

A *qualidade* é determinidade *imediata* do algo, o próprio negativo, pelo qual o ser é algo. Assim, a *propriedade* da coisa é a negatividade da reflexão, pela qual a existência em geral é um existente e, enquanto identidade simples consigo, *coisa em si*. A negatividade da reflexão, a mediação suprassumida, é, porém, ela mesma, essencialmente mediação e relação, não com um outro em geral, como a qualidade enquanto determinidade não refletida, mas relação *consigo* como com um outro, ou *mediação que, de igual modo*, é imediatamente *identidade consigo*. A coisa em si abstrata é, ela mesma, esse relacionar que retorna para dentro de si a partir de outro; ela está, através disso, *determinada em si mesma*; mas sua determinidade é *constituição*, a qual, como tal, é, ela mesma, *determinação*, e, como relacionar com outro, *não passa* para o ser outro e está *subtraída da alteração*.

Uma coisa tem *propriedades*; elas são, *em primeiro lugar*, suas relações determinadas com *outro*; a propriedade está presente somente como uma maneira do relacionar umas com as outras; ela é, portanto, a reflexão externa e o lado do ser posto da coisa. Mas, *em segundo lugar*, dentro desse ser posto, a coisa é *em si*; ela se conserva dentro da relação com outro; portanto, é, de fato, apenas uma superfície, com a qual a existência se expõe ao devir do ser e da alteração; a propriedade não se perde nisso. Uma coisa tem a propriedade de efetivar isso ou aquilo dentro do outro, e de se exteriorizar de uma maneira peculiar em sua relação. Ela prova essa propriedade somente sob a condição de uma constituição correspondente da outra coisa, mas a propriedade é, ao mesmo tempo, *peculiar* da coisa, e é sua base idêntica consigo; – essa qualidade refletida se chama, por isso, *propriedade*. Nessa, a coisa passa para uma exterioridade, mas a propriedade se conserva nisso. Através de suas propriedades, a coisa se torna causa, e a causa é isto: conservar-se como efeito. Contudo, aqui, a coisa é apenas primeiramente a coisa quieta de muitas propriedades, ainda não está determinada como causa efetiva; ela é apenas primeiramente a reflexão que é em si, ainda não, ela mesma, a reflexão que põe suas determinações.

Como resultou, a *coisa em si* não é, portanto, essencialmente coisa em si apenas de modo que suas propriedades são ser posto de uma reflexão externa, mas elas são suas determinações próprias, pelas quais ela se comporta de maneira determinada; ela não é uma base sem determinação situada além da sua existência externa, mas sim está presente dentro de suas propriedades como fundamento, quer dizer, como a identidade consigo dentro de seu ser posto, – mas, ao mesmo tempo, como fundamento *condicionado*, quer dizer, seu ser posto é igualmente reflexão externa a si; a coisa em si está refletida dentro de si e em si somente na medida em que ela é externa. – Através da existência, a coisa em si entra em relações externas, e a existência consiste nessa exterioridade; ela é a imediatidade do ser e a coisa, submetidas, através disso, à alteração; mas ela é também a imediatidade refletida do fundamento, com isso, a coisa *em si* em sua alteração. – Todavia, essa menção da relação de fundamento não pode ser tomada de modo que a coisa em geral esteja determinada como fundamento de suas propriedades; a própria coisidade é, como tal, a determinação fundamental, a propriedade não é diferente de seu fundamento, nem ela constitui meramente o ser posto, mas sim é o fundamento que passou para sua exterioridade e, com isso, o fundamento veridicamente refletido dentro de si, a propriedade, ela mesma como tal, é o fundamento, ser posto que é em si, ou seja, o fundamento constitui a *forma* da *identidade* da propriedade consigo; a *determinidade* dela é a reflexão externa a si do fundamento; e o todo [é] o fundamento que, em seu repelir e determinar, relaciona-se consigo em sua imediatidade externa. – Portanto, a *coisa em si existe* essencialmente, e o fato de que ela existe significa inversamente: a existência, enquanto imediatidade externa, é, ao mesmo tempo, *ser em si*.

Observação [A coisa em si do idealismo transcendental]

Em relação ao momento do ser aí, do ser em si, já foi mencionada anteriormente (Vol. 1, p. 125s.)[9] a *coisa em si*, e, nesse caso, foi observado que a coisa em si como tal nada mais é do que a abstração vazia de toda a determinidade, da qual, de fato, não se pode *saber nada*, justamente porque ela deve ser a abstração toda determinação. – Assim, depois que a coisa em si é pressuposta como o inde-

---

9. O número do volume e das páginas dessa referência remete à nossa tradução da *Doutrina do Ser*: HEGEL, G.W.F. *Ciência da Lógica – 1. A Doutrina do Ser*. Petrópolis: Vozes, 2016 [N.T.].

terminado, cada determinação cai fora da mesma, em uma reflexão estranha para ela, frente à qual a coisa em si é indiferente. Para o *idealismo transcendental*, essa reflexão externa é a *consciência*. Na medida em que esse sistema filosófico transfere cada determinidade das coisas, tanto segundo a forma quanto segundo o conteúdo, para a consciência, então, de acordo com esse ponto de vista, cai em *mim*, no sujeito, se eu vejo as folhas da árvore não como pretas, mas como verdes, se eu vejo o sol como redondo e não como quadrado, se experimento o açúcar como doce e não como amargo; se determino o primeiro e o segundo toque de um relógio como subsequentes e não como justapostos, se não determino o primeiro nem como causa, nem como efeito, do segundo etc. – Essa apresentação gritante do idealismo subjetivo é contradita imediatamente pela consciência da liberdade, segundo a qual eu sei de mim, antes, como o universal e o indeterminado, separo de mim aquelas determinações multíplices e necessárias, e as reconheço como algo externo a mim, competindo apenas às coisas. – Nessa consciência de sua liberdade, o Eu é, para si, aquela identidade verídica, refletida dentro de si, a qual devia ser a coisa em si. – Em outro lugar, eu mostrei que aquele idealismo transcendental não ultrapassa a limitação do Eu pelo objeto, em geral, não ultrapassa o mundo finito, mas altera unicamente a *forma* da barreira, a qual permanece, para tal idealismo, um absoluto, na medida em que ele a transpõe da figura objetiva para a subjetiva, e transforma aquilo que a consciência comum sabe, como sendo uma multiplicidade e uma alteração pertencentes somente às coisas externas a ela, em determinidades do Eu e em uma alternância selvagem que ocorre dentro desse como em uma coisa. – Na presente consideração, contrapõem-se somente a coisa em si e a reflexão inicialmente externa a ela; essa ainda não se determinou como consciência, assim como a coisa em si não se determinou como Eu. A partir da natureza da coisa em si e da reflexão externa, resultou que esse externo mesmo se determina como coisa em si, ou, inversamente, torna-se determinação própria daquela primeira coisa em si. O essencial da insuficiência do ponto de vista, no qual aquela filosofia se detém, consiste, agora, no fato de que ela mantém firme a *coisa em si abstrata* como uma determinação *última*, e contrapõe a reflexão ou a determinidade e multiplicidade das propriedades à coisa em si, na medida em que, de fato, a coisa em si tem essencialmente aquela reflexão externa nela mesma, e se determina até se tornar uma coisa dotada de determinações *próprias*, de propriedades, pelo que a abstração da coisa, de ser pura coisa em si, mostra-se como uma determinação não verdadeira.

c. A interação das coisas

A coisa em si *existe* essencialmente; a imediatidade externa e a determinidade pertencem a seu ser em si, ou seja, a sua reflexão dentro de si. A coisa em si é, através disso, uma coisa que tem propriedades, e há, por isso, várias coisas, que não se diferenciam reciprocamente por uma consideração estranha para elas, mas sim através de si mesmas. Essas várias coisas diversas estão em essencial interação através de suas propriedades; a propriedade é essa própria relação recíproca, e a coisa não é nada fora dela; a determinação recíproca, o meio-termo das coisas em si, as quais, como extremos, deviam permanecer indiferentes frente a essa sua relação, é, ele mesmo, a reflexão idêntica consigo e a coisa em si que aqueles extremos deviam ser. A coisidade está, com isso, rebaixada à forma da identidade indeterminada consigo, que tem sua essencialidade apenas em sua propriedade. Quando, por conseguinte, fala-se de uma coisa ou de coisas em geral, sem a propriedade determinada, então sua diferença é uma diferença meramente indiferente, quantitativa. Do mesmo que é considerado como *uma* coisa, pode-se igualmente fazer várias coisas, ou pode ser considerado como várias coisas; é uma *separação* ou uma *unificação externa*. – Um livro é uma coisa, e cada uma de suas páginas é também uma coisa, e igualmente cada pedacinho de suas páginas, e assim por diante ao infinito. A determinidade, pela qual *uma* coisa é somente *esta* coisa, está unicamente em suas propriedades. Por elas, a coisa se diferencia de outras coisas, porque a propriedade é a reflexão negativa e o diferenciar; somente em sua propriedade, portanto, a coisa tem, nela mesma, sua diferença de outras. A propriedade é a diferença refletida dentro de si, através da qual a coisa, dentro de seu ser posto, quer dizer, dentro de sua relação com outro, é, ao mesmo tempo, indiferente frente ao outro e à sua relação. Para a coisa sem suas propriedades não resta, por causa disso, nada senão o ser em si abstrato, – uma extensão inessencial e um recolher externo. O ser em si verdadeiro é o ser em si dentro de seu ser posto; esse é a propriedade. Com isso, a *coisidade passou para a propriedade*.

A coisa, como extremo que é em si, deveria se relacionar para com a propriedade, e essa deveria constituir o meio-termo entre as coisas que estão na relação. Só que essa relação é aquilo em que as coisas se encontram como a *reflexão que se repele de si mesma*, em que elas são diferentes e estão relacionadas. Essa sua diferença e sua relação são *uma* reflexão e *uma* continuidade das mesmas. As próprias coisas caem, com isso, somente nesta continuidade, que é a propriedade, e desaparecem como extremos subsistentes que teriam uma existência fora dessa propriedade.

A *propriedade*, que devia constituir a *relação* dos extremos autossubsistentes, é, portanto, *o próprio autossubsistente*. As coisas, pelo contrário, são o inessencial. Elas são um *essencial* somente como a reflexão que, diferenciando-se, relaciona-se consigo; mas isso é a propriedade. Essa não é, portanto, o que está suprassumido dentro da coisa ou seu mero momento, mas, na verdade, a coisa é somente aquela extensão inessencial que, com efeito, é unidade negativa, mas apenas como o uno do algo, a saber, como um uno *imediato*. Se, há pouco, a coisa foi determinada como extensão inessencial, na medida em que ela se tornou isso através de uma abstração externa que deixa de lado a propriedade da mesma, então, doravante, essa abstração aconteceu pelo passar da coisa em si para a propriedade mesma, mas, com valor inverso, de modo que, se, diante daquele abstrair, a coisa abstrata sem sua propriedade ainda paira como o essencial, mas a propriedade, como uma determinação externa, aqui a coisa como tal se determina, através de si mesma, a [ser] uma forma indiferente, externa, da propriedade. – Doravante, essa está, com isso, liberta da *combinação* indeterminada e sem força, combinação que é o uno da coisa; ela é aquilo que constitui o *subsistir* da coisa, uma *matéria autossubsistente*. – Na medida em que ela é continuidade simples consigo, ela tem a forma, inicialmente, apenas como *diversidade* nela; há, portanto, *multíplices* matérias autossubsistentes do mesmo tipo, e *a coisa consiste nelas*.

B. O consistir da coisa em matérias

A passagem da *propriedade* para uma *matéria*[10] autossubsistente é a passagem bem conhecida que a química faz na matéria sensível, na medida em que ela busca apresentar as *propriedades* da cor, do cheiro, do sabor etc. como *matéria luminosa, matéria corante, matéria odorífera, matéria ácida, amarga* etc. ou até somente assume outras, como a *matéria calorífica*, a matéria elétrica, magnética, e, com isso, está convencido de manejar as propriedades em sua veracidade. – De igual modo, é de uso corrente a expressão de que as coisas *consistem* em matérias diversas. Guarda-se de denominar *coisas* essas *matérias*, muito embora se conceda também que, por exemplo, o pigmento é uma coisa; mas não sei, se, por exemplo, a matéria luminosa, a matéria calorífica ou a matéria elétrica etc. são denominadas coisas. Diferenciam-se as coisas e suas partes constituintes, sem indicar de modo preciso se e até que ponto essas seriam também coisas ou, por assim dizer, apenas semicoisas; mas elas são, pelo menos, *existentes* em geral.

A necessidade de passar das propriedades para matérias, ou de que as propriedades são, na verdade, matérias, resultou do fato de que elas são o essencial e, com isso, o que é veridicamente autossubsistente das coisas. – Mas, ao mesmo tempo, a reflexão dentro de si da propriedade constitui somente um lado de toda a reflexão, a saber, o suprassumir da diferença e a continuidade consigo mesma da propriedade, a qual devia ser uma existência para outros. A coisidade enquanto reflexão dentro de si negativa e o diferenciar que se repele de outro estão, através disso, rebaixados a um momento inessencial; mas, ao mesmo tempo, com isso, ele se determinou ulteriormente. Esse momento negativo, *em primeiro lugar, conservou-se*; pois a propriedade se

---

10. Nesses parágrafos, o alemão reveza dois termos, *Materie* e *Stoff*, tratando-os como equivalentes ou reciprocamente definitórios, analogamente ao que acontece, por exemplo, com *Relation* e *Verhältnis* (relação). Nenhuma língua neolatina pode tentar aderir a esse revezamento sem introduzir noções, a nosso ver, um tanto heterogêneas para traduzir *Stoff*, tais como *estofa* em espanhol ou *sostanza* em italiano. A opção *material*, como substantivo, tem o inconveniente de se aplicar normalmente a produtos do artifício humano, e, por isso, desvirtuaria o que está dito no presente contexto. Para evitarmos tanto a adição de noções diferentes quanto o uso redundante do mesmo termo em português, resolvemos descartar na tradução os sinais de equivalência entre *Materie* e *Stoff*, optando por um único termo: *matéria* [N.T.].

tornou contínua consigo e matéria autossubsistente somente na medida em que a diferença das coisas se *suprassumiu*; a continuidade da propriedade dentro do ser outro contém, portanto, ela mesma, o momento do negativo, e sua autossubsistência é, ao mesmo tempo, como essa *unidade negativa*, o *algo* restabelecido da coisidade, - a autossubsistência negativa frente à positiva do material. *Em segundo lugar*, através disso, a coisa avançou de sua indeterminidade para a determinidade perfeita.

Como *coisa em si*, ela é a identidade *abstrata*, a existência *simplesmente negativa*, ou seja, *determinada* para si como o *indeterminado*; em seguida, ela está determinada através de suas propriedades, pelas quais ela deve se diferenciar de outras; mas, na medida em que ela é, antes, contínua com outras através da propriedade, então essa diferença imperfeita se suprassume; a coisa regressou, através disso, para dentro de si, e, agora, está determinada *como determinada*; ela está *determinada em si*, ou seja, é *esta* coisa.

Mas, *em terceiro lugar*, esse retorno para dentro de si é, com efeito, a determinação que se relaciona consigo, mas ele é, ao mesmo tempo, inessencial; o *subsistir* contínuo consigo constitui a matéria autossubsistente, na qual a diferença das coisas, sua determinidade que é em e para si, está suprassumida e é um externo. Com efeito, a coisa, como *esta* coisa, é, portanto, determinidade perfeita, mas a determinidade é isso no elemento da inessencialidade.

Isso, considerado a partir do lado do movimento da propriedade, resulta ser assim. A propriedade não é somente determinação *externa*, mas existência *que é em si*. Essa unidade da exterioridade e da essencialidade, porque ela contém a reflexão dentro de si e a reflexão dentro de outro, repele-se de si mesma e é, por um lado, a determinação como o autossubsistente *simples*, que se relaciona identicamente consigo, no qual a unidade negativa, o uno da coisa, é um suprassumido, por outro lado, é essa determinação frente a outro, mas, igualmente, como uno refletido dentro de si, determinado em si, - as *matérias*, portanto, e *esta coisa*. Esses são os dois momentos da exterioridade idêntica consigo ou da propriedade refletida dentro de si. - A propriedade era aquilo pelo qual as coisas deviam se diferenciar; na medida em que ela se libertou desse seu lado negativo, de inerir a um outro, então, com isso, também a coisa foi liberta do seu ser determinado através de outras coisas e regressou para dentro de si a partir da relação com outro; mas ela é, ao mesmo tempo, somente a *coisa em si que se tornou outro*, porque as propriedades multíplices, por sua parte, são autossubsistentes, nisso, portanto, sua *relação negativa dentro do uno da coisa* se tornou somente uma relação suprassumida; a coisa é, por isso, a negação idêntica consigo somente *frente* à continuidade positiva da matéria.

O *isto* constitui, portanto, a determinidade perfeita da coisa, de modo que ela é, ao mesmo tempo, uma determinidade externa. A coisa consiste de matérias autossubsistentes, as quais são indiferentes frente à sua relação dentro da coisa. Essa relação é, portanto, somente uma combinação inessencial das mesmas, e a diferença de uma coisa em relação a outras se baseia nisso: se várias das matérias particulares se encontram dentro dela, e em qual quantia. Elas vão *além dessa coisa*, continuam-se dentro de outras, e pertencer a essa coisa não é barreira alguma das mesmas. Tampouco elas são, além disso, uma delimitação umas para as outras, porque sua relação negativa é somente o isto sem força. Portanto, elas não se suprassumem, na medida em que elas são ligadas dentro dele; enquanto autossubsistentes, elas são impenetráveis umas para as outras, relacionam-se dentro de sua determinidade somente consigo e são uma multiplicidade reciprocamente indiferente do subsistir; elas são capazes somente de um limite quantitativo. – A coisa como *esta* é essa sua relação meramente quantitativa, uma mera coleção, o *também* das mesmas. Ela *consiste* de um *quantum* qualquer de uma matéria, *também* daquele de uma outra, *também* de outras; essa conexão, de não ter conexão alguma, constitui unicamente a coisa.

C. A dissolução da coisa

Esta coisa, como ela se determinou enquanto conexão meramente quantitativa das matérias livres, é o pura e simplesmente alterável. Sua alteração consiste no fato de que uma ou várias matérias são separadas da coleção ou acrescentadas a esse *também*, ou no fato de que sua relação quantitativa recíproca é alterada. O nascer e o perecer *desta* coisa são a dissolução externa de tal combinação externa ou a combinação de elementos para os quais é indiferente se são combinados ou não. As matérias circulam de modo irrestrito para fora ou para dentro *desta* coisa; ela mesma é a porosidade absoluta sem medida ou forma próprias.

Assim, a coisa, em sua determinidade absoluta, pela qual é *esta*, é o pura e simplesmente dissolúvel. Essa dissolução é um tornar-se determinado externo, tal como também o ser da mesma; mas sua dissolução e a exterioridade de seu ser é o essencial desse ser; ela é somente o também; ela consiste somente nesta exterioridade. Mas ela consiste também em suas matérias, e não só o *isto* abstrato como tal, mas *toda esta coisa* é a dissolução de si mesma. A saber, a coisa está determinada como uma coleção externa de matérias autossubsistentes; essas matérias não são coisas, elas não têm a autossubsistência negativa, mas são as propriedades como o autossubsistente, a saber, o ser determinado que, como tal, está refletido dentro de si. As matérias são, portanto, com efeito, simples, e se relacionam somente consigo mesmas, mas *seu conteúdo* é uma *determinidade*; a reflexão dentro de si é apenas *a forma* desse conteúdo, que, como tal, não está refletido dentro de si, mas, conforme sua determinidade, relaciona-*se com outro*. A coisa, portanto, não somente é o *também* das mesmas – a relação das mesmas como reciprocamente indiferentes –, mas também sua relação *negativa*; em virtude de sua determinidade, as matérias são, elas mesmas, essa sua reflexão negativa, a qual é a pontualidade da coisa. Uma matéria não é *o que* é a outra, conforme a determinidade de seu conteúdo um frente à outra; e uma não *é*, na medida em que a outra é, conforme sua autossubsistência.

A coisa, portanto, é a relação recíproca das matérias nas quais ela consiste, de modo que, dentro dela, uma e a outra *também subsistem*, mas, ao mesmo tempo, uma *não* subsiste dentro dela, na medida em que a outra subsiste. Na medida em que, então, uma matéria está dentro da coisa, a outra, por causa disso, está suprassumida; mas a coisa é, ao mesmo tempo, o *também* ou o subsistir da outra. No subsistir de uma matéria, portanto, a outra *não* subsiste, e, de igual modo, ela subsiste *também* na primeira, e, assim, todas essas diversas matérias subsistem reciprocamente. Por conseguinte, na medida em que, sob o mesmo aspecto, enquanto uma subsiste, também as outras subsistem, sendo que *um* subsistir das mesmas é a pontualidade ou unidade negativa da coisa, então elas pura e simplesmente *se penetram*; e, na medida em que a coisa é, ao mesmo tempo, somente o *também* das mesmas, e que as matérias estão refletidas dentro de sua determinidade, elas são indiferentes umas frente às outras e, em sua penetração, *não entram em contato*. As matérias são, portanto, essencialmente *porosas*, de modo que uma subsiste nos *poros* ou no não-subsistir das outras; mas as outras são, elas mesmas, porosas; em seus poros, ou seja, em seu não-subsistir, subsiste também a primeira e todas as demais; seu *subsistir* é, ao mesmo tempo, seu *ser suprassumido* e o subsistir de *outras*, e esse subsistir das outras é igualmente esse seu ser suprassumido e o *subsistir da primeira* e, de igual maneira, de todas as outras. A coisa é, portanto, a mediação autocontraditória consigo do subsistir autossubsistente através de seu oposto, a saber, através de sua negação, ou seja, a [mediação consigo] de *uma* matéria autossubsistente através do *subsistir* e do *não-subsistir* de uma *outra*. – Dentro *desta coisa*, a existência alcançou sua completude, a saber, o fato de ser, *em um*, ser que é em si ou subsistir *autossubsistente* e existência *inessencial*; a verdade da existência, portanto, é de ter seu ser em si na inessencialidade, ou seja, [de ter] seu subsistir em um outro, e precisamente no absolutamente outro, ou seja, de ter por sua base *sua nulidade*. Ela é, por conseguinte, *aparecimento*.

Observação [A porosidade das matérias]

Uma das determinações mais corriqueiras do representar é o fato de que *uma coisa consistiria em muitas matérias autossubsistentes*. Por um lado, considera-se que a coisa teria *propriedades*, cujo *subsistir* é a *coisa*. Mas, por outro lado, essas determinações diversas são tomadas como matérias, cujo subsistir não é a coisa, mas, inversamente, a *coisa consiste* delas; ela mesma é somente sua combinação externa e seu limite quantitativo. Ambas, as propriedades e as matérias, são *as mesmas determinações de conteúdo*, só que, no caso das propriedades, elas são [determinações] refletidas dentro de sua unidade negativa como dentro de uma base, a *coisidade*, diferente delas mesmas, enquanto, no caso das matérias, elas são [determinações] diversas autossubsistentes, das quais cada uma está refletida dentro de sua unidade própria consigo. Ora, essas matérias se determinam, além disso, como subsistir autossubsistente;

mas elas estão também juntas dentro de uma coisa. Essa coisa tem as duas determinações, em primeiro lugar, de ser *isto* e, em segundo lugar, de ser o *também*. O *também* é aquilo que, na intuição externa, ocorre como *extensão espacial*; contudo, *isto*, a unidade negativa, é a *pontualidade* da coisa. As matérias estão juntas na pontualidade, e seu também ou a extensão é, por todos os lados, essa pontualidade; pois o também, enquanto coisidade, está determinado essencialmente também como unidade negativa. Onde, portanto, está uma dessas matérias, *em um e no mesmo ponto* está a outra; a coisa não tem sua cor em um outro lugar, em um outro, sua matéria odorífera, em um terceiro, sua matéria calorífica etc., mas, no ponto em que ela está quente, ela está também colorida, ácida, elétrica etc. Ora, porque essas matérias não estão separadas, mas sim dentro de *um* isto, assume-se que são *porosas*, de modo que uma [matéria] existe nos interstícios das outras. Aquela que se encontra nos interstícios das outras, todavia, é também, ela mesma, porosa; em seus poros existe, portanto, inversamente, a outra; porém, não somente essa, mas também a terceira, a décima etc. Todas são porosas, e nos interstícios de cada uma se encontram todas as outras, como ela se encontra com as demais nesses poros de cada uma. Elas são, portanto, uma multidão, que se penetra reciprocamente, de modo que aquelas que penetram são igualmente penetradas pelas outras, e que, com isso, cada uma novamente penetra seu próprio ser-penetrado. Cada uma está posta como sua negação, e esta negação é o subsistir de uma outra; mas esse subsistir é igualmente a negação dessa outra e o subsistir da primeira.

A desculpa pela qual o *representar* mantém afastada a *contradição* do subsistir *autossubsistente* das *várias* matérias *em um* ou a *indiferença* das mesmas uma frente à outra em sua *penetração*, costuma ser – como é bem sabido – a *pequenez* das partes e dos poros. Onde entram em cena a diferença em si, a contradição e a negação da negação, em geral, onde se deve *compreender*, o representar se deixa descambar na diferença externa, *quantitativa*; em relação ao nascer e ao perecer, ele se refugia na gradualidade, e, em relação ao ser, na *pequenez*, em que aquilo que desaparece é reduzido ao *inobservável*, a contradição, a uma confusão, e a verdadeira relação se desfoca em um representar indeterminado, cuja nebulosidade salva aquilo que se suprassume.

Entretanto, ao iluminar mais de perto essa nebulosidade, ela se mostra como a contradição, em parte, como a contradição subjetiva do representar, em parte, como a contradição objetiva do objeto; o próprio representar contém completamente os elementos da mesma. De fato, o que ele mesmo faz em primeiro lugar, é a contradição de se ater à *percepção* e de querer ter diante de si coisas do *ser aí*, e, por outro lado, de atribuir ser aí sensível ao *não perceptível*, ao que está determinado pela reflexão; – as pequenas partes e os poros devem, ao mesmo tempo, ser um ser aí sensível, e de seu ser posto se fala como da mesma maneira da *realidade* que compete à cor, ao calor. Se, além disso, o representar considera mais de perto essa névoa *objetal*, os poros e as partículas, então, nisso, ele reconhece não somente uma matéria e *também* sua negação, de modo que se encontraria a matéria *aqui* e, *ao lado dela*, sua negação, o poro, e, *ao lado* desse, de novo, matéria, mas reconhece que ele, dentro *desta* coisa, tem 1. a matéria *autossubsistente*, 2. sua *negação* ou porosidade e a *outra* matéria *autossubsistente em um e no mesmo ponto*, que essa porosidade e o subsistir autossubsistente das matérias uma dentro da outra como dentro de *um* é uma negação recíproca e o penetrar do penetrar. – As apresentações modernas da física sobre a difusão do vapor de água no ar atmosférico e das espécies de gás uma através da outra, salientam de modo mais determinado um lado do conceito, o qual resultou, aqui, sobre a natureza da coisa. A saber, elas mostram, que, por exemplo, um certo volume acolhe uma quantidade igual de vapor de água, seja ele vazio de ar atmosférico ou cheio desse; também mostram que as espécies de gás se difundem uma na outra, de modo que cada uma vale para a outra como um vácuo, pelo menos, que elas não estão em combinação química alguma umas com as outras, cada uma permanecendo *contínua consigo*, ininterrupta pela outra, e conservando-se *indiferente* frente a ela dentro de *sua penetração com as outras*. – Mas o momento ulterior dentro do conceito da coisa é que, dentro do *isto*, uma matéria se encontra onde a outra está, e o que penetra também está penetrado no mesmo ponto, ou seja, o autossubsistente é imediatamente a autossubsistência de um outro. Isso é contraditório; mas a coisa nada mais é do que essa própria contradição; por isso, ela é aparecimento.

Um caso semelhante ao dessas matérias é, no elemento espiritual, a representação das *forças* ou das *faculdades da alma*. O espírito, em um sentido muito mais profundo, é *isto*, a unidade negativa na qual se penetram suas determinações. Mas, representado como alma, ele costuma ser tomado frequentemente como uma *coisa*. Assim como se faz *consistir* o ser humano em geral de alma e de corpo, dos quais cada um vale como um autossubsistente por si, faz-se consistir a alma de assim chamadas *forças da alma*, das quais cada uma tem uma autossubsistência subsistente por si ou é uma atividade imediata, que age por si, conforme sua determinidade. Se se representa que o entendimento agiria por si aqui, aqui, por si, a imaginação, de modo que se cultivaria o entendimento, a memória etc., cada força por si, e, entretanto, deixar-se-ia descansar na inatividade da mão esquerda as outras forças, até que talvez chegue sua vez, ou talvez não chegue. Na medida em que elas são transferidas para dentro da *coisa anímica* materialmente simples, a qual, enquanto simples, seria *imaterial*, as faculdades, com efeito, não são representadas como matérias particulares; mas, enquanto *forças*, elas são assumidas como *indiferentes* umas frente às outras de modo igual àquelas matérias.

SEGUNDO CAPÍTULO
O APARECIMENTO

A existência é a imediatidade do ser, rumo à qual a essência se restabeleceu. Esta imediatidade é *em si* a reflexão da essência dentro de si. A essência, enquanto existência, emergiu de seu fundamento, o qual passou, ele mesmo, para essa. A existência é essa imediatidade *refletida*, na medida em que é, nela mesma, a negatividade absoluta. Doravante, ela está também posta como essa, na medida em que ela se determinou como *aparecimento*.

O aparecimento é, portanto, inicialmente, a essência em sua existência; essência está presente imediatamente nela. O fato de que ele não é como existência imediata, mas como existência *refletida*, isso constitui o momento da essência nele; ou seja, a existência, enquanto existência *essencial*, é aparecimento.

Algo é *apenas* aparecimento, – no sentido de que a existência como tal é apenas um posto, não um ente em si e para si. O fato de a existência ter nela mesma a negatividade da reflexão, de ter a natureza da essência, constitui sua essencialidade. Essa não é uma reflexão alheia, externa, à qual a essência pertenceria e que, pela comparação da mesma com a existência, explicaria essa como aparecimento. Mas, como resultou, essa essencialidade da existência, de ser aparecimento, é a verdade própria da existência. A reflexão, através da qual ela é aparecimento, pertence a ela mesma.

Mas, se se diz que algo seria *apenas* aparecimento no sentido de que, pelo contrário, a *existência imediata* seria a verdade, então o aparecimento é, antes, a verdade superior; pois ela é a existência, como ela é enquanto existência essencial, ao passo que a existência [imediata] ainda é aparecimento sem essência, porque ela tem, nela, apenas um momento do aparecimento, a saber, a existência como imediata, ainda não sua reflexão negativa. Se o *aparecimento* é denominado *sem essência*, então se pensa no momento de sua negatividade, como se o imediato fosse, pelo contrário, o positivo e o verídico; mas esse imediato, antes, ainda não contém a verdade essencial nele. A existência cessa, antes, de ser sem essência, no fato de que ela passa para o aparecimento.

A essência *aparece* [*scheint*], inicialmente, dentro dela mesma, dentro de sua identidade simples; assim, ela é a reflexão abstrata, o movimento puro de volta para si mesma a partir do nada, através do nada. A essência *torna-se aparecimento* [*erscheint*], assim, ela é, doravante, aparência *real*, na medida em que os momentos da aparência têm existência. O aparecimento é, como resultou, a coisa como a sua *mediação* negativa consigo mesma; as diferenças que ela contém, são matérias *autossubsistentes*, que são a contradição de ser um subsistir imediato e de ter, ao mesmo tempo, seu subsistir somente na autossubsistência alheia, portanto, na negação daquela própria, e, de novo, justamente por isso, também somente na negação daquela negação alheia ou na negação de sua própria negação. A aparência é a mesma mediação, mas seus momentos insubsistentes têm, no aparecimento, a figura de autossubsistência imediata. Ao contrário, a autossubsistência imediata que compete à existência, está rebaixada, por sua vez, ao momento. O aparecimento é, por conseguinte, unidade da aparência e da existência.

Agora, o aparecimento se determina mais precisamente. Ele é a existência essencial; a essencialidade da mesma se diferencia dela como inessencial, e ambos esses lados entram em relação um com o outro. – Ele é, portanto, *em primeiro lugar*, identidade simples consigo, que contém, ao mesmo tempo, determinações diversas de conteúdo, as quais, tanto elas mesmas quanto suas relações, são aquilo que, dentro da alternância do aparecimento, permanece igual a si – a *lei do aparecimento*.

Mas, *em segundo lugar*, a lei, simples em sua diversidade, passa para a oposição; o essencial do aparecimento é contraposto a esse mesmo, e, ao *mundo que aparece*, contrapõe-se o *mundo que é em si*.

Em terceiro lugar, essa oposição regressa para dentro de seu fundamento; o ente em si está dentro do aparecimento, e, inversamente, o que aparece está determinado como acolhido dentro de seu ser em si; o aparecimento se torna *relação*.

A. A lei do aparecimento

1. O aparecimento é o existente, mediado por sua *negação*, a qual constitui seu *subsistir*. Essa sua negação é, com efeito, um *outro* autossubsistente, mas este é, de modo igualmente essencial, um autossubsistente suprassumido. O existente é, por conseguinte, seu *retorno* para dentro de si mesmo através de sua negação e através da negação dessa sua negação; ele tem, portanto, *autossubsistência essencial*; bem como ele, de modo igualmente imediato, é pura e simplesmente *ser posto*, que tem por seu subsistir um *fundamento* e um outro. – Primeiramente, o aparecimento é, portanto, a existência em conjunto com sua essencialidade, o ser posto, com seu fundamento; mas esse fundamento é a *negação*, e o outro autossubsistente, o fundamento do primeiro, é igualmente apenas um ser posto. Ou seja, o existente, enquanto algo que aparece, está refletido para dentro de um outro e tem por seu fundamento esse outro, o qual é, ele mesmo, somente isto: ser refletido para dentro de um outro. A autossubsistência *essencial* que lhe compete, porque ele é retorno para dentro de si mesmo, é, em virtude da negatividade dos momentos, o retorno a si mesmo do nada através do nada; a autossubsistência do existente é, portanto, somente a *aparência essencial*. A conexão do existente que se fundamenta reciprocamente consiste, por isso, nessa negação recíproca, pela qual o subsistir de um não é o subsistir do outro, mas sim seu ser-posto, sendo que unicamente a relação do ser posto constitui o subsistir deles. O fundamento está presente; como ele é em sua verdade, a saber, de ser um primeiro, que é somente um *pressuposto*.

Isso constitui, agora, o lado *negativo* do aparecimento. Mas, nessa mediação negativa, está contida imediatamente a *identidade positiva* do existente consigo. Pois ele não é *ser posto frente* a um *fundamento essencial*, ou seja, *não é a aparência em um autossubsistente*; mas sim é *ser posto* que se relaciona com um *ser posto*, ou seja, é uma *aparência* somente *dentro de uma aparência*. Dentro dessa sua negação, ou dentro de seu outro, que é, ele mesmo, um suprassumido, ele se *relaciona consigo mesmo*; é, portanto, essencialidade idêntica consigo ou positiva. – Esse idêntico não é a *imediatidade* que compete à existência como tal e é apenas o inessencial de ter seu subsistir em um outro. Mas ele é o *conteúdo essencial* do aparecimento, conteúdo este que tem dois lados, de ser, *em primeiro lugar*, na forma do *ser posto* ou da imediatidade externa, em segundo lugar, o ser posto enquanto idêntico consigo. De acordo com o primeiro lado, ele é como um ser aí, mas como um ser aí contingente, inessencial, que, conforme sua imediatidade, está sujeito ao passar, ao nascer e ao perecer. De acordo com o outro lado, ele é a determinação simples de conteúdo, subtraída àquela alternância, o *permanente* da mesma.

Além do fato de que esse conteúdo em geral é o *simples* do perecível, ele é também conteúdo *determinado, diverso dentro de si*. Ele é a reflexão dentro de si do aparecimento, do ser aí negativo, contém, então, a *determinidade* de modo essencial. Mas o aparecimento é a diversidade múltipla *que é*, que se espalha em uma multiplicidade inessencial; seu conteúdo refletido, ao contrário, é sua multiplicidade reduzida à *diferença simples*. A saber, o conteúdo determinado essencial, considerado mais perto, não somente é determinado em geral, mas, como o essencial do aparecimento, é a determinidade completa: *um* e seu *outro*. No aparecimento, cada um desses tem seu subsistir dentro do outro, de modo que ele é, ao mesmo tempo, somente dentro de seu *não subsistir*. Essa contradição se suprassume, e a reflexão dentro de si da mesma é a *identidade* do subsistir bilateral deles, o fato de que *o ser posto de um é também o ser posto do outro*. Eles constituem *um* subsistir, ao mesmo tempo, como conteúdo *diverso*, reciprocamente indiferente. Assim, no lado essencial do aparecimento, o *negativo* do conteúdo inessencial, de se suprassumir, regressou para dentro da identidade; ele é um *subsistir* indiferente, o qual não é o ser suprassumido, mas, pelo contrário, *o subsistir do outro*.

Essa unidade é a *lei do aparecimento*.

2. A lei é, portanto, o *positivo* da mediação daquilo que aparece. O aparecimento é, inicialmente, a existência como a mediação *negativa* consigo, de modo que o existente está mediado consigo mesmo por seu *não subsistir próprio*, por um outro, e, de novo, pelo *não subsistir desse outro*. Nisso, *em primeiro lugar*, está contido o mero aparecer [*Scheinen*] e o desaparecer de ambos, o aparecimento inessencial, *em segundo lugar*, também o *permanecer* ou a *lei*; pois *cada um* dos dois *existe* naquele suprassumir do outro, e o ser

posto deles como sua negatividade é, ao mesmo tempo, o ser posto *idêntico, positivo* de ambos.

Esse subsistir permanente, que o aparecimento tem dentro da lei, está, com isso, como se determinou, *primeiramente*, contraposto à *imediatidade* do ser, que a existência tem. Essa imediatidade é, com efeito, *em si*, a imediatidade refletida, a saber, o fundamento que regressou para dentro de si; mas, no aparecimento, essa imediatidade simples é diferente da imediatidade refletida, sendo que elas começaram a se separar somente dentro da coisa. Na sua dissolução, a coisa existente se tornou essa oposição; o *positivo* de sua dissolução é aquela identidade consigo daquilo que aparece, enquanto ser posto, dentro de seu outro ser posto. – *Em segundo lugar*, essa imediatidade refletida está, ela mesma, determinada como o *ser posto* frente à imediatidade essente da existência. Esse ser posto é, doravante, o essencial e o veridicamente positivo. A expressão alemã *Gesetz* [lei] contém igualmente essa determinação. Dentro desse ser posto está a *relação* essencial de ambos os lados da diferença que a lei contém; eles são um conteúdo diverso, imediato um frente ao outro, e o são enquanto a reflexão do conteúdo pertencente ao aparecimento, conteúdo que desaparece. Enquanto diversidade essencial, os diversos são determinações simples de conteúdo que se relacionam consigo. Mas, de igual modo, nenhuma dessas é imediatamente para si, mas cada uma é essencialmente *ser posto*, ou seja, *é somente, na medida em que a outra é*.

Em terceiro lugar, aparecimento e lei têm um e o mesmo conteúdo. A lei é a *reflexão* do aparecimento na identidade consigo; assim, o aparecimento, como o *imediato* nulo, contrapõe-se ao *refletido-dentro-de-si*, e eles são, segundo essa forma, diferentes. Mas a reflexão do aparecimento, pela qual essa diferenca é, é também a identidade essencial do próprio aparecimento e de sua reflexão, o que é, em geral, a natureza da reflexão; ela é o idêntico consigo dentro do ser posto e é indiferente frente àquela diferença, que é a forma ou o ser posto, – por conseguinte, ela é um conteúdo que, a partir do aparecimento, *continua* para dentro da lei, o conteúdo da lei e do aparecimento.

Esse conteúdo constitui, com isso, a *base* do aparecimento; a lei é essa própria base, o aparecimento é o mesmo conteúdo, mas contêm algo mais, a saber, o conteúdo inessencial de seu ser imediato. Também a determinação de forma através da qual o aparecimento como tal é diferente da lei, é precisamente um *conteúdo* e, de igual modo, um conteúdo diferente do conteúdo da lei. Pois a existência, enquanto imediatidade em geral, é igualmente um idêntico consigo da matéria e da forma, o qual é indiferente frente a suas determinações de forma e, portanto, é conteúdo; ela é a coisidade com suas propriedades e matérias. Mas ela é o conteúdo, cuja imediatidade autossubsistente é, ao mesmo tempo, apenas como um não subsistir. Porém, a identidade do conteúdo consigo nesse seu não subsistir é o outro conteúdo, aquele essencial. Esta identidade, a base do aparecimento, a qual constitui a lei, é um momento próprio dele; é o lado positivo da essencialidade, pela qual a existência é aparecimento.

A lei não está, portanto, além do aparecimento, mas está imediatamente *presente* dentro dele; o reino das leis é a imagem *quieta* do mundo existente ou fenomênico. Mas, em vez disso, ambos são *uma* totalidade, e o mundo existente é, ele mesmo, o reino das leis, o qual, como o idêntico simples, é, simultaneamente, como idêntico consigo dentro do ser posto ou dentro da autossubsistência autodissolvente da existência. A existência regressa para dentro da lei como para dentro de seu fundamento; o aparecimento contém ambos esses, o fundamento simples e o movimento dissolvente do universo que aparece, do qual ele é a essencialidade.

3. A lei é, portanto, o aparecimento *essencial*; é a reflexão do aparecimento dentro de si seu ser posto, o conteúdo *idêntico* de si e da existência inessencial. *Em primeiro lugar*, essa identidade da lei com sua existência é, agora, somente a identidade *imediata*, simples, e a lei é indiferente frente a sua existência; o aparecimento tem ainda um outro conteúdo frente ao conteúdo da lei. Aquele é, com efeito, o conteúdo inessencial e o regressar para esse; mas, para a lei, ele é um primeiro, que não está posto por essa; portanto, como conteúdo, ele está *ligado* à lei *de modo externo*. O aparecimento é uma multidão de determinações mais próximas, que pertencem ao *isto* ou ao concreto e não estão contidas dentro da lei, mas estão determinadas por um outro. – *Em segundo lugar*, o que o aparecimento contém de diverso da lei se determinou como um positivo ou como um outro *conteúdo*; mas é essencialmente um negativo; é a forma e seu

movimento enquanto tal, aquela que compete ao aparecimento. O reino das leis é o conteúdo *quieto* do aparecimento; esse é o mesmo conteúdo, mas que se apresenta numa alternância inquieta e como a reflexão para dentro de outro. Ele é a lei como a existência negativa, a qual pura e simplesmente se altera, o *movimento* do passar para [termos] contrapostos, do suprassumir-se e do regressar para dentro da unidade. A lei não contém esse lado da forma inquieta ou da negatividade; o aparecimento é, portanto, frente à lei, a totalidade, pois ele contém a lei, mas também algo a mais, a saber, o momento da forma que move a si mesma. – *Em terceiro lugar*, essa falta está presente na lei de modo que seu conteúdo é apenas primeiramente um conteúdo *diverso*, com isso, um conteúdo indiferente a si, portanto, a identidade de seus lados um para com o outro é apenas primeiramente uma identidade *imediata* e, com isso, *interior*, ou ainda não necessária. Dentro da lei, duas determinações de conteúdo são ligadas como essenciais (por exemplo, na lei do movimento da queda, a grandeza espacial e a grandeza temporal; os espaços percorridos se relacionam como os quadrados dos tempos decorridos); elas *são* ligadas; essa relação é apenas primeiramente uma relação imediata. Ela é, portanto, igualmente, apenas primeiramente uma relação *posta*, como, no aparecimento, o imediato em geral recebeu o significado do ser posto. A unidade essencial de ambos os lados da lei seria sua negatividade, a saber, o fato de que um conteria, nele mesmo, seu outro; mas essa unidade essencial ainda não emergiu na lei. (Assim, no conceito de espaço percorrido na queda não está contido o fato de que o tempo lhe corresponde como quadrado. Porque a queda é um movimento sensível, ela é a relação de tempo e espaço; mas, em primeiro lugar, na determinação do próprio tempo – quer dizer, como o tempo é tomado conforme sua representação – não está o fato de que ele se relaciona com o espaço, e vice-versa; diz-se que se poderia muito bem representar o tempo sem o espaço, e o espaço sem o tempo; um, portanto, sobrevém externamente ao outro, de modo que essa relação externa é o movimento. Em segundo lugar, é indiferente a determinação mais precisa das grandezas segundo as quais espaço e tempo se relacionam proporcionalmente no movimento. A lei referente a isso é conhecida a partir da experiência; nessa medida, ela *é* apenas *imediata*; o fato de que a lei não somente *ocorre*, mas é *necessária*, ainda exige uma *prova*, quer dizer, uma mediação para o conhecimento; a lei como tal não contém essa prova e sua necessidade objetiva.) A lei é, portanto, apenas a essencialidade *positiva* do aparecimento, não sua essencialidade negativa, segundo a qual as determinações de conteúdo são momentos da forma, como tais, passam para seu outro e, nelas mesmas, de igual modo, não são elas, mas sim seu outro. Dentro da lei, o ser-posto de um lado da mesma é, então, com efeito, o ser posto do outro; mas o conteúdo deles é indiferente frente a essa relação, ele não contém, nele mesmo, esse ser posto. A lei é, portanto, certamente a forma essencial, mas ainda não a forma refletida dentro de seus lados como conteúdo, a forma real.

B. O mundo que aparece e o mundo que é em si

1. O mundo existente se eleva de modo quieto a um reino de leis; o conteúdo nulo de seu ser aí multíplice tem seu subsistir dentro de um outro; seu subsistir é, portanto, sua dissolução. Mas, dentro desse outro, aquilo que aparece se junta também *consigo mesmo*; assim, dentro de sua mudança, o aparecimento é também um permanecer, e seu ser posto é lei. A lei é essa identidade simples consigo do aparecimento, por conseguinte, a base, não o fundamento do mesmo; pois ela não é a unidade negativa do aparecimento, mas, enquanto sua identidade simples, é a unidade imediata – como unidade abstrata, *ao lado* da qual, portanto, *também* ocorre o outro conteúdo do aparecimento. O conteúdo é *este*, está conectado dentro de si, ou seja, tem sua reflexão negativa dentro de si mesmo. Ele está refletido dentro de um outro; este outro é, ele mesmo, uma existência do aparecimento; as coisas que aparecem têm seus fundamentos e suas condições em outras coisas que aparecem.

Mas, de fato, a lei é também o *outro do aparecimento como tal* e sua reflexão negativa como reflexão para dentro de seu outro. O conteúdo do aparecimento, que é diverso do conteúdo da lei, é o existente, que tem por seu fundamento sua negatividade ou está refletido dentro de seu não-ser. Mas esse *outro*, que também é um *existente*, é, de igual modo, um tal refletido dentro de seu não-ser; ele é, portanto, *o mesmo*, e, dentro dele, aquilo que aparece não é, de fato, *refletido* dentro de um outro, mas sim *dentro de si*; justamente essa reflexão dentro de si do ser posto é a lei. Mas, sendo aquilo que aparece fenomenicamente, ele está essencialmente *refletido dentro de seu não ser*, ou seja, sua identidade é, ela mesma, essencialmente, de igual modo, sua negatividade e seu outro. A reflexão dentro de si do aparecimento, a lei, não é, portanto, apenas sua base idêntica, mas sim ela tem na lei sua oposição, e essa é sua unidade negativa.

Ora, através disso, a determinação da lei se alterou nela mesma. Inicialmente, a lei é somente um conteúdo diverso e a reflexão formal dentro de si do ser posto, de modo que o ser posto de um de seus lados é o ser posto do outro. Mas, porque ela é também a reflexão negativa dentro de si, então seus lados não se relacionam apenas como lados diversos, mas como lados que se relacionam negativamente um para com o outro. – Ou, se a lei é considerada meramente por si, então os lados de seu conteúdo são indiferentes um frente ao outro; mas, de igual modo, eles são suprassumidos por sua identidade; o ser posto de um é o ser posto *do outro*; portanto, o subsistir de cada um é também *o não subsistir de si mesmo*. Esse ser posto de um dentro do outro é sua unidade negativa, e cada um *não é somente o seu ser posto, mas também o ser posto do outro*, ou seja, cada um é, ele mesmo, essa unidade negativa. A identidade positiva, que eles têm dentro da lei como tal, é apenas primeiramente sua unidade *interior*, que precisa da *prova* e da *mediação*, porque essa unidade negativa ainda não está posta neles. Mas, na medida em que, doravante, os lados diversos da lei estão determinados a serem diversos como dentro de sua unidade negativa, ou como lados tais que cada um deles contém seu outro nele mesmo e, ao mesmo tempo, enquanto autossubsistente, repele de si esse seu ser-outro, então a identidade da lei é, doravante, também uma identidade *posta e real*.

Com isso, portanto, a lei obteve igualmente o momento faltante da forma negativa de seus lados – o momento que, há pouco, ainda pertencia ao aparecimento; com isso, a existência regressou completamente para dentro de si e se refletiu dentro de seu ser-outro absoluto, que é em e para si. Aquilo que anteriormente era lei, não é mais, portanto, somente *um* lado do todo, cujo outro lado era o aparecimento como tal, mas é, ele mesmo, o todo. Ele é a totalidade essencial do aparecimento, de modo que, agora, ele contém também o momento da inessencialidade, o qual ainda competia ao aparecimento, mas como a inessencialidade refletida, que é em si, quer dizer, como a *negatividade essencial*. – A lei, enquanto conteúdo imediato, é *determinada* em geral, diferente de outras leis, e há, delas, uma quantia indeterminável. Mas, na medida em que ela, agora, tem a negatividade essencial nela mesma, ela não contém mais uma tal determinação de conteúdo apenas indiferente, contingente; seu conteúdo é, antes, toda a determinidade em geral, em relação essencial, que faz de si a totalidade. Assim, o aparecimento refletido dentro de si é, agora, um *mundo* que se *abre* como *mundo que é em e para si* sobre o *mundo que aparece*.

O reino das leis contém apenas o conteúdo simples, imutável, porém diverso, do mundo existente. Mas, na medida em que ele é agora a reflexão total do mundo existente, ele contém também o momento de sua multiplicidade desprovida de essência. Esse momento da alterabilidade e da alteração como momento refletido dentro de si, essencial, é a negatividade absoluta ou a forma em geral como tal, cujos momentos, porém, dentro do mundo que é em si e para si, têm a realidade de existência autossubsistente, mas refletida; assim como, inversamente, essa autossubsistência refletida tem, doravante, a forma nela mesma, e, através disso, seu conteúdo não é um conteúdo meramente multíplice, mas sim um conteúdo essencialmente coerente consigo.

Esse mundo, que é em si e para si, chama-se também de *mundo suprassensível*, na medida em que o mundo existente é determinado como mundo *sensível*, a saber, como mundo que é para a intuição, para o comportamento imediato da consciência. – O mundo suprassensível tem igualmente imediatidade, existência, mas existência refletida, essencial. A *essência* ainda não tem ser aí algum; mas ela *é*, e num sentido mais profundo do que o ser; a *coisa* é o começo da existência refletida; ela é uma imediatidade que ainda não está posta como essencial ou refletida; mas ela não é, na verdade, um imediato *que é*. As coisas, somente como coisas de um outro mundo, de um mundo suprassensível, estão postas, em primeiro lugar, como existências verídicas e, em segundo lugar, como o verdadeiro frente ao ente; – reconhece-se que no interior delas há um ser diferente do ser imediato, um ser que é existência verídica. Por um lado, nessa determinação está superada a representação sensível que atribui existência apenas ao ser imediato do sentimento e da intuição; mas, por outro lado, também está superada a reflexão inconsciente que, com efeito, tem a representação de *coisas, forças, interno* etc., sem saber que tais determinações não são imediatidades sensíveis ou imediatidades que são, mas sim são existências refletidas.

2. O mundo que é em si e para si é a totalidade da existência; não há nada diferente fora dele. Mas, na medida em que ele é, nele mesmo, a negatividade absoluta ou a forma, sua reflexão dentro de si é *relação negativa* consigo. Ele contém a oposição e se repele dentro de si como o mundo essencial e, dentro de si, como o mundo do ser outro ou o mundo do aparecimento. Assim, porque ele é a totalidade, é também somente como *um lado* da mesma e constitui, nessa determinação, uma autossubsistência diversa frente ao mundo do aparecimento. O mundo fenomênico tem, no mundo essencial, sua unidade negativa, dentro da qual ele vai ao fundo e para dentro da qual ele regressa como para dentro de seu fundamento. Além disso, o mundo essencial é também o fundamento que põe o mundo que aparece; pois, contendo a forma absoluta em sua essencialidade, sua identidade consigo se suprassume, torna-se o ser posto e é, como essa imediatidade posta, o mundo fenomênico.

Ademais, ele não é apenas, em geral, fundamento do mundo que aparece, mas seu fundamento *determinado*. Já como reino das leis, ele é *conteúdo* multíplice, e, precisamente, o conteúdo essencial do mundo que aparece, e, como fundamento pleno de conteúdo, é o fundamento *determinado* do *outro*, mas apenas conforme esse conteúdo; pois o mundo que aparece ainda tinha conteúdo multíplice diferente daquele reino, porque a ele ainda competia peculiarmente o momento negativo. Mas, na medida em que, agora, o reino das leis tem esse momento igualmente nele, ele é a totalidade do conteúdo do mundo que aparece e o fundamento de toda sua multiplicidade. Mas ele é, ao mesmo tempo, o negativo do mesmo, então ele é o mundo *contraposto* ao mesmo. – Precisamente na identidade de ambos os mundos, e na medida em que um está determinado, segundo a forma, como o essencial, e o outro, como o mesmo, mas como posto e inessencial, a *relação de fundamento*, com efeito, restabeleceu-se, mas, ao mesmo tempo, como a *relação de fundamento do aparecimento*, a saber, como relação nem de um conteúdo idêntico, nem de um conteúdo meramente diverso, como é a lei, mas sim como relação total ou como identidade negativa e *relação essencial do conteúdo como contraposto*. – O reino das leis não é somente o fato de que o ser posto de um conteúdo é o ser posto de um outro, mas essa identidade é essencialmente, como resultou, também unidade negativa; cada um de ambos os lados da lei, dentro da unidade negativa, é *nele mesmo seu outro* conteúdo; o outro não é, portanto, indeterminadamente um outro em geral, mas sim é *seu* outro, ou seja, ele contém igualmente a determinação de conteúdo daquele; assim, ambos os lados são contrapostos. Na medida em que, agora, o reino das leis tem, nele, esse momento negativo e a oposição, e, com isso, como a totalidade, repele-se de si mesmo em um mundo que é em si e para si e em um mundo que aparece, a identidade de ambos é a *relação essencial da contraposição*. – A relação de fundamento como tal é a oposição que, em sua contradição, foi ao fundo, e a existência é o fundamento que se junta *consigo mesmo*. Mas a existência se torna aparecimento; o fundamento está suprassumido na existência; como retorno do aparecimento para dentro de si, ele se restabelece; mas, ao mesmo tempo, como fundamento suprassumido, a saber, como relação de fundamento de determinações contrapostas; mas a identidade dessas é essencialmente devir e passar, não mais a relação de fundamento como tal.

Portanto, o mundo que é em si e para si é, ele mesmo, um mundo diferenciado dentro de si na totalidade do conteúdo multíplice; ele é idêntico ao mundo que aparece ou mundo posto, na medida em que é fundamento do mesmo; mas, sua conexão idêntica está determinada, ao mesmo tempo, como contraposição, porque a forma do mundo que aparece é a reflexão dentro de seu ser-outro, ele, portanto, no mundo que é em si e para si, regressou veridicamente para dentro de si mesmo na mesma medida em que esse é seu contraposto. A relação é, portanto, determinadamente esta: que o mundo que é em si e para si é o mundo *invertido* do mundo que aparece.

C. Dissolução do aparecimento

O mundo que é em si e para si é o fundamento *determinado* do mundo que aparece, e é isso somente na medida em que ele é, nele mesmo, o momento negativo e, com isso, a totalidade das determinações de conteúdo e de suas alterações, a qual corresponde ao mundo que aparece, mas, ao mesmo tempo, constitui seu lado inteiramente contraposto. Ambos os mundos, portanto, relacionam-se um para com o outro, de modo que aquilo que é positivo no mundo que aparece, no mundo que é em e para si é negativo, [e] inversamente, o que é negativo naquele, nesse é positivo. O Polo Norte no mundo que aparece é, *em e para si*, o Polo Sul, e vice-versa; a eletricidade positiva é *em si* a eletricidade negativa etc. O que é mau, azar etc. no ser aí fenomênico, *em si e para si* é bom e uma sorte[11].

De fato, nessa oposição de ambos os mundos, *desapareceu sua diferença*, e o que devia ser mundo que é em si e para si, é, ele mesmo, mundo que aparece, e este, vice-versa, é, nele mesmo, mundo essencial. – O *mundo que aparece* está inicialmente determinado como a reflexão dentro do ser outro, de modo que suas determinações e existências têm seu fundamento e subsistir dentro de um outro; mas, na medida em que esse outro é, enquanto tal, *refletido dentro de um outro*, aí elas se relacionam somente com um outro que se suprassume, portanto, *consigo mesmas*; o mundo que aparece é, aqui, *nele mesmo*, lei igual a si mesma. – Inversamente, o mundo que é em si e para si é, inicialmente, o conteúdo idêntico a si, retirado do ser-outro e da alternância; mas esse conteúdo, como reflexão completa dentro de si mesma do mundo que aparece, ou porque sua diversidade é diferença refletida dentro de si e absoluta, contém, portanto, o momento negativo e a relação consigo como com o ser-outro; através disso, ele se torna conteúdo contraposto a si mesmo, conteúdo que se inverte, desprovido de essência. Além disso, esse conteúdo do mundo que é em si e para si obteve, com isso, também a forma de *existência imediata*. Pois esse mundo é, inicialmente, fundamento do [mundo] que aparece; mas, na medida em que ele tem a contraposição nele mesmo, ele é, de igual modo, fundamento suprassumido e existência imediata.

O mundo que aparece e o mundo essencial são, portanto, cada um nele mesmo, a totalidade da reflexão idêntica consigo e da reflexão para dentro de outro ou do ser em si e para si e do aparecer. Eles são ambos os todos autossubsistentes da existência; um deveria

---

11. Cf. *Fenomenologia do Espírito*. 2. ed. p. 121s. [N.d.H.].

ser somente a existência refletida, o outro, a existência imediata; mas cada um *continua* para dentro de seu outro e é, por conseguinte, nele mesmo, a identidade de ambos esses momentos. O que, portanto, está presente, é essa totalidade que se repele de si mesma em duas totalidades: uma [é] a totalidade *refletida*, e a outra, a *imediata*. Ambas são, em primeiro lugar, autossubsistentes, mas elas são isso somente como totalidades, e isso elas são na medida em que cada uma tem essencialmente o momento da outra nela. A autossubsistência diferente de cada uma, daquela determinada como *imediata* e daquela determinada como *refletida*, está, portanto, doravante, posta de modo a ser somente como relação essencial com a outra e a ter sua autossubsistência *nessa unidade de ambas*.

Tomou-se como ponto de partida a *lei do aparecimento*; essa é a identidade de um conteúdo diverso com um outro conteúdo, de modo que o ser posto de um é o ser posto de outro. No interior da lei, ainda está presente essa diferença, de que a identidade de seus lados é apenas primeiramente uma identidade interior, e esses lados ainda não a têm neles mesmos; com isso, por um lado, aquela identidade ainda não está realizada; o conteúdo da lei não é como idêntico, mas sim um conteúdo indiferente, diverso. – Por outro lado, ele está, com isso, somente determinado *em si*, de modo que o ser posto de um é o ser posto do outro; isso ainda não está presente nele. Mas, doravante, a *lei* está *realizada*; sua identidade interior é, ao mesmo tempo, identidade que é aí, e, inversamente, o conteúdo da lei é elevado à idealidade; pois ele está suprassumido nele mesmo, refletido dentro de si, na medida em que cada lado tem, nele, seu outro, e, com isso, é veridicamente idêntico com ele e consigo.

Assim, a lei é *relação essencial*. A verdade do mundo inessencial é, inicialmente, um mundo que é em si e para si, *outro* para ele; mas esse é a totalidade, na medida em que ele é si mesmo e aquele primeiro; assim, ambos são existências imediatas e, com isso, reflexões dentro de seu ser outro, como também, justamente por isso, existências veridicamente refletidas dentro de si. *Mundo* exprime em geral a totalidade sem forma da multiplicidade; esse mundo, tanto como mundo essencial quanto como mundo que aparece, foi ao fundo, na medida em que a multiplicidade cessou de ser uma multiplicidade meramente diversa; assim, o mundo é ainda totalidade ou universo, mas como *relação essencial*. Originaram-se duas totalidades do conteúdo dentro do aparecimento; inicialmente, elas estão determinadas como [elementos] autossubsistentes indiferentes um frente ao outro, e cada uma tem, com efeito, a forma nela mesma, mas não uma frente à outra; mas a forma se mostrou também como sua relação, e a relação essencial é a realização plena de sua unidade de forma.

TERCEIRO CAPÍTULO
A RELAÇÃO ESSENCIAL

A verdade do aparecimento é a *relação essencial*. Seu conteúdo tem autossubsistência imediata, e precisamente a imediatidade *que é* e a imediatidade *refletida* ou a reflexão idêntica consigo. Ao mesmo tempo, nessa autossubsistência, ele é um conteúdo relativo, pura e simplesmente apenas como reflexão dentro de seu outro ou como unidade da relação com seu outro. Nessa unidade, o conteúdo autossubsistente é um posto, um suprassumido; mas justamente essa unidade constitui sua essencialidade e autossubsistência; essa reflexão dentro de outro é reflexão dentro de si mesma. A relação tem lados, porque ela é reflexão dentro de outro; assim, ela tem a diferença de si mesma nela, e os lados da mesma são um subsistir autossubsistente, na medida em que, dentro de sua diversidade indiferente um frente ao outro, eles estão quebrados dentro de si mesmos, de modo que o subsistir de cada um tem, de igual modo, seu significado somente dentro da relação com o outro ou dentro de sua unidade negativa. A relação essencial ainda não é, decerto, o *terceiro* verídico em relação à *essência* e à *existência*, mas já contém a unificação determinada de ambas. A essência está realizada dentro dela de modo a ter [elementos] existentes de modo autossubsistente por seu subsistir; e esses, a partir de sua indiferença, regressaram para dentro de sua unidade essencial, de modo a terem somente essa por seu subsistir. As determinações de reflexão do positivo e negativo estão igualmente refletidas dentro de si somente como refletidas dentro de seu contraposto, mas elas não têm nenhuma outra determinação senão essa sua unidade negativa; a relação essencial, pelo contrário, tem por seus lados [elementos] tais, que estão postos como totalidades autossubsistentes. É a mesma contraposição que a do positivo e do negativo, mas, ao mesmo tempo, como um mundo invertido. O lado da relação essencial é uma totalidade, a qual, porém, tem como essencial um contraposto, um *além* de si; ela é somente aparecimento; sua existência, antes, não é a sua, mas a de seu outro. Ela é, portanto, algo quebrado dentro de si mesmo; mas esse seu ser suprassumido consiste no fato de que ela é a unidade de si mesma e de seu outro, portanto, um todo, e justamente por isso ela tem existência autossubsistente e é reflexão essencial dentro de si.

Esse é o *conceito* da relação. Mas, inicialmente, a identidade que ela contém ainda não é perfeita; a totalidade, que cada relativo é nele mesmo, é primeiramente um interior; o lado da relação está inicialmente posto dentro de *uma* das determinações da unidade negativa; a autossubsistência própria de cada um de ambos os lados é aquilo que constitui a forma da relação. Sua identidade é, portanto, apenas uma *relação*, fora da qual sua autossubsistência cai nos lados; ainda não está presente a unidade refletida daquela identidade e das existências autossubsistentes, ainda não está presente a *substância*. – O conceito da relação, portanto, resultou ser, com efeito, unidade da autossubsistência refletida e da autossubsistência imediata. Mas, primeiramente, esse próprio *conceito* é ainda *imediato*, seus momentos, por conseguinte, são imediatos um frente ao outro, e a unidade [é] sua relação essencial, que é a unidade verídica, correspondente ao conceito, somente na medida em que ela se realizou, a saber, *pôs-se*, através de seu movimento, como aquela unidade.

A relação essencial é, portanto, imediatamente a relação do *todo* e das *partes*, – a relação da autossubsistência refletida e daquela imediata, de modo que ambas são, ao mesmo tempo, somente como tais que se condicionam e se pressupõem reciprocamente.

Dentro dessa relação, nenhum dos lados ainda está posto como momento do outro, sua identidade é, portanto, ela mesma, um lado; ou seja, ela não é sua unidade negativa. Por isso, a relação passa, *em segundo lugar*, para o fato de que um lado é momento do outro e está dentro dele como dentro de seu fundamento, dentro do autossubsistente verídico, – a relação *da força e de sua externação*.

Em terceiro lugar, a desigualdade ainda presente dessa relação se suprassume, e a última relação é a do *interior* e do *exterior*. – Dentro dessa diferença, que se tornou inteiramente formal, a própria relação vai ao fundo, e a *substância* ou o *efetivo* emerge como a unidade *absoluta* da existência imediata e da existência refletida.

A. A relação do todo e das partes

[1.] A relação essencial contém, *em primeiro lugar*, a autossubsistência *refletida dentro de si* da existência; assim, ela é a *forma simples*, cujas determinações, decerto, também são existências, mas, ao mesmo tempo, são existências postas – momentos mantidos dentro da unidade. Essa autossubsistência refletida dentro de si é, ao mesmo tempo, reflexão dentro de seu contraposto, a saber, a autossubsistência *imediata*; e seu subsistir, na mesma medida em que ele é autossubsistência própria, é, essencialmente, essa identidade com seu contraposto. – Justamente com isso, *em segundo lugar*, está posto imediatamente também o outro lado; a autossubsistência imediata, a qual, determinada como o *outro*, é uma multiplicidade multifacetada dentro de si, mas de modo que essa multiplicidade tem essencialmente nela *também* a relação do outro lado, a unidade da autossubsistência refletida. Aquele lado, *o todo*, é a autossubsistência que constituía o mundo que é em si e para si; o outro lado, *as partes*, é a existência imediata, a qual era o mundo que aparece. Na relação do todo e das partes, ambos os lados são essas autossubsistências, mas de modo que cada uma deixa aparecer a outra dentro dela e, ao mesmo tempo, é somente como essa identidade de ambas. Ora, porque a relação essencial é primeiramente apenas a relação primeira, imediata, então a unidade negativa e a autossubsistência positiva estão ligadas pelo *também*; ambos os lados estão postos, decerto, como momentos, mas, de igual modo, como *autossubsistências* existentes. – O fato de que ambos estão postos como momentos, está, portanto, repartido de modo que, em primeiro lugar, *o todo*, a autossubsistência refletida, é como existente e, dentro dela, está a outra, a autossubsistência imediata, como momento; – aqui, o *todo* constitui a unidade de ambos os lados, a *base*, e a existência imediata é *como ser posto*. Inversamente, no outro lado, a saber, no lado das *partes*, a existência imediata, múltiplice dentro de si, é a base autossubsistente; pelo contrário, a unidade refletida, o todo, é somente uma relação externa.

2. Com isso, essa relação contém a autossubsistência dos lados e também seu ser-suprassumido e ambos por excelência em *uma* relação. O todo é o autossubsistente, as partes são meramente mo-

mentos dessa unidade; mas igualmente elas são também o autossubsistente, e sua unidade refletida [é] apenas um momento; e cada um é na sua *autossubsistência* pura e simplesmente o *relativo* de um outro. Essa relação é, portanto, a contradição imediata nela mesma e se suprassume.

Ao considerar isso mais de perto, o *todo* é a unidade refletida que tem por si subsistir autossubsistente; mas, de igual modo, a unidade repele de si esse seu subsistir; o todo, enquanto unidade negativa, é relação negativa consigo mesmo; assim, essa unidade se tornou exterior a si; ela tem seu *subsistir* em seu contraposto, na imediatidade multíplice, *nas partes*. Portanto, *o todo consiste de partes*; de modo que ele não é algo sem elas. Ele é, por conseguinte, toda a relação e a totalidade autossubsistente; mas, justamente pela mesma razão, ele é somente um relativo, pois o que faz dele a totalidade é, antes, seu *outro*, as partes; e ele não tem seu subsistir em si mesmo, mas em seu outro.

Assim, as partes são igualmente toda a relação. Elas são a autossubsistência imediata *frente* à autossubsistência refletida, e não subsistem dentro do todo, mas são por si. Além disso, elas têm esse todo como seu momento nelas; ele constitui sua relação; sem todo, não há partes algumas. Mas, porque elas são o autossubsistente, essa relação é apenas um momento externo, frente ao qual elas são em si e para si indiferentes. Ao mesmo tempo, porém, as partes, como existência multíplice, colapsam dentro de si mesmas, pois essa é o ser desprovido de reflexão; elas têm sua autossubsistência somente dentro da unidade refletida, a qual é tanto essa unidade quanto também a multiplicidade existente; quer dizer, elas têm autossubsistência somente *dentro do todo*, o qual, todavia, é, ao mesmo tempo, a autossubsistência que é *outra* em relação às partes.

O todo e as partes, portanto, *condicionam*-se mutuamente; mas a relação aqui considerada está, ao mesmo tempo, acima da relação *do condicionado* e *da condição* um para com a outra, como ela havia se determinado anteriormente. Essa relação está, aqui, *realizada*: a saber, está *posto* que a condição é a autossubsistência essencial do condicionado, de modo que ela é *pressuposta* por esse. A condição como tal é somente o *imediato* e está pressu*posta* apenas *em si*. O todo, porém, é, com efeito, a condição das partes, mas, imediatamente, ao mesmo tempo, contém, ele mesmo, o fato de que ele também é somente na medida em que tem as partes por pressuposição. Assim, enquanto ambos os lados da relação estão postos como tais que se condicionam mutuamente, cada um é uma autossubsistência imediata nele mesmo, mas sua autossubsistência, de igual modo, está mediada ou posta pela outra. Através dessa reciprocidade, *toda* a *relação* é o retorno do condicionar para dentro de si mesmo, o não relativo, o *incondicionado*.

Ora, na medida em que cada um dos lados da relação tem sua autossubsistência não dentro dele mesmo, mas dentro de seu outro, está presente somente *uma* identidade de ambos, dentro da qual ambos são apenas momentos; mas, na medida em que cada um é autossubsistente nele mesmo, eles são duas existências autossubsistentes que são indiferentes uma frente à outra.

Conforme a primeira consideração, a identidade essencial desses lados, *o todo é igual às partes, e as partes, ao todo*. Não há nada dentro do todo que não esteja dentro das partes, e nada nas partes que não esteja dentro do todo. O todo não é unidade abstrata, mas sim a unidade como aquela de *uma multiplicidade diversa*; essa unidade, porém, como aquilo em que o *multíplice* se relaciona reciprocamente, é a *determinidade* do mesmo, pela qual ele é parte. A relação tem, portanto, uma identidade inseparável e somente *uma* autossubsistência.

Mas, além disso, o todo é igual às partes; só que não *às mesmas* enquanto partes; o todo é a unidade refletida, mas as partes constituem o momento determinado ou o *ser outro* da unidade, e são o multíplice diverso. O todo não é igual a elas como a esse autossubsistente diverso, mas como sua *conjunção*. Essa *conjunção* das partes, porém, nada mais é do que sua unidade, o todo como tal. Dentro das partes, portanto, o todo é igual somente a si mesmo, e a igualdade do mesmo e das partes exprime somente a tautologia de que *o todo enquanto todo* não é *igual* às partes, mas *ao todo*.

Inversamente, as partes são iguais ao todo; mas, porque elas são o momento do ser outro nelas mesmas, elas não são iguais a ele como à unidade, mas sim de modo que *uma* das determinações multíplices do todo chega na parte, ou de modo que elas são iguais a *ele* como *multíplice*; quer dizer, elas são iguais a ele como a um *todo repartido*, isto é, como *às partes*. Com isso, está presente a mesma tautologia de que as *partes enquanto partes não* são iguais *ao todo* como tal, mas sim, dentro dele, são iguais *a si mesmas, às partes*.

O todo e as partes, dessa maneira, separam-se de modo indiferente; cada um desses lados se relaciona apenas consigo. Mas, mantidos assim um fora do outro, eles destroem a si mesmos. O todo, que é indiferente frente às partes, é a *identidade abstrata*, não diferenciada, dentro de si; essa é o todo apenas como *diferenciado dentro de si mesmo*, e, precisamente, diferenciado dentro de si de modo que essas determinações multíplices são refletidas dentro de si e têm autossubsistência imediata. E a identidade de reflexão se mostrou através de seu movimento como tendo por sua verdade essa *reflexão para dentro de seu outro*. – Igualmente, as partes, como indiferentes frente à unidade do todo, são apenas o multíplice não relacionado, *o outro dentro de si*, o qual, como tal, é o outro de si mesmo e aquilo que somente se suprassume. – Essa relação consigo de cada um de ambos os lados é sua autossubsistência; mas essa sua autossubsistência, que cada um tem *por si*, é, antes, a negação de si mesma. Cada um tem, portanto, sua autossubsistência não nele mesmo, mas no outro; esse outro, que constitui o subsistir, é seu imediato pressuposto, que *deve* ser o primeiro e seu início; mas esse primeiro de cada um é, ele mesmo, somente um tal que não é primeiro, mas sim tem seu início no outro.

A verdade da relação consiste, portanto, *na mediação*; a essência da relação é a unidade negativa, dentro da qual tanto a imediatidade refletida quanto a imediatidade que é, estão suprassumidas. A relação é a contradição, que regressa para dentro de seu fundamento, para dentro da unidade, a qual, enquanto unidade que retorna, é a unidade refletida; mas, na medida em que essa se pôs igualmente como unidade suprassumida, ela se relaciona negativamente consigo mesma, suprassume-se e torna-se imediatidade que é. Mas essa sua relação negativa, na medida em que ela é um primeiro e um imediato, está mediada somente por seu outro e é igualmente um posto. Esse outro, a imediatidade que é, é igualmente apenas como imediatidade suprassumida; sua autossubsistência é um primeiro, mas somente com vistas a desaparecer, e tem um ser aí que está posto e mediado. Nessa determinação, a relação não é mais aquela do *todo* e das *partes*; a imediatidade que seus lados tinham passou para o ser posto e a mediação; cada um está posto, na medida em que é imediato, como tal que se suprassume e que passa para o outro e, na medida em que é, ele mesmo, relação negativa, está posto, ao mesmo tempo, de modo a ser condicionado pelo outro como pelo seu positivo; assim como também seu passar imediato é, de igual modo, um mediato, a saber, um suprassumir que é posto pelo outro. – Assim, a relação do todo e das partes passou para a relação da *força e de sua externação*.

A antinomia da divisibilidade infinita da matéria foi considerada acima (1. Vol., p. 200)[12] no conceito da quantidade. A quantidade é a unidade da continuidade e da discrição; ela contém, dentro do uno *autossubsistente*, o *ser confluído* dele com outros e, dentro dessa *identidade consigo que* se *perpetua* sem interrupção, contém de igual modo a *negação* da mesma. Na medida em que a relação imediata desses momentos da quantidade é expressa como a relação essencial do todo e das partes, do *uno* da quantidade como *parte*, da *continuidade* do mesmo como *todo*, o qual está composto de partes, a antinomia consiste na contradição que ocorreu e foi dissolvida na relação do todo e das partes. – A saber, todo e partes estão relacionados essencialmente um com o outro e constituem somente *uma* identidade, do mesmo modo em que eles são indiferentes um frente ao outro e têm um subsistir autossubsistente. Portanto, a relação é esta antinomia, de que *um* momento, no fato de se libertar do outro, imediatamente produz o outro.

O existente, portanto, determinado como todo, tem partes, e as partes constituem seu subsistir; a unidade do todo é somente uma relação posta, uma *composição* exterior que não concerne de modo algum ao que existe de modo autossubsistente. Agora, na medida em que esse existente é parte, ele não é todo, não é composto, com isso, é *simples*. Mas, na medida em que a relação com um todo é externa para ele, ela não concerne minimamente ao mesmo; também com isso o autossubsistente não é em si parte; pois ele é parte somente através daquela relação. Mas, na medida em que ele, agora, não é parte, ele é

---

12. Essa referência remete à nossa tradução da *Doutrina do Ser* [N.T.].

o todo, pois está presente somente essa relação de todo e partes; e o autossubsistente é um de ambos. Mas, na medida em que ele é o todo, ele é novamente composto; ele consiste novamente de partes e *assim por diante para o infinito*. – Essa infinitude em nada mais consiste do que na alternância perene de ambas as determinações da relação, em cada uma das quais a outra surge imediatamente, de modo que o ser posto de cada uma é o desaparecer de si mesma. A matéria, determinada como todo, consiste de partes, e nelas o todo se torna a relação inessencial e desaparece. Mas a parte, tomada por si, também não é parte, mas o todo. – A antinomia desse silogismo, tratada de modo bem coeso, é propriamente a seguinte: porque o todo não é o autossubsistente, a parte é o autossubsistente; mas, porque ela é autossubsistente somente *sem o todo*, então ela é autossubsistente *não* como parte, mas, antes, *como todo*. A infinitude do progresso que aí surge é a incapacidade de combinar ambos os pensamentos que essa mediação contém, a saber, o fato de que cada uma de ambas as determinações, através de sua autossubsistência e da separação da outra, passa para a não-autossubsistência e para a outra.

B. A relação da força e de sua externação

A *força* é a unidade negativa, dentro da qual a contradição do todo e das partes se dissolveu, a verdade daquela primeira relação. O todo e as partes são a relação sem pensamento na qual a representação inicialmente chega; ou, de modo objetivo, ela é o agregado morto, mecânico, que, decerto, tem determinações de forma, através das quais a multiplicidade de sua matéria autossubsistente é relacionada dentro de uma unidade, a qual, porém, é externa à mesma. – Mas a relação da *força* é o retorno superior para dentro de si, em que a unidade do todo, a qual constituía a relação do ser outro autossubsistente, deixa de ser um externo e um indiferente frente a essa multiplicidade.

Como a relação essencial se determinou doravante, a autossubsistência imediata e aquela refletida estão postas dentro da mesma [unidade] como suprassumidas ou como momentos, enquanto que, na relação precedente, eram lados ou extremos subsistentes por si. Nisso está contido, *em primeiro lugar*, o fato de que a unidade refletida e seu ser aí imediato, na medida em que ambos são primeiros e imediatos, suprassumem-se em si mesmos e passam para seu outro; aquela, a *força*, passa para *sua externação*, e o externo é algo que desaparece, o qual regressa para dentro da força como para dentro de seu fundamento, e somente é como sustentado e posto pela mesma. *Em segundo lugar*, esse passar não é apenas um devir e um desaparecer, mas é a relação negativa consigo, ou seja, *aquilo que altera sua determinação* está, ao mesmo tempo, refletido dentro de si e se conserva no passar; o movimento da força não é tanto um *passar*, mas, antes, ela *transpõe* a si mesma e permanece o que ela é dentro dessa alteração posta por ela mesma. – Em terceiro lugar, essa unidade *refletida* que se relaciona consigo está, ela mesma, também suprassumida e é momento; ela está mediada por seu outro e tem o mesmo por *condição*; sua relação negativa consigo, que é o primeiro e inicia o movimento de seu passar *a partir de si*, tem igualmente uma pressuposição pela qual ela é *solicitada*, e um outro, do qual ela começa.

a. O ser-condicionado da força

Considerada em suas determinações mais precisas, a força tem nela, *em primeiro lugar*, o momento da imediatidade que é; ela mesma, pelo contrário, está determinada como unidade negativa. Mas essa, na determinação do ser imediato, é um *algo existente*. Esse algo aparece, por ser a unidade negativa como um imediato, como o primeiro; a força, pelo contrário, por ela ser o refletido, aparece como o ser posto e, nessa medida, como pertencente à coisa existente ou a uma matéria. Não é que ela seria a *forma* dessa coisa e a coisa estaria determinada por ela; mas a coisa, como imediato, é indiferente a ela. – Segundo essa determinação, dentro da coisa não há razão alguma para ela ter uma força; a força, pelo contrário, como o lado do ser posto, tem essencialmente a coisa por sua pressuposição. Quando, portanto, pergunta-se como a coisa ou a matéria chegam a *ter* uma força, essa aparece como ligada exteriormente a elas e como *impressa* na coisa por um poder alheio.

Enquanto é esse subsistir imediato, a força é uma *determinidade quieta da coisa* em geral; não um tal que se externa, mas imediatamente um externo. Assim, a força é designada também como matéria e, em vez de força magnética, elétrica etc., é assumida uma matéria magnética, elétrica etc., ou, em vez da famosa *força atrativa*, assume-se um *éter* fino que manteria tudo junto. – Trata-se das matérias nas quais se dissolve a unidade negativa inativa, sem força, da coisa e que foram consideradas acima.

Mas a força contém a existência imediata como momento, como um tal que, com efeito, é condição, mas passa e suprassume-se, não a contém, por conseguinte, como uma coisa existente. Além disso, ela não é a negação como determinidade, mas unidade negativa que se reflete dentro de si. Com isso, a coisa na qual a força deveria estar não tem mais aqui significado algum; ao contrário, ela mesma é pôr da exterioridade, a qual aparece como existência. Ela não é, portanto, meramente uma matéria determinada; tal autossubsistência passou há muito tempo para o ser posto e para o aparecimento.

Em segundo lugar, a força é a unidade do subsistir refletido e do subsistir imediato, ou seja, da unidade de forma e da autossubsistência externa. Ela é ambas em um; ela é o contato de tais, dos quais um é, na medida em que o outro não é, a reflexão positiva idêntica consigo e a reflexão negada. Assim, a força é a contradição que se repele de si mesma; ela é *ativa*, ou seja, ela é a unidade negativa que se relaciona consigo, dentro da qual a imediatidade refletida ou o ser dentro de si essencial está posto, de modo a ser somente como suprassumido ou momento, e com isso, na medida em que ela se diferencia da existência imediata, de modo a passar para essa. A força está posta, portanto, como a determinação da unidade refletida do todo de tornar-se a multiplicidade existente externa *a partir de si mesma*.

Mas, *em terceiro lugar*, a força é primeiramente apenas atividade *que é em si* e imediata; ela é a unidade refletida e, de igual modo, essencialmente a *negação da mesma*; na medida em que ela é diversa dessa, mas é somente como a identidade de si mesma e de sua negação, ela está relacionada essencialmente com essa como com uma imediatidade que lhe é externa, e tem a mesma por *pressuposição* e *condição*.

Ora, essa pressuposição não é uma coisa que se encontra frente a ela; essa autossubsistência indiferente está suprassumida dentro da força; como sua condição, ela é *um autossubsistente outro para ela*. Contudo, porque ela não é uma coisa, mas, aqui, a imediatidade autossubsistente se determinou, ao mesmo tempo, como unidade negativa que se relaciona consigo mesma, *então a mesma é força*. - A atividade da força está condicionada por si mesma como pelo seu outro, por uma força.

Desse modo, a força é relação, dentro da qual cada lado é o mesmo que o outro. São forças aquelas que estão em relação, e, precisamente, relacionam-se essencialmente uma com a outra. - Além disso, elas são inicialmente apenas diversas em geral; a unidade de sua relação é primeiramente apenas a unidade *interior, que é em si*. Assim, o ser condicionado por uma outra força é *em si* o atuar da própria força; ou seja, ela é, sob esse aspecto, somente um atuar *pressuponente*, atuar que se relaciona negativamente *consigo*; essa outra força reside ainda *além* de sua atividade *que põe*, a saber, além da reflexão *que*, dentro de seu determinar, *retorna* imediatamente *para dentro de si*.

b. A solicitação da força

A força está condicionada porque o momento da existência imediata que ela contém é apenas como um *posto*, - mas, porque ele é, ao mesmo tempo, um imediato, é um *pressuposto* dentro do qual a força nega a si mesma. A exterioridade existente para a força é, portanto, *sua atividade própria que*, ela mesma, *pressupõe*, a qual, inicialmente, está posta como uma *outra* força.

Além disso, esse *pressupor* é recíproco. Cada uma de ambas as forças contém a unidade refletida dentro de si como suprassumida e é, portanto, pressuponente; ela põe a si mesma como externa; esse momento da exterioridade é *seu* momento *próprio*; mas, por ela ser igualmente unidade refletida dentro de si, ela, ao mesmo tempo, põe essa sua exterioridade *não dentro dela mesma*, mas como uma outra força.

Mas o externo como tal é o que suprassume a si mesmo; além disso, a atividade que se reflete dentro de si está essencialmente relacionada com aquele externo como com o seu outro, mas, de igual modo, como com um *nulo em si* e *idêntico* a *ela*. Uma vez que a atividade pressuponente é igualmente reflexão dentro de si, ela é o suprassumir daquela sua negação e põe a mesma como si mesma ou como um externo *a ela*. Assim, a força, enquanto condicionante, é reciprocamente um *choque* para a outra força, frente à qual ela é ativa. Seu comportamento não é a passividade do tornar-se-determinado, de modo que, através disso, algo outro chegaria para dentro dela; mas o choque somente a *solicita*. Ela é, nela mesma, a negatividade de si; o seu repelir de si é seu pôr próprio. Seu atuar consiste, portanto, em suprassumir o fato de que aquele choque seria um externo; ela o torna um mero choque e o põe como seu próprio repelir de si mesma, como *sua externação própria*.

A força que se externa é, portanto, o mesmo que, primeiramente, era apenas a atividade pressuponente, a saber, é força que se torna externa; mas a força que se externa é, ao mesmo tempo, a força que nega a exterioridade e a atividade *que* a *põe* como o seu próprio. Ora, na medida em que, nessa consideração, iniciou-se da força, enquanto ela é a unidade negativa de si mesma e, com isso, reflexão pressuponente, é o mesmo que quando se inicia do choque solicitante na externação da força.

Assim, *dentro de seu conceito*, a força está primeiramente determinada como identidade que se suprassume e, *dentro de sua realidade*, uma de ambas as forças é determinada como solicitante, e a outra como aquela que se torna solicitada. Mas o conceito da força é, em geral, a identidade da reflexão ponente e da reflexão pressuponente, ou seja, da unidade refletida e da unidade imediata, e cada uma dessas determinações [é] pura e simplesmente apenas momento, dentro da unidade, e, com isso, como mediada pela outra. Mas, igualmente, em nenhuma de ambas as forças que estão em inter-relação está presente uma determinação que seria a solicitante ou aquela que se torna solicitada, ou, antes, a cada uma competem, de igual modo, ambas as determinações de forma. Mas essa identidade não é apenas uma identidade externa da comparação, mas uma unidade essencial das mesmas.

Precisamente, uma força está determinada inicialmente como aquela *que solicita*, e a outra, como *aquela que se torna solicitada*; essas determinações de forma aparecem, desse modo, como diferenças imediatas, presentes em si, de ambas as forças. Mas elas são essencialmente mediadas. Uma força é solicitada; esse choque é uma determinação posta de *fora* para dentro dela. Mas a força é, ela mesma, o pressuponente; ela é essencialmente aquela que se reflete dentro de si e suprassume o fato de que o choque seria um externo. Por conseguinte, o fato de que ela é solicitada é seu atuar próprio, ou seja, está determinado por ela mesma que a outra força seja uma outra em geral e a solicitante. Aquela solicitante se relaciona com sua outra negativamente, de modo que ela suprassume a exterioridade da mesma; nessa medida, ela é força ponente; mas ela é isso somente pela pressuposição de ter uma outra contraposta a si; isto é, ela mesma é solicitante somente na medida em que tem uma exterioridade nela, com isso, na medida em que ela é solicitada. Ou seja, ela é solicitante apenas na medida em que ela é solicitada a ser solicitante. Com isso, inversamente, a primeira é solicitada apenas na medida em que solicita, ela mesma, a outra para essa direção, a saber, a solicitar a primeira. Cada uma de ambas recebe, portanto, o choque da outra; mas o choque que ela dá como ativa consiste no fato de que ela recebe um choque da outra; o choque que ela recebe é solicitado por ela mesma. Ambos, o choque dado e o choque recebido, ou seja, a externação ativa e a exterioridade passiva, não são, portanto, um imediato, mas são mediados, e, precisamente, cada uma de ambas as forças é, com isso, ela mesma, a determinidade que a outra tem frente a ela, está mediada pela outra, e esse outro que medeia é, de novo, seu próprio pôr determinante.

Assim, o fato de que acontece um choque de uma força sobre a outra força, o fato de que, portanto, essa se comporta *passivamente*, mas, em compensação, passa dessa passividade para a atividade, – isso é a regressão da força para dentro de si mesma. Ela se externa. A externação é reação no sentido de que ela põe a exterioridade como seu momento próprio e, com isso, suprassume o fato de que ela teria sido solicitada por uma outra força. Ambos [os momentos] são, portanto, um [processo], a externação da força, pela qual ela se dá um ser aí para outro através de sua atividade negativa sobre si mesma, e o retorno infinito para si mesmo dentro dessa exterioridade, de modo que, dentro dessa, a força se relaciona somente consigo. A reflexão pressuponente, à qual pertencem o ser-condicionado e o choque, é, portanto, imediatamente também a reflexão que retorna para dentro de si, e a atividade é essencialmente atividade reativa, [atividade] *contra si*. O pôr do choque ou o do externo é, ele mesmo, o suprassumir do externo e, inversamente, o suprassumir do choque é o pôr da exterioridade.

c. *A infinitude da força*

A força é *finita*, na medida em que seus momentos ainda têm a forma da imediatidade; nessa determinação, sua reflexão pressuponente e sua reflexão que se relaciona consigo são diferentes; aquela aparece como uma força externa subsistente por si, e a outra, na relação com ela, como passiva. Assim, de acordo com a forma, a força está condicionada e, de igual modo, conforme o conteúdo, está delimitada; pois uma determinidade, segundo a forma, contém também uma delimitação do conteúdo. Mas a atividade da força consiste em *externar-se*, quer dizer, como resultou, em suprassumir a exterioridade e em determiná-la como aquilo em que ela é idêntica consigo. Portanto, o que a força torna externo na verdade é o fato de que sua relação com outro é sua relação consigo mesma, sua passividade consiste em sua própria atividade. O choque pelo qual ela é solicitada para a atividade é seu solicitar próprio; a exterioridade que vem nela não é, de modo algum, um imediato, mas algo mediado por ela; assim como sua identidade essencial própria consigo não é imediata, mas está mediada por sua negação; ou seja, a força torna externo o fato de que sua *exterioridade é idêntica à sua interioridade*.

C. Relação do exterior e do interior

1. A relação do todo e das partes é a [relação] imediata; portanto, dentro dela, a imediatidade refletida e a imediatidade que é têm, cada uma, uma autossubsistência própria; mas, na medida em que elas estão dentro da relação essencial, sua autossubsistência é somente sua unidade negativa. Agora, isso está posto dentro da externação da força; a unidade refletida é, essencialmente, o tornar-se outro como transpor de si mesma para a exterioridade; mas essa, de igual modo, está retomada imediatamente dentro daquela; a diferen-

ça das forças autossubsistentes se suprassume; a externação da força é apenas uma mediação da unidade refletida consigo mesma. Está presente somente uma diferença vazia, transparente, a aparência, mas essa aparência é a mediação, a qual é o próprio subsistir autossubsistente. Não são apenas determinações contrapostas aquelas que se suprassumem nelas mesmas, e seu movimento não [é] apenas um passar, mas, em parte, a imediatidade da qual se iniciou e se passou para o ser outro, é, ela mesma, somente como imediatidade posta; em parte, cada uma das determinações já é, através disso, em sua imediatidade, a unidade com sua outra, e o passar é, de igual modo, através disso, pura e simplesmente o retorno para dentro de si que se põe.

O *interior* está determinado como a forma da *imediatidade refletida* ou da essência frente ao *exterior* como a forma do *ser*, mas ambos são somente *uma* identidade. – Essa identidade é, *em primeiro lugar*, a unidade sólida de ambos como base cheia de conteúdo ou a *Coisa absoluta*, na qual as determinações são momentos exteriores, indiferentes. Nessa medida, ela é conteúdo e a totalidade, a qual é o interior que igualmente se torna externo, mas, nisso, não é algo que deveio ou passou, mas sim é *igual* a si mesmo. Segundo essa determinação, o exterior não apenas é *igual* ao interior, de acordo com o conteúdo, mas ambos são apenas *uma Coisa*. – Mas essa Coisa, enquanto *identidade simples* consigo, é diversa de *suas determinações de forma*, ou seja, essas são externas para ela; ela é, nessa medida, um interior que é diverso de sua exterioridade. Mas essa exterioridade consiste no fato de que ambas as próprias determinações, a saber, o interior e o exterior, constituem-na. Mas a Coisa é, ela mesma, nada mais do que a unidade de ambas. Por conseguinte, conforme o conteúdo, ambos os lados são novamente o mesmo. Mas, dentro da Coisa, eles são como identidade que se compenetra, como base cheia de conteúdo. Mas, na exterioridade, como formas da Coisa, eles estão frente àquela identidade e, com isso, ambos são indiferentes um frente ao outro.

2. Desse modo, eles são as diversas determinações de forma que têm uma base idêntica não nelas mesmas, mas sim em um outro, – determinações de reflexão que são por si, o interior como a forma da reflexão dentro de si, da essencialidade, mas o exterior como a forma

da imediatidade refletida dentro de outro ou da inessencialidade. Só que a natureza da relação mostrou que essas determinações constituem pura e simplesmente apenas uma identidade. Dentro de sua externação, a força é o fato de que o determinar pressuponente e o determinar que retorna para dentro de si é um e o mesmo. Portanto, na medida em que interior e exterior foram considerados como determinações de forma, elas são, *em primeiro lugar*, somente a própria forma simples, e, *em segundo lugar*, porque, nela, ao mesmo tempo, elas estão determinadas como contrapostas, sua unidade é a pura *mediação abstrata*, na qual uma é *imediatamente* a outra, e é a outra *pelo fato de que* ela é uma. Assim, o interior é imediatamente *apenas* o exterior, e é a *determinidade* da *exterioridade* pelo fato de que ele é o interior; inversamente, o exterior é *apenas* um interior, porque ele é *apenas* um exterior. – Precisamente, na medida em que essa unidade de forma contém ambas suas determinações como contrapostas, sua identidade é apenas este passar e, nisso, apenas a *outra* de ambas, não sua identidade *cheia de conteúdo*. Ou seja, essa firmeza da forma é, em geral, o lado da *determinidade*. O que está posto segundo a mesma não é a totalidade real do todo, mas a totalidade ou a própria Coisa apenas dentro da determinidade da forma; porque essa é a unidade pura e simplesmente coesa de ambas as determinações contrapostas, na medida em que uma é tomada primeiro – e é indiferente qual seja –, deve-se dizer da base ou Coisa que ela, *por isso*, é, de igual modo, essencialmente dentro da outra determinidade, mas igualmente é *apenas* dentro da outra, assim como, primeiramente, foi dito que ela é apenas dentro da primeira.

Assim, algo que é *somente* um *interior* é, justamente por isso, *apenas* um exterior. Ou, inversamente, algo que é *apenas* um *exterior* é, justamente por isso, *apenas* um interior. Ou seja, na medida em que o interior está determinado como *essência*, mas o exterior está determinado como *ser*, uma Coisa, na medida em que ela é apenas dentro de sua *essência*, é, justamente por isso, apenas um *ser* imediato; ou seja, uma Coisa que apenas *é*, é, justamente por isso, somente ainda dentro de sua *essência*. – O exterior e o interior são a determinidade posta de modo que cada uma de ambas essas determinações não apenas pressupõe a outra e passa para ela como para sua verdade, mas ela, na medida em que é essa verdade da outra, permanece *posta como determinidade* e aponta para a totalidade de ambas. – O *interior* é, com isso, a realização plena da *essência* segundo a forma. A essência, precisamente na medida em que está determinada como interior, contém o fato de ela ser deficitária e somente como relação com seu outro, o exterior; mas esse, igualmente, não é apenas ser ou também existência, mas como tal que se relaciona com a essência ou o interior. Mas não está presente apenas a relação de ambos um com o outro, mas sim a relação determinada da forma absoluta, de que cada um é imediatamente seu oposto e a relação comum deles *com seu terceiro* ou, antes, *com sua unidade*. A mediação deles, porém, ainda carece dessa base idêntica que contém ambos; sua relação é, por causa disso, a conversão imediata de um no outro, e essa unidade negativa que os conecta é o ponto simples, sem conteúdo.

Observação [Identidade imediata do interior e do exterior]

O movimento da essência é, em geral, o *devir rumo ao conceito*. Na relação do interior e do exterior emerge o momento essencial da mesma, a saber, o fato de que suas determinações estão postas como aquelas que são na unidade negativa de modo que cada uma imediatamente não é apenas como sua outra, mas também como a totalidade do todo. Mas essa totalidade é, dentro do conceito como tal, o *universal*, – uma base que ainda não está presente dentro da relação do interior e do exterior. – Dentro da identidade negativa do interior e do exterior, a qual é a *conversão imediata* de uma dessas determinações na outra, falta também aquela base que há pouco foi denominada a *Coisa*.

É muito importante observar a *identidade* não mediada *da forma* como ela aqui está posta ainda sem o movimento cheio de conteúdo da própria Coisa. Essa ocorre dentro da Coisa, como essa é em seu *início*. Assim, o *ser puro* é imediatamente o *nada*. Em geral, todo o real, em seu início, é uma tal identidade apenas imediata; pois, em seu início, ele ainda não contrapôs e não desenvolveu os momentos, por um lado, ainda não se *interiorizou* a partir da exterioridade, por outro, ainda não se *exteriorizou* e produziu a partir da interioridade mediante sua atividade; portanto, ele é apenas o interior como *determinidade* frente ao exterior e apenas o exterior como *determinidade* frente ao interior. Com isso, ele é, em parte, *apenas* um ser imediato; em parte, na medida em que ele é de igual modo a negatividade, a qual deve tornar-se a atividade do desenvolvimento, ele, enquanto tal, é essencialmente *somente* um interior. – Em geral, dentro de todo e qualquer desenvolvimento espiritual, científico e natural, apresenta-se e é essencial reconhecer o fato de que o primeiro, na medida em que algo é primeiramente apenas *interno* ou também em seu *conceito*, é, justamente por isso, apenas seu ser aí passivo, imediato. Assim – para tomar, logo, o exemplo mais próximo – a *relação essencial* aqui considerada, antes de ela atravessar e se realizar pela mediação, pela relação da *força*, é apenas a relação *em si*, seu conceito, ou apenas *interna*. Mas, por causa disso, ela é *apenas* a relação imediata, *exterior*, a relação do *todo* e das *partes*, dentro da qual os lados têm um subsistir indiferente um frente ao outro. Sua identidade ainda não está neles mesmos; ela é apenas *interna*, e, por causa disso, eles se separam, têm um subsistir externo, imediato. – Assim, a *esfera do ser* é, em geral, primeiramente apenas ainda o pura e simplesmente *interior*, e, por causa disso, ela é a esfera da imediatidade que é ou da exterioridade. – A *essência* é primeiramente apenas o *interior*; por isso, ela é tomada por uma comunitariedade sem sistema, *externa*; diz-se: a *entidade escolar*, a *entidade da imprensa*[13], entendendo por isso uma [entidade] comum, que é feita pelo reunir externo de objetos existentes, na medida em que eles estão sem qualquer ligação essencial, sem organização. – Ou, nos objetos concretos, o germe da planta, a criança, são, assim, apenas primeiramente a planta *interior*, o ser humano *interno*. Mas, por isso, a planta ou o ser humano, como germe, são um imediato, um exterior, que ainda não se deu a relação negativa consigo mesmo, um *passivo, exposto* ao ser-outro. – Assim, em seu conceito *imediato*, também Deus não é espírito; o espírito não é o imediato, contraposto à mediação, mas, antes, a essência que põe eternamente sua imediatidade e, a partir dela, retorna eternamente para dentro de si. *Imediatamente*, portanto, Deus é *apenas* a natureza. Ou seja, a natureza é *apenas* o Deus

---

13. Em original: *Schulwesen, Zeitungswesen*. Os exemplos oferecidos não encontram um correspondente perfeito nas línguas neolatinas. O termo abstrato *entidade* é o que mais se aproxima do sentido do original, em que *Wesen* designa uma coleção de elementos que têm uma característica essencial em comum [N.T.].

interior, não o Deus efetivo como espírito e, por conseguinte, não é o Deus verídico. - Ou seja, no pensar, como no *primeiro* pensar, Deus é apenas o ser puro ou também a essência, o absoluto abstrato, mas não Deus como espírito absoluto, como aquele que unicamente é a natureza verídica de Deus.

[Continuação do texto principal]:

3. A *primeira* das identidades consideradas do interior e do exterior é a base indiferente frente à diferença dessas determinações como frente a uma forma que lhe é exterior - ou seja, *ela enquanto conteúdo*. A *segunda* é a identidade não mediada de sua diferença, a conversão imediata de cada uma em sua contraposta - ou seja, *ela enquanto forma pura*. Mas ambas essas identidades são apenas *os lados de uma totalidade*; ou seja, ela mesma é somente a conversão de uma na outra. A totalidade como base e conteúdo é esta imediatidade refletida dentro de si somente através da reflexão pressuponente da forma, que suprassume sua diferença e se põe como identidade indiferente, como unidade refletida frente a ela. Ou seja, o conteúdo é a própria forma, na medida em que ela se determina como diversidade e faz de si mesma um de seus lados, como exterioridade, fazendo, todavia, de si mesma o outro como imediatidade refletida dentro de si ou o interior.

Portanto, através disso, inversamente, as diferenças da forma, o interior e o exterior, estão postas, cada uma nela mesma, como a totalidade de si e de seu outro; o *interior* é, como identidade simples refletida dentro de si, o imediato, e, portanto, tanto ser e exterioridade quanto essência; e o exterior, como o ser determinado, multíplice, é apenas exterior, quer dizer, está posto como inessencial e como aquele que regressou para dentro de seu fundamento, portanto, como interior. Esse passar de ambos um para dentro do outro é sua identidade imediata como base, mas ele é também sua identidade mediada; a saber, cada um, justamente através de seu outro, é o que ele é em si, a totalidade da relação. Ou, inversamente, a determinidade de cada lado está mediada com a outra determinidade pelo fato de ser, nela, a totalidade; assim, a totalidade se medeia consigo mesma através da forma ou da determinidade, e a determinidade se medeia através de sua identidade simples consigo.

O que algo é, ele o é, portanto, inteiramente em sua exterioridade; sua exterioridade é sua totalidade, ela é, de igual modo, sua unidade refletida dentro de si. Seu aparecimento não é apenas a reflexão para dentro de outro, mas dentro de si, e sua exterioridade, portanto, é a externação daquilo que ele é em si; e, na medida em que, assim, seu conteúdo e sua forma são pura e simplesmente idênticos, ele, em si e para si, nada mais é *do que o fato de se externar.* É o revelar da sua essência, de modo que essa essência consiste justamente apenas no fato de ser aquilo que se revela.

Dentro dessa identidade do aparecimento com o interior ou a essência, a relação essencial se determinou até tornar-se a *efetividade*.

TERCEIRA SEÇÃO
A EFETIVIDADE

A efetividade é a *unidade da essência e da existência*; dentro dela, a essência *sem figura* e o aparecimento *insubsistente* ou o subsistir sem determinação e a multiplicidade instável têm sua verdade. A *existência* é, decerto, a imediatidade que surgiu do fundamento, mas ela ainda não pôs a forma nela; na medida em que ela se determina e se forma, ela é o *aparecimento*; e na medida em que esse subsistir determinado apenas como reflexão para dentro de outro se forma progressivamente rumo à reflexão dentro de si, ele se torna *dois mundos*, duas *totalidades do conteúdo*, das quais uma está determinada como *refletida dentro de si*, a outra, como *refletida para dentro de outro*. Contudo, a relação essencial apresenta sua *relação da forma*, cuja realização plena é a *relação* do *interior* e do *exterior*, de modo que o *conteúdo* dos dois é somente *uma base idêntica* e, igualmente, somente *uma identidade da forma*. Pelo fato de que também essa identidade resultou no que diz respeito à forma, a determinação formal da diversidade entre interior e exterior está suprassumida, e está *posto* que eles são *uma* totalidade absoluta.

Essa unidade do interior e do exterior é a *efetividade absoluta*. Essa efetividade, porém, é *inicialmente* o *absoluto* como tal, – na medida em que ela está posta como unidade, dentro da qual a forma se suprassumiu e fez de si a *diferença vazia ou exterior* de um exterior e de um interior. A *reflexão* se comporta frente a esse absoluto como reflexão *externa*, a qual apenas o considera, em vez de ela ser o movimento próprio dele. Mas, na medida em que ela é essencialmente isso, ela é como o seu retorno negativo para dentro de si.

Em segundo lugar: a *efetividade* propriamente dita. Efetividade, *possibilidade* e *necessidade* constituem *os momentos formais* do absoluto ou a reflexão do mesmo.

Em terceiro lugar: a unidade do absoluto e de sua reflexão é a relação *absoluta* ou, antes, o absoluto como relação consigo mesmo, – *substância*.

PRIMEIRO CAPÍTULO
O ABSOLUTO

A identidade simples e sólida do absoluto é indeterminada, ou melhor, todas as determinidades da *essência* e da *existência* ou do *ser* em geral, bem como da *reflexão*, dissolveram-se dentro dela. Nessa medida, o *determinar* daquilo *que seria o absoluto* tem um resultado negativo, e o próprio absoluto aparece apenas como a negação de todos os predicados e como o vazio. Mas, na medida em que ele tem de ser enunciado igualmente como a posição de todos os predicados, ele aparece como a mais formal das contradições. Na medida em que aquele negar e esse pôr pertencem à *reflexão exterior*, é uma dialética formal e assistemática que com pouco esforço captura aqui e ali as várias determinações e também com pouco esforço, por um lado, mostra a finitude e a relatividade delas e, por outro, na medida em que ela vislumbra o absoluto como a totalidade, enuncia também dele a imanência de todas as determinações, – sem ser capaz de elevar essas posições e aquelas negações a uma unidade verídica. – Mas deve ser apresentado o que é o absoluto; mas esse apresentar não pode ser um determinar nem uma reflexão exterior, através da qual surgiriam determinações do mesmo, mas sim é a *exposição*, e precisamente a exposição *própria* do absoluto e somente um *mostrar daquilo que ele é*.

A. A exposição do absoluto

O absoluto não é apenas o *ser, nem tampouco a essência*. Aquele é a imediatidade primeira, não refletida; esta é a refletida; além disso, cada um é totalidade nele mesmo, mas uma totalidade determinada. Na essência, o ser emerge como *existência* e a relação do ser e da essência se formou progressivamente até a relação do *interior* e do *exterior*. O *interior* é a *essência*, mas como a *totalidade* que tem essencialmente a determinação de estar *relacionada* com o *ser* e de ser imediatamente *ser*. O *exterior* é o *ser*, mas com a determinação essencial de estar *relacionado* com a *reflexão*, de ser imediatamente, do mesmo modo, identidade com a essência, uma identidade sem relação. O próprio absoluto é a unidade absoluta de ambos; ele é aquilo que em geral constitui o *fundamento* da relação essencial, a qual, enquanto relação, apenas ainda não retornou para dentro dessa sua identidade, de modo que seu fundamento ainda não está *posto*.

Disso resulta que a determinação do absoluto é de ser a *forma absoluta*, mas, ao mesmo tempo, não como a identidade cujos momentos são apenas determinidades simples, – mas [como] a identidade cujos momentos são cada um nele mesmo a *totalidade* e assim, como indiferentes frente à forma, o *conteúdo* completo do todo. Contudo, inversamente, o absoluto é o conteúdo absoluto de tal modo que o conteúdo, que como tal é multiplicidade indiferente, tem nele a relação formal negativa, pela qual a sua multiplicidade é somente *uma* identidade sólida.

A identidade do absoluto é, por conseguinte, a identidade absoluta, pelo fato de que cada uma de suas partes é, ela mesma, o todo, ou seja, cada determinidade é a totalidade, quer dizer, pelo fato de que a determinidade em geral se tornou uma aparência pura e simplesmente transparente, uma diferença *que desapareceu dentro de seu ser posto. Essência, existência, mundo em si, todo, partes, força*, – essas determinações refletidas aparecem ao representar como ser válido em e para si, como ser verdadeiro; mas, frente a elas, o absoluto é o fundamento no qual elas sucumbiram. – Ora, porque dentro do absoluto a forma é apenas a identidade simples consigo, o absoluto não se *determina*; pois a determinação é uma diferença de forma, diferença que vale inicialmente como tal. Mas, porque o absoluto contém simultaneamente cada diferença e cada determinação de forma em geral, ou melhor, porque ele mesmo é a forma e a reflexão absolutas, então a *diversidade do conteúdo* também tem que emergir nele. Mas o próprio absoluto é a *identidade absoluta*; essa é a sua *determinação*, na medida em que toda a multiplicidade do mundo que é em si e do mundo que aparece ou da totalidade interior e exterior está suprassumida dentro dele. – Dentro dele mesmo não há nenhum *devir*, pois ele não é o ser nem é o determinar-se *reflexionante*; pois ele não é a essência que se determina somente dentro de si; tampouco é *um externar-se*, pois é enquanto identidade do interior e do exterior. – Mas assim o movimento da reflexão se *contra*põe à identidade absoluta dele. A reflexão está suprassumida nessa identidade, assim ela é apenas seu *interior*, mas, com isso, é *externa* para ela. Portanto, a reflexão consiste inicialmente apenas em suprassumir seu atuar dentro do absoluto. Ela é o além das diferenças e determinações multíplices e de seu movimento, o além que *reside por trás das costas* do absoluto; portanto, ela é, com efeito, o acolher das mesmas, mas, ao mesmo tempo, seu sucumbir; assim, ela é a *exposição negativa* do absoluto que foi mencionada anteriormente. – Em sua apresentação verídica, essa exposição é o todo pregresso do movimento lógico da esfera do *ser e da essência*, cujo conteúdo não foi recolhido a partir de fora como algo dado e contingente, nem foi mergulhado no abismo do absoluto por uma reflexão exterior a ele, mas se determinou nele através de sua necessidade interior e, como *devir* próprio do ser e como *reflexão* da essência, retornou para dentro do absoluto como dentro de seu fundamento.

Mas, ao mesmo tempo, essa mesma exposição tem um lado *positivo*; a saber, enquanto o finito, ao ir ao fundo, prova esta natureza de estar relacionado com o absoluto ou de conter nele mesmo o absoluto. Contudo, esse lado não é tanto a exposição positiva do próprio absoluto quanto a exposição das *determinações*, a saber, de que elas têm o absoluto por seu abismo [*Abgrund*], mas também por seu *fundamento* [*Grund*], ou de que o que dá um subsistir a elas, à aparência, é *o* próprio *absoluto*. – A aparência não é o *nada*, mas sim é reflexão, *relação* ao absoluto; ou seja, ela *é* aparência na medida em que *o absoluto aparece dentro dela*. Assim, essa exposição positiva ainda detém o finito de seu desaparecer e o considera como uma expressão e imagem do absoluto. Mas a transparência do finito, que deixa olhar somente o absoluto através de si, acaba em um desaparecer completo; pois não há nada no finito que lhe possa preservar uma diferença frente ao absoluto; o finito é um meio que é absorvido por aquilo que aparece através dele.

Portanto, essa exposição positiva do absoluto é, ela mesma, apenas um aparecer; pois o veridicamente positivo que ela e o conteúdo exposto contêm é o próprio absoluto. Quaisquer determinações ulteriores que ocorram, a forma na qual o absoluto aparece é um nulo, que a exposição acolhe *a partir de fora* e no qual *ela* ganha *um início* por seu atuar. Uma tal determinação não tem seu início, mas apenas *seu fim*, dentro do absoluto. Portanto, esse expor é, com efeito, atuar absoluto através de sua *relação* com o absoluto, para dentro do qual ele *regressa*, mas não de acordo com seu *ponto de partida*, que é uma determinação externa ao absoluto.

Todavia, de fato, o expor do absoluto é seu atuar *próprio*, e um atuar que *inicia junto de si*, assim como *chega a si*. O absoluto, apenas como identidade absoluta, está *determinado*, a saber, como um *idêntico*; *assim* ele está *posto* pela reflexão frente à contraposição e à multiplicidade; ou seja, ele é apenas o *negativo* da reflexão e do determinar em geral. – Portanto, não apenas aquele expor do absoluto é algo imperfeito, mas também este próprio *absoluto*, no qual apenas se *chega*. Ou seja, aquele absoluto que é apenas como *identidade absoluta* é apenas o *absoluto de uma reflexão exterior*. Portanto, ele não é o absolutamente absoluto, mas sim o absoluto em uma determinação, ou seja, ele é *atributo*.

Mas o absoluto não é apenas atributo, pois ele é *objeto* de uma reflexão exterior e, portanto, algo determinado por ela. – Ou seja, a reflexão não lhe é apenas *externa*; mas *imediatamente*, pelo fato de lhe ser *externa*, ela lhe é *interna*. O absoluto é o absoluto somente porque ele não é a identidade abstrata, mas sim a identidade do ser e da essência ou a identidade do interior e do exterior. Ele mesmo é, portanto, a forma absoluta, a qual o faz aparecer dentro de si e o determina como atributo.

B. O atributo absoluto

A expressão que foi utilizada, *o absolutamente absoluto*, designa o absoluto que, dentro de *sua forma, retornou* para dentro de si, ou seja, o absoluto cuja forma é igual a seu conteúdo. O atributo é o *absoluto* apenas *relativo*, uma ligação que nada mais significa senão o absoluto dentro de uma *determinação de forma*. Inicialmente, antes de sua completa exposição, a forma é *apenas primeiramente interna* ou, o que é o mesmo, *apenas externa*, primeiramente, em geral, forma *determinada* ou negação em geral. Mas, porque ela é, ao mesmo tempo, como forma do absoluto, o atributo é, então, todo o conteúdo do absoluto; ele é a totalidade que anteriormente apareceu como um *mundo* ou como um dos *lados* da *relação essencial*, dos quais cada um é, ele mesmo, o todo. Mas ambos os mundos, aquele que aparece e o que é em si e para si, deviam ser, cada um em sua essência, *contrapostos* um ao outro. Um lado da relação essencial era, decerto, igual ao outro, o todo tanto quanto as partes, a externação da força [era] o mesmo conteúdo que essa mesma [força] e o exterior em geral [era] o mesmo que o interior. Mas, ao mesmo tempo, esses lados ainda deviam ter cada um seu subsistir *imediato* próprio, um, como a imediatidade que é, o outro, como a imediatidade refletida. Dentro do absoluto, pelo contrário, essas imediatidades diferentes são rebaixadas à aparência, e a *totalidade*, que é o atributo, é *posta como seu subsistir verdadeiro e único*; mas a *determinação*, na qual ele é, está *posta* como o *inessencial*.

O absoluto é atributo porque ele, enquanto identidade absoluta simples, está na determinação da identidade; agora, outras determinações podem ser ligadas à determinação em geral, por exemplo, também o fato de que haveria *vários* atributos. Mas porque a identidade absoluta tem somente este significado, não apenas de que todas as determinações estão suprassumidas, mas de que ela é também a reflexão que suprassumiu a si mesma, e todas as determinações estão *postas como suprassumidas* nela. Ou seja, a totalidade está posta como a totalidade absoluta, ou o atributo tem o absoluto por seu conteúdo e subsistir; sua determinação de forma, pela qual ele é atributo, está, portanto, também posta de modo imediato como mera aparência, – o negativo como negativo. A aparência positiva que a exposição se dá através do atributo, na medida em que ela toma o finito em sua barreira não como um ente em si e para si, mas sim dissolve seu subsistir dentro do absoluto e o expande até o atributo, suprassume o próprio fato de que ele seria atributo; a exposição mergulha o atributo e seu próprio atuar diferenciador dentro do *absoluto simples*.

Mas, na medida em que a reflexão retorna assim de seu diferenciar apenas para a *identidade* do absoluto, ao mesmo tempo ela não saiu de sua exterioridade e não chegou ao absoluto verídico. Ela alcançou apenas a identidade indeterminada, abstrata; quer dizer, aquela que está na *determinidade* da identidade. – Ou seja, na medida em que a reflexão, como forma *interior*, determina o absoluto até o atributo, esse determinar é ainda um diverso da exterioridade; a determinação interior não penetra o absoluto; sua externação consiste em desaparecer como um meramente posto no absoluto.

Portanto, a forma através da qual o absoluto seria atributo, seja ela tomada como exterior ou como interior, está posta como um nulo em si mesmo, uma aparência externa, ou mera *maneira*.

C. O modo do absoluto

O atributo é, *em primeiro lugar*, o absoluto como dentro da *identidade* simples consigo. *Em segundo lugar*, ele é *negação*, e essa, *enquanto* negação, é a reflexão formal dentro de si. Esses dois lados constituem incialmente os dois *extremos* do atributo, cujo *meio-termo* é ele mesmo, na medida em que é tanto o absoluto quanto a determinidade. – O segundo desses extremos é o *negativo* enquanto *negativo*, a reflexão *externa* ao absoluto. – Ou, na medida em que ele é tomado como o *interior* do absoluto e é sua determinação *própria* de se pôr como modo, este é o ser fora de si do absoluto, a perda de si na alterabilidade e na contingência do ser, o fato de o absoluto ter passado para o contraposto *sem retorno* para dentro de si; a multiplicidade sem totalidade da forma e das determinações de conteúdo.

No entanto, o modo, a *exterioridade* do absoluto, não é apenas isso, mas sim a exterioridade *posta* como exterioridade, uma mera *maneira*, portanto, a aparência enquanto aparência ou *a reflexão da forma dentro de si*, – portanto, *a identidade consigo que é o absoluto*. Assim, de fato, somente no modo o absoluto está posto como identidade absoluta; ele é o que *é*, a saber, identidade consigo, somente como negatividade que se relaciona consigo, como *aparecer* que está posto como *aparecer*.

Por conseguinte, na medida em que a *exposição* do absoluto inicia de sua identidade absoluta e passa para o atributo e daqui para o modo, nisso, ela percorreu completamente seus momentos. Contudo, em primeiro lugar, ela não é, nisso, um comportamento meramente negativo frente a essas determinações, mas sim este *seu atuar* é o pró-

prio movimento reflexionante e somente enquanto é esse movimento o *absoluto* é *veridicamente* a *identidade absoluta*. – *Em segundo lugar*, nesse caso, a exposição não tem a ver meramente com o *externo*, e o modo não é apenas a exterioridade mais extrema, mas, porque é a aparência como aparência, ele é, assim, o retorno para dentro de si, a reflexão que dissolve a si mesma, sendo que, enquanto é isso, o absoluto é ser absoluto. – *Em terceiro lugar*, a reflexão que expõe parece iniciar de suas determinações próprias e do externo, e acolher os modos ou também as determinações do atributo como de outra maneira *encontrados* fora do absoluto, e seu atuar parece consistir em reconduzir os mesmos para dentro da identidade indiferente. De fato, porém, ela tem no próprio absoluto a determinidade a partir da qual ela inicia. Pois o absoluto, como primeira identidade indiferente, é, ele mesmo, somente o *absoluto determinado* ou o atributo porque ele é o absoluto imóvel, ainda não refletido. Essa *determinidade*, porque ela é determinidade, pertence ao movimento reflexionante; somente através desse o absoluto está determinado como o *primeiro idêntico*, e igualmente apenas através desse movimento ele tem a forma absoluta e não é o *ente igual* a si, mas o que se *põe igual* a si mesmo.

Por conseguinte, o significado verídico do modo é que ele é o movimento reflexionante próprio do absoluto; um *determinar*, mas não um determinar através do qual o absoluto se tornaria um *outro*, mas apenas um determinar daquilo que ele já *é*; a exterioridade transparente que é o *mostrar* de si mesmo; um movimento de sair de si, mas de tal modo que esse ser para fora é igualmente a própria interioridade; e, com isso, igualmente um pôr que não é simplesmente ser posto, mas sim ser absoluto.

Portanto, ao perguntar por um *conteúdo* da exposição, *o que*, pois, o absoluto mostraria, a diferença entre forma e conteúdo, de qualquer maneira, está dissolvida dentro do absoluto. Ou seja, o conteúdo do absoluto é precisamente isto: *manifestar-se*. O absoluto é a forma absoluta, a qual, como a cisão de si, é pura e simplesmente idêntica consigo, o negativo *como* negativo, ou aquilo que se junta consigo e somente assim é a identidade absoluta consigo, que igualmente é *indiferente frente a suas diferenças* ou é conteúdo absoluto; o conteúdo é, portanto, somente esta própria exposição.

Como esse movimento da exposição que se sustenta a si mesmo, como *maneira* que é sua identidade absoluta consigo mesmo, o absoluto é externação, não de um interior, não frente a um outro, mas é somente como manifestar-se absoluto para si mesmo; assim, ele é *efetividade*.

Observação [As filosofias spinozista e leibniziana]

Ao conceito do absoluto e à relação da reflexão com o mesmo, como ela se apresentou aqui, corresponde *o conceito da substância spinozista*. O *spinozismo* é uma filosofia deficiente que consiste no fato de que a *reflexão* e seu determinar multíplice são *um pensar externo*. – A substância desse sistema é *uma* substância, *uma* totalidade inseparável; não há nenhuma determinidade que não esteja contida e dissolvida dentro desse absoluto; e é bastante importante que tudo o que aparece e se vislumbra como autossubsistente para o representar natural ou para o entendimento determinante seja totalmente rebaixado a um mero *ser posto* dentro daquele conceito necessário. – "*A determinidade é negação*" é o princípio absoluto da filosofia spinozista; esta intelecção verídica e simples fundamenta a unidade absoluta da substância. Mas Spinoza se detém na *negação* como *determinidade* ou qualidade; ele não avança até o conhecimento da mesma como negação absoluta, quer dizer, como *negação que nega a si mesma*; portanto, *sua substância não contém, ela mesma, a forma absoluta*, e o conhecimento da mesma não é um conhecer imanente. Com efeito, a substância é a unidade absoluta do *pensar* e do ser ou da extensão; ela contém, portanto, o próprio pensar, mas apenas dentro de sua *unidade* com a extensão, quer dizer, não como pensar *que se separa* da extensão, portanto de modo nenhum como determinar e formar, e tampouco como o movimento que retorna e que inicia a partir de si mesmo. Por causa disso, em parte, falta à substância o princípio *da personalidade* – uma falta que principalmente provocou indignação contra a filosofia spinozista –, em parte, o conhecer é a reflexão externa, a qual não compreende e não deriva da substância o que aparece como finito, a determinidade do atributo e o modo, assim como também em geral não compreende e não deriva da substância a si mesma, mas é, antes, ativa como um entendimento externo que acolhe as determinações como *dadas* e as *reconduz* ao absoluto, mas não extrai seus inícios a partir desse.

Os conceitos de substância dados por *Spinoza* são os conceitos da *causa de si mesma*, – o fato de que ela é aquilo cuja *essência inclui em si a existência*, – de que o conceito do absoluto *não carece do conceito de um outro* do qual tem de ser formado. Estes conceitos, por mais profundos e corretos que sejam, são *definições*, as quais são assumidas *imediatamente* na ciência desde o início. A matemática e as outras ciências subordinadas têm de iniciar com um *pressuposto*, que constitui seu elemento e sua base positiva. Contudo, o absoluto não pode ser um primeiro, um imediato, mas o absoluto é essencialmente *seu resultado*.

Depois da definição do absoluto, entra em cena em Spinoza também a *definição do atributo*, o qual é determinado como a maneira em que o *entendimento compreende a essência do absoluto*. Além do fato de que o *entendimento*, conforme a sua natureza, é assumido como posterior ao atributo – pois Spinoza o determina como *modo* – assim o atributo, a determinação como determinação do absoluto, torna-se *dependente de um outro*, do entendimento, e entra em cena frente à substância de maneira externa e imediata.

Ademais, Spinoza determina os atributos como *infinitos*, e, com efeito, infinitos também no sentido de uma *pluralidade infinita*. Em seguida, ocorrem, de fato, apenas os *dois* [atributos]: o *pensar* e a *extensão*, e não se mostra como a pluralidade infinita se reduz necessariamente apenas à oposição, e precisamente a essa oposição determinada do pensar e da extensão. – Por causa disso, esses dois atributos são acolhidos *empiricamente*. Pensar e ser representam o absoluto dentro de uma determinação; o próprio absoluto é sua unidade absoluta, de modo que eles são apenas formas inessenciais, a ordem das coisas é a mesma que a das representações ou dos pensamentos e o absoluto *uno* é considerado apenas pela reflexão externa, por um modo, sob aquelas duas determinações, uma vez, como uma totalidade de representações, de outra vez, como uma totalidade das coisas e de suas alterações. Assim como é essa reflexão exterior que produz aquela diferença, é também ela que a reconduz e a mergulha na identidade absoluta. Mas todo esse movimento ocorre fora do absoluto. Com efeito, esse próprio absoluto é também o *pensar*, e, nessa medida, esse movimento [está] somente dentro do absoluto; porém, como foi observado, ele está dentro do absoluto apenas como unidade com a extensão, portanto, não como este movimento, que é essencialmente também o momento da contraposição. – Spinoza coloca ao pensar a sublime exigência *de considerar* tudo *sob a figura da eternidade, sub specie aeterni*, quer dizer, como é dentro do absoluto. Mas dentro daquele absoluto que é apenas a identidade imóvel, tanto o atributo quanto o modo são apenas como *tais que desaparecem*, não como *tais que devêm*, de maneira que, com isso, também aquele desaparecer toma o seu início positivo apenas a partir de fora.

O terceiro, o modo, é em Spinoza *afecção* da substância, a determinidade determinada, que *é dentro de um outro e* é apreendida *através desse outro*. Os atributos têm, propriamente, apenas a diversidade indeterminada por sua determinação; cada um *deve* expressar a totalidade da substância e ser compreendido a partir de si mesmo; mas, na medida em que o atributo é o absoluto como determinado, ele contém o ser outro e não pode ser compreendido apenas *a partir de si mesmo*. Somente no modo, portanto, está propriamente posta a determinação do atributo. Além disso, esse terceiro permanece também mero modo; por um lado, ele é imediatamente *dado*, por outro lado, sua nulidade não é reconhecida como reflexão dentro de si. – Por conseguinte, a exposição spinozista do absoluto é certamente *completa*, na medida em que ela inicia a partir do absoluto, deixa, então, seguir o atributo e termina com o modo; mas esses três [termos] são apenas enumerados *um depois do outro* sem a sequência interior do desenvolvimento, e o terceiro não é a negação *como* negação, não é a negação que se relaciona negativamente consigo, pela qual ela seria *nela mesma* o retorno para dentro da primeira identidade, e esta, identidade verídica. Falta, portanto, a necessidade da progressão do absoluto para a inessencialidade, assim como a dissolução em si e para si mesma da inessencialidade na identidade; ou seja, falta tanto o devir da identidade como de suas determinações.

Do mesma maneira, na representação *oriental* da *emanação*, o absoluto é a luz que ilumina a si mesma. Só que ele não apenas se ilumina, mas também *emana*. Suas emanações são *distanciamentos* de sua claridade não perturbada; as criações sucessivas são mais imperfeitas do que as precedentes, das quais elas se originam. O emanar é tomado apenas como um *acontecer*, o devir, apenas como uma perda progressiva. Assim, o ser se escurece cada vez mais, e a noite, o negativo, é o último da linha, que não retorna à primeira luz.

A falta *da reflexão dentro de si*, que tanto a exposição spinozista do absoluto como a doutrina da emanação têm nelas, está completada no conceito da *mônada leibniziana*. - À unilateralidade de um princípio filosófico se costuma contrapor a unilateralidade contraposta, e, como em tudo, a totalidade costuma pelo menos estar presente como uma *completude dispersa*. - A *mônada* é um *uno*, um negativo refletido dentro de si; ela é a totalidade do conteúdo do mundo; o multíplice diverso não apenas desapareceu dentro dela, mas está *conservado* de maneira negativa: a substância spinozista é a unidade de todo o conteúdo, mas este conteúdo multíplice do mundo não *está*, como tal, dentro dela, mas sim na reflexão externa a ela. A mônada é, portanto, essencialmente *representadora*; contudo, apesar de ser finita, ela não tem *passividade* alguma, mas as alterações e as determinações dentro dela são manifestações dela dentro dela mesma. Ela é *enteléquia*; o revelar é seu próprio atuar. - Com isso, a mônada é também *determinada, diferenciada de outras*; a determinidade cai no conteúdo particular e na maneira da manifestação. A mônada é, portanto, *em si*, segundo sua *substância*, a totalidade, *não dentro de sua manifestação*. Esta *limitação* da mônada cai necessariamente não na mônada *que se põe a si mesma* ou *que representa*, mas sim dentro de seu *ser em si*, ou seja, é *limite* absoluto, uma *predestinação* a qual é posta por uma entidade diferente dela. Além disso, visto que os delimitados são apenas como os que se relacionam a outros delimitados, mas a mônada é, ao mesmo tempo, um absoluto fechado dentro de si, a *harmonia* dessas delimitações, a saber, a relação das mônadas umas com as outras, cai fora delas e está igualmente preestabelecida por uma outra entidade ou *em si*.

Fica claro que através do *princípio da reflexão dentro de si*, o qual constitui a determinação fundamental da mônada, estão, com efeito, afastados em geral o ser outro e a influência de fora, e as alterações da mônada são seu próprio pôr, - mas fica claro que, por outro lado, a passividade por meio de outro está transformada apenas em uma barreira absoluta, em uma barreira do *ser em si*. Leibniz atribui às mônadas uma *certa* realização plena dentro de si, uma *espécie* de autossubsistência; elas são entidades *criadas*. - Considerada mais de perto sua barreira, então, a partir dessa apresentação resulta que a manifestação de si mesmas que lhes compete é a *totalidade da forma*. É um conceito de suprema importância que as alterações da mônada sejam representadas como ações sem passividade, como *manifestações* delas mesmas, e que o princípio da reflexão dentro de si ou da *individuação* surja como essencial. Além disso, é necessário fazer com que a finitude consista no fato de o conteúdo ou a *substância* serem *diferentes da forma* e, então, aquela ser limitada, mas essa, infinita. Mas, agora, no conceito da *mônada absoluta* teria de se encontrar não apenas aquela unidade absoluta da forma e do conteúdo, mas também a natureza da reflexão, de se repelir de si como a negatividade que se relaciona consigo mesma, repelir através do qual ela é ponente e criadora. Com efeito, dentro do sistema leibniziano está presente, de igual modo, o seguinte: que *Deus* é a *fonte da existência* e *da essência das mônadas*, quer dizer, que aquelas barreiras absolutas dentro do ser em si das mônadas não são barreiras que são em si e para si, mas desaparecem dentro do absoluto. Mas, nessas determinações, mostram-se apenas as representações comuns, que são deixadas sem desenvolvimento filosófico e não são elevadas a conceitos especulativos. Assim, o princípio da individuação não recebe seu tratamento mais profundo; os conceitos sobre as diferenciações das diversas mônadas finitas e sobre sua relação com seu absoluto não brotam desta própria essência, ou não brotam de maneira absoluta, mas sim pertencem à reflexão raciocinante, dogmática, e, portanto, não alcançaram nenhuma coerência interna.

SEGUNDO CAPÍTULO
A EFETIVIDADE

O absoluto é a unidade do interior e do exterior como unidade *primeira, que é em si*. A *exposição* apareceu como reflexão *exterior*, a qual tem por seu lado o imediato como algo encontrado, mas, ao mesmo tempo, é o movimento e a relação do mesmo imediato com o absoluto e, como tal, o reconduz ao absoluto e o determina como um mero *modo*. Mas esse modo é a determinação do próprio absoluto, a saber, sua *identidade primeira* ou *sua unidade que é meramente em si*. E, de fato, através dessa reflexão, não apenas aquele primeiro ser em si é posto como determinação sem essência, mas, visto que a reflexão é relação negativa consigo, é somente através dela que aquele modo devém. Somente essa reflexão, como aquela que suprassume a si mesma em suas determinações e, em geral, como o movimento que retorna para dentro de si, é identidade veridicamente absoluta e, ao mesmo tempo, ela é o determinar do absoluto, ou a modalidade do mesmo. O modo é, por conseguinte, a exterioridade do absoluto, mas, de igual modo, somente como sua reflexão dentro de si; – ou seja, o modo é a *manifestação própria* do absoluto, de maneira que essa externação é sua reflexão dentro de si e, com isso, seu ser em si e para si.

Então, como a *manifestação* de que não tem outro conteúdo e não é nada mais do que o fato de ser sua manifestação, o absoluto é *a forma absoluta*. A *efetividade* tem de ser tomada como essa absolutidade refletida. O *ser* ainda não é efetivo: ele é a primeira imediatidade; sua reflexão é, por conseguinte, devir e *passar para outro*; ou seja, sua imediatidade não é ser em si e para si. A efetividade também está acima da *existência*. Essa é, decerto, a imediatidade que surgiu do fundamento e das condições, ou seja, da essência e de sua reflexão. Ela é, por conseguinte, *em si* aquilo que é a efetividade, *reflexão real*, mas ainda não é a unidade *posta* da reflexão e da imediatidade. A existência passa, portanto, para [o] *aparecimento*, na medida em que desenvolve a reflexão que ela contém. Ela é o fundamento que foi ao fundo; sua determinação é o restabelecimento do mesmo; assim, ela se torna relação essencial, e sua última reflexão é o fato de que sua imediatidade está posta como a reflexão dentro de si, e vice-versa; essa unidade dentro da qual a existência ou imediatidade e o ser em si, o fundamento ou o refletido, são pura e simplesmente momentos, agora é a *efetividade*. E, portanto, efetivo é *manifestação*; ele não é atraído para a esfera da *alteração* por sua exterioridade, e ainda não é *aparecer* de si dentro de *um outro*, mas sim ele se manifesta, quer dizer, é *ele próprio* dentro de sua exterioridade, e somente dentro *dela*, a saber, somente como movimento que se diferencia de si e se determina, é *ele próprio*.

Agora, na efetividade enquanto essa forma absoluta, os momentos são apenas como suprassumidos ou formais, ainda não realizados; assim, sua diversidade pertence inicialmente à reflexão exterior e não está determinada como conteúdo.

A efetividade, enquanto a própria unidade formal *imediata* do interior e do exterior, está, portanto, dentro da determinação da *imediatidade* frente à determinação da reflexão dentro de si; ou seja, ela é uma *efetividade frente a uma possibilidade*. A *relação* de ambas uma com a outra é o *terceiro*, o efetivo determinado igualmente como ser refletido dentro de si, e este, simultaneamente, como ser imediatamente existente. Esse terceiro é a *necessidade*.

Mas, *inicialmente*, enquanto o efetivo e o possível são *diferenças formais*, sua relação é, de igual modo, apenas *formal* e consiste apenas nisto, que tanto um quanto o outro é um *ser posto*, ou seja, consiste na *contingência*.

Agora, pelo fato de que, dentro da contingência, o efetivo, bem como o possível, são o ser posto, eles obtiveram a determinação neles; *em segundo lugar*, através disso, surge a *efetividade real*, com a qual, de igual modo, emergem a *possibilidade* real e a *necessidade relativa*.

A reflexão da necessidade relativa dentro de si dá, em *terceiro lugar*, a *necessidade absoluta*, que é *possibilidade* e *efetividade* absolutas.

A. Contingência ou efetividade, possibilidade e necessidade formais

[1]. A efetividade é formal na medida em que ela, como efetividade primeira, é efetividade apenas *imediata, não refletida*, portanto, apenas nessa determinação da forma, mas não como totalidade da forma. Assim, ela nada mais é do que um *ser* ou uma *existência* em geral. Mas, porque ela não é *essencialmente* mera existência imediata, mas sim como unidade de forma do ser em si ou da interioridade e da exterioridade, ela contém imediatamente o *ser em si* ou a *possibilidade. O que é efetivo é possível.*

[2]. Essa possibilidade é a efetividade refletida dentro de si. Mas este mesmo primeiro *ser refletido* é igualmente o formal e, com isso, em geral, apenas *a determinação da identidade consigo* ou do ser em si em geral.

Mas, porque a determinação aqui é *totalidade da forma*, esse ser em si é determinado como *suprassumido*, ou seja, como essencialmente apenas em relação à efetividade, como o negativo dessa, *posto* como negativo. A possibilidade contém, por conseguinte, os dois momentos: *em primeiro lugar*, o *positivo* consistente num ser refletido dentro de si mesmo; contudo, na medida em que ele está rebaixado a um momento dentro da forma absoluta, o ser refletido dentro de si não vale mais como *essência*, mas tem, *em segundo lugar*, o significado *negativo* de que a possibilidade é algo insuficiente, aponta para um outro, para a efetividade, e completa-se nessa.

Segundo o primeiro lado, o meramente positivo, a possibilidade é, então, a mera determinação de forma *da identidade consigo*, ou seja, a forma da essencialidade. Assim, ela é, em geral, para tudo o recipiente sem relação, indeterminado. – No sentido dessa possibilidade formal, *possível é tudo o que não se contradiz*; o reino da possibilidade é, portanto, a multiplicidade ilimitada. Mas cada multíplice está *determinado dentro de si* e *frente a outro* e tem a negação nele; em geral, a *diversidade* indiferente passa para a *contraposição*; mas a *contraposição* é a contradição. Por conseguinte, *tudo* é, igualmente, um contraditório e, por isso, um *impossível*.

Este ato meramente formal de enunciar a respeito de algo que *"ele é possível"* é, por conseguinte, tão superficial e vazio como a proposição da contradição e como todo conteúdo acolhido nela. *"A é possível"* equivale a dizer que *"A é A"*. Na medida em que não nos envolvemos com o desenvolvimento do conteúdo, este tem a forma da *simplicidade*; somente através da dissolução desse conteúdo em suas determinações a *diferença* emerge nele. Na medida em que nos atemos àquela forma simples, o conteúdo permanece algo idêntico consigo e, portanto, um *possível*. Mas, com isso, *nada* se diz além do que se diz com a proposição idêntica formal.

Entretanto, o possível contém mais do que a proposição meramente idêntica. O possível é o *ser-refletido-dentro-de-si refletido*, ou seja, o idêntico pura e simplesmente como *momento* da totalidade, com isso, determinado também a não *ser em si*; ele tem, por conseguinte, a segunda determinação, de ser *apenas* um possível, e o *dever ser* da totalidade da forma. A possibilidade sem esse dever ser é a *essencialidade* como tal; mas a forma absoluta contém o seguinte: a própria essência [é] apenas momento, e sem o ser não tem sua verdade. A possibilidade é essa mera essencialidade, *posta de modo* que ela é apenas momento e não é adequada à forma absoluta. Ela é o ser em si, determinado *a ser* apenas como um *posto* ou, igualmente, *a não ser em si*. – A possibilidade é, por conseguinte, nela mesma, também a contradição, ou seja, ela é *a impossibilidade*.

Inicialmente, isso se expressa de tal maneira que a possibilidade, como *determinação de forma posta* como *suprassumida*, tem um *conteúdo* em geral nela. Esse é, enquanto possível, um ser em si que, ao mesmo tempo, é um ser em si suprassumido ou um *ser outro*. Por ele ser apenas um [conteúdo] possível, é *possível*, igualmente, um *outro* conteúdo e seu oposto. A é A; igualmente, $-A$ é $-A$. Essas duas proposições expressam, cada uma, a possibilidade de sua determinação de conteúdo. Mas, enquanto são essas proposições idênticas, elas são indiferentes uma frente à outra; *não está posto* com uma que também a outra sobrevenha. A possibilidade é a relação comparativa de ambas; ela contém dentro de sua determinação, como uma reflexão da totalidade, o fato de que também o oposto seja possível. Ela é, por conseguinte, o *fundamento* relacional, o fundamento de que, *por causa de* haver $A = A$, há também $-A = -A$; dentro do A possível está contido também o possível *não -A*, e essa própria relação é aquela que determina ambos como possíveis.

Mas, enquanto a possibilidade é esta relação, de que num dos possíveis está contido também seu outro, ela é a contradição que se suprassume. Agora, como ela é, segundo sua determinação, o refletido e, como se mostrou, o refletido que se suprassume, ela é, com isso, também o imediato e, assim, torna-se *efetividade*.

[3]. Essa efetividade não é a primeira, mas sim a efetividade refletida, *posta como unidade* dela mesma e da possibilidade. O efetivo como tal é possível; ele está em identidade positiva imediata com a possibilidade; mas essa se determinou *apenas* como possibilidade; assim, também o efetivo está determinado *apenas* como *um possível*. E imediatamente porque a possibilidade está contida *imediatamente* dentro da efetividade, ela está dentro dessa como [possibilidade] suprassumida, como *apenas* possibilidade. Inversamente, a efetividade que está em unidade com a possibilidade é apenas a imediatidade suprassumida; – ou, porque a efetividade formal é apenas efetividade *imediata* primeira, ela é apenas momento, apenas efetividade suprassumida ou *apenas* possibilidade.

Com isso, ao mesmo tempo, está expressa mais precisamente a determinação da medida em que a *possibilidade* é *efetividade*. A saber, a possibilidade ainda não é *toda* a efetividade – ainda não se falou da efetividade real e da absoluta –, mas ela é apenas aquela que ocorreu por primeiro, a saber, a possibilidade formal que se determinou a ser *apenas* possibilidade, portanto, a efetividade formal que é apenas *ser* ou *existência* em geral. Todo possível, portanto, tem em geral um *ser* ou uma *existência*.

Essa unidade da possibilidade e da efetividade é a *contingência*. – O contingente é um efetivo que, ao mesmo tempo, está determinado apenas como possível, cujo outro ou oposto igualmente o é. Esta efetividade é, por conseguinte, mero ser ou existência, mas posta em sua verdade de ter o valor de um ser posto ou da possibilidade. Inversamente, a possibilidade é como a *reflexão dentro de si* ou o *ser em si* posto como ser posto; o que é possível é um efetivo nesse sentido da efetividade; ele tem apenas tanto valor quanto a efetividade contingente; ele mesmo é um contingente.

O contingente oferece, portanto, os dois lados; *primeiramente*, na medida em que ele tem a possibilidade *imediatamente* nele ou, que é o mesmo, na medida em que ela é suprassumida dentro dele, ele *não é ser posto* nem está mediado, mas sim é efetividade *imediata*; ele não tem *nenhum fundamento*. – Porque essa efetividade imediata também compete ao possível, este é, tanto quanto o efetivo, determinado como contingente e é igualmente algo *sem fundamento*.

Mas o contingente é, *em segundo lugar*, o efetivo como algo *apenas* possível ou como um *ser posto*; assim, também o possível, como ser em si formal, é apenas ser posto. Com isso, ambos não são em si e para si mesmos, mas têm sua reflexão verídica dentro de si num outro, *ou seja, eles têm um fundamento*.

O contingente não tem, portanto, nenhum fundamento, porque é contingente; e igualmente ele tem um fundamento, porque é contingente.

Ele é o *reviramento posto*, não mediado, do interior e do exterior, ou do ser refletido dentro de si e do ser, um no outro, – *posto* pelo fato de que possibilidade e efetividade, cada uma nela mesma, têm essa determinação, pelo fato de serem momentos da forma absoluta. – Assim, a efetividade, dentro de sua unidade *imediata* com a possibilidade, é apenas a existência e está determinada como algo sem fundamento que é *apenas um posto* ou *apenas* um possível; – ou seja, como refletida e determinada *frente* à possibilidade, ela é, assim, separada da possibilidade, do ser refletido dentro de si e, com isso, de maneira igualmente imediata, também *apenas* um possível. – Igualmente a possibilidade, como ser em si *simples*, é um imediato, *apenas* um ente em geral; – ou, *contraposta* à efetividade, igualmente é um ser em si sem efetividade, *apenas* um possível, mas, justamente por isso, de novo, apenas uma existência em geral não refletida dentro de si.

Essa *inquietude absoluta* do *devir* dessas duas determinações é a *contingência*. Mas, pelo fato de que cada uma se revira imediatamente naquela contraposta, nesta, de igual modo, ela se *junta* pura e simplesmente *consigo* mesma, e esta *identidade* dessas mesmas determinações uma na outra é a *necessidade*.

O necessário é um *efetivo*; assim, ele é como algo imediato, *sem fundamento*; mas ele tem de igual modo sua efetividade *através de um outro* ou dentro de seu fundamento, mas é, ao mesmo tempo, o ser posto desse fundamento e a reflexão dentro de si desse mesmo fundamento; a possibilidade do necessário é uma possibilidade suprassumida. O contingente é, portanto, necessário, porque o efetivo é determinado como o possível; com isso, sua imediatidade está suprassumida e repelida no *fundamento* ou *ser em si* e no *fundamentado*, como também porque esta sua *possibilidade*, a *relação de fundamento*, está pura e simplesmente suprassumida e posta como ser. O necessário *é*, e este ente é *ele mesmo o necessário*. Ao mesmo tempo, ele é *em si*; esta reflexão dentro de si é um *outro* com respeito àquela imediatidade do ser, e a necessidade do ente é *um outro*. O próprio ente não é, assim, o necessário; mas esse ser em si é, ele mesmo, apenas ser posto, está suprassumido e é, ele mesmo, imediato. Assim, a efetividade é idêntica consigo mesma dentro de seu diferente, a possibilidade. Enquanto é essa identidade, ela é necessidade.

B. Necessidade relativa ou efetividade, possibilidade e necessidade reais

[1.] A necessidade que resultou é *formal*, porque seus momentos são formais, a saber, determinações simples, que são totalidade apenas como unidade imediata ou como revirar-se imediato de um no outro e, com isso, não têm a figura da autossubsistência. – Nessa necessidade formal, por conseguinte, a unidade é, inicialmente, simples e indiferente frente às suas diferenças. Como unidade *imediata* das determinações de forma, essa necessidade é *efetividade*; mas uma tal [efetividade] que – pelo fato de sua unidade *estar*, doravante, *determinada como indiferente* frente à *diferença* das determinações de forma, a saber, dela mesma e da possibilidade – tem um *conteúdo*. Este, como identidade indiferente, contém também a forma como indiferente, isto é, como meras determinações *diversas*, e é conteúdo *multíplice* em geral.

Esta efetividade é *efetividade real*.

A efetividade real *como tal* é, inicialmente, a coisa de múltiplas propriedades, o mundo existente; mas ela não é a existência que se dissolve no aparecimento, e sim, como efetividade, ela é, ao mesmo tempo, ser em si e reflexão dentro de si; ela se mantém na multiplicidade da mera existência; sua exterioridade é um relacionar interno somente *consigo* mesmo. O que é efetivo *pode agir;* sua efetividade dá a conhecer algo *através do que ele produz.* Seu relacionar-se com outro é a manifestação *de si*: não é nem um passar, pois assim algo que é se relaciona com outro, – nem um aparecer [*Erscheinen*], pois assim a coisa somente está na relação com outras, é um [termo] autossubsistente, que tem, porém, sua reflexão dentro de si, sua essencialidade determinada, dentro de um outro [termo] autossubsistente.

Agora, a efetividade real tem, igualmente, a *possibilidade* imediatamente *nela mesma*. Ela contém o momento do ser em si; mas enquanto, inicialmente, é apenas a unidade *imediata*, ela está em *uma* das determinações da forma, portanto, como ente, é diferente do ser em si ou da possibilidade.

[2.] Esta possibilidade, como o ser em si da efetividade *real*, é ela mesma *possibilidade real*, inicialmente, o ser em si *pleno de conteúdo*. – A possibilidade formal é a reflexão dentro de si apenas como a identidade abstrata de que algo não se contradiga dentro de si. Mas, na medida em que alguém se envolve com as determinações, circunstâncias, condições de uma Coisa, para reconhecer, a partir disso, a sua possibilidade, não permanece mais na possibilidade formal, mas considera a possibilidade real da Coisa.

Esta possibilidade real é, ela mesma, *existência imediata*, mas não mais uma efetividade não refletida, porque a possibilidade como tal, como momento formal, é imediatamente seu oposto; mas, porque ela é possibilidade *real*, ela tem, logo, esta determinação nela mesma. A possibilidade real de uma Coisa é, por conseguinte, a multiplicidade sendo aí de circunstâncias que se relacionam com ela.

Portanto, esta multiplicidade do ser aí é, certamente, tanto possibilidade como efetividade, mas sua identidade é primeiramente apenas o *conteúdo*, que é indiferente a essas determinações de forma; elas constituem, portanto, a *forma*, determinada frente à sua identidade. – Ou a efetividade real *imediata*, pelo fato de ela ser [efetividade] imediata, está determinada frente à sua possibilidade; como esta efetividade determinada, com isso, refletida, ela é a *possibilidade real*. Esta é, agora, certamente o *todo* da forma posto, mas da forma em sua determinidade, a saber, da efetividade como formal ou imediata, e, de igual modo, da possibilidade enquanto ser em si abstrato. Esta efetividade que constitui a possibilidade de uma Coisa não é, por conseguinte, *sua própria possibilidade*, mas sim é o ser em si de um *outro* efetivo; ela própria é a efetividade que deve ser suprassumida, a possibilidade como *mera* possibilidade. – Assim, a possibilidade real constitui o *todo de condições*, uma efetividade não refletida dentro de si, dispersa, a qual, porém, está determinada a ser o ser em si, mas de um outro, e a dever retornar para dentro de si.

O que é realmente possível é, portanto, segundo seu *ser em si*, um idêntico formal, que, segundo sua determinação *simples* de conteúdo, não se contradiz; mas também segundo suas circunstâncias desenvolvidas e diferenciadas, e segundo tudo com que está em conexão, ele, como o idêntico consigo, não tem que se contradizer. Mas, *em segundo lugar*, pelo fato de ele ser multíplice dentro de si e estar em conexão múltipla com outro, e porque, contudo, a diversidade passa em si mesma para a contraposição, ele é um contraditório. Quando se trata de uma possibilidade e se deve mostrar sua contradição, há assim que se ater apenas à multiplicidade que ela contém como conteúdo ou como sua existência condicionada; a partir disso se pode facilmente descobrir sua contradição. – Mas esta não é uma contradição da comparação, e sim a existência multíplice é *em si mesma* o fato de suprassumir-se e de ir ao fundo, e tem nisso essencialmente nela mesma a determinação de ser *apenas um possível*. – Quando todas as condições de uma Coisa estão completamente presentes, então ela entra na efetividade; – a completude das condições é a totalidade a respeito do conteúdo, e *a própria Coisa* é esse conteúdo determinado a ser tanto um efetivo quanto um possível. Na esfera do fundamento condicionado, as condições têm a forma, a saber, o fundamento ou a reflexão que é para si, *fora delas*, de modo que a forma as relaciona com momentos da Coisa e produz a existência *nelas*. Aqui, ao contrário, a efetividade imediata não é determinada a ser condição por uma reflexão pressuponente, mas está posto que ela mesma seja a possibilidade.

Agora, na possibilidade real que se suprassume, é algo duplo que é suprassumido; pois ela própria é o duplo, o fato de ser efetividade e possibilidade. 1. A efetividade é a [efetividade] formal ou uma existência que apareceu como imediata [e] autossubsistente, e, através de seu suprassumir, torna-se ser refletido, momento de um outro e, com isso, adquire nela o *ser em si*. 2. Aquela existência estava também determinada como *possibilidade* ou como o *ser em si*, mas de um outro. Na medida em que ele se suprassume, esse ser em si também é suprassumido e passa para a *efetividade*. – Esse movimento da possibilidade real que se suprassume a si mesma produz, portanto, os *mesmos momentos já presentes*, só que cada um devém a partir do outro; nesta negação, portanto, ele tampouco é um *passar*, mas é *um juntar-se consigo mesmo*. – Segundo a possibilidade formal, pelo fato de que algo era possível, também era possível – não *ele mesmo*, mas – seu *outro*. A possibilidade real não tem mais frente a si um *tal outro*, porque ela é real, na medida em que ela mesma é também a efetividade. Então, na medida em que a *existência imediata* dela mesma, o círculo das condições, suprassume-se, ela faz de si o *ser em si* que ela mesma já é, a saber, como o *ser em si* de um outro. E na medida em que, inversamente, através disso, seu momento do ser em si, ao mesmo tempo, suprassume-se, ela torna-se efetividade, portanto, torna-se o momento que ela igualmente já é. – O que desaparece é, com isso, o fato de que a efetividade era determinada como a possibilidade ou o ser em si de um *outro* e, inversamente, a possibilidade, como uma efetividade que *não* é *aquela* da qual ela é possibilidade.

3. A *negação* da possibilidade real é, com isso, *sua identidade* consigo; na medida em que ela é, assim, dentro de seu suprassumir, o contrachoque deste suprassumir dentro de si mesma, ela é a *necessidade real*.

O que é necessário *não* pode ser *de outro modo*; mas certamente pode ser de outro modo o que em geral é *possível*; pois a possibilidade é o ser em si que é apenas ser posto e, por conseguinte, essencialmente ser outro. A possibilidade formal é esta identidade como passar para o simplesmente outro; porém, a possibilidade real, por ter nela o outro momento, a efetividade, já é ela mesma a necessidade. Portanto, o que é realmente possível não pode mais ser de outro modo; sob essas condições e circunstâncias, não pode ocorrer algo diferente. A possibilidade real e a necessidade são, portanto, apenas *aparentemente* diferentes; esta é uma *identidade* que não somente *devém*, mas já está *pressuposta* e subjaz. A necessidade real é, por conseguinte, relação *plena de conteúdo*; pois o conteúdo é aquela identidade sendo em si que é indiferente frente às diferenças de forma.

Mas esta necessidade é, ao mesmo tempo, *relativa*. – Ela tem, a saber, uma *pressuposição* a partir da qual ela inicia, ela tem no *contingente* seu *ponto de partida*. O efetivo real como tal é, a saber, o efetivo *determinado* e tem, inicialmente, sua *determinidade* como *ser imediato* no fato de ele ser uma multiplicidade de circunstâncias existentes; mas este ser imediato, como determinidade, é também o *negativo* de si, é ser em si ou possibilidade; assim, ele é possibilidade real. Como esta unidade dos dois momentos, ela é a totalidade da forma, mas a totalidade *ainda exterior a si*; ela é, assim, unidade da possibilidade e da efetividade, de modo que 1. a existência multíplice é, *imediata* ou *positivamente*, a possibilidade; – um possível, um idêntico consigo em geral, porque ela é um efetivo; 2. na medida em que essa possibilidade da existência está posta, ela está determinada *apenas* como possibilidade, como reviramento imediato da efetividade em seu oposto – ou seja, como *contingência*. Por conseguinte, esta possibilidade, que a efetividade imediata tem nela enquanto ela é condição, é apenas o ser em si como a possibilidade de um *outro*. Como foi mostrado, pelo fato de que este ser outro se suprassume e este ser posto é, ele mesmo, posto, a possibilidade real se torna certamente necessidade, mas essa inicia, com isso, a partir daquela unidade ainda não refletida dentro de si do possível e do efetivo; – esse *pressupor* e o *movimento que retorna* para dentro de si ainda estão separados; – ou seja, *a necessidade* ainda não *se* determinou *a partir de si mesma até tornar-se a contingência*.

A relatividade da necessidade real se apresenta no *conteúdo* de tal modo que ele é apenas a identidade indiferente frente à forma, sendo, por conseguinte, diferente dela e um *conteúdo determinado* em geral. O realmente necessário é, por causa disso, uma efetividade delimitada qualquer que, em virtude desta delimitação, é também, sob outro aspecto, apenas um *contingente*.

De fato, a *necessidade real* é, com isso, *em si* também *contingência*. – Inicialmente, isso aparece de tal maneira que o realmente necessário seja, *segundo a forma*, certamente um necessário, mas, segundo o conteúdo, seja um delimitado e tenha sua contingência através desse conteúdo. Só que a contingência também está contida na forma da necessidade real; pois, como se mostrou, a possibilidade real é apenas *em si* o necessário, mas ela está posta como o *ser outro* da efetividade e da possibilidade uma frente à outra. A necessidade real contém, portanto, a contingência; ela é o retorno para dentro de si a partir daquele *ser outro* inquieto da efetividade e da possibilidade uma frente à outra, mas não o retorno a si a partir de si mesma.

Então, aqui está presente *em si* a unidade da necessidade e da contingência; esta unidade tem de ser denominada *efetividade absoluta*.

C. Necessidade absoluta

A necessidade real é necessidade *determinada*; a necessidade formal ainda não tem nela conteúdo algum nem determinidade. A *determinidade* da necessidade consiste no fato de esta ter nela sua negação, a contingência. Foi assim que ela resultou.

Mas esta determinidade, na *sua simplicidade primeira*, é efetividade; a necessidade *determinada* é, por conseguinte, imediatamente *necessidade efetiva*. Esta efetividade, *que é, ela mesma, necessária como tal*, enquanto ela contém precisamente a necessidade como seu *ser em si*, é *efetividade absoluta* – efetividade que não pode mais ser de outro modo, porque seu *ser em si* não é a possibilidade, mas sim a própria necessidade.

Mas, com isso, esta *efetividade* – por ser posta *de modo a ser absoluta*, quer dizer, como *ela mesma a unidade de si e da possibilidade*, – é apenas uma determinação *vazia*, ou é *contingência*. Este *vazio* da sua determinação faz dela uma *mera possibilidade*, algo que pode muito bem ser também *de outro modo* e pode ser determinado como possível. Mas esta possibilidade é, ela mesma, a possibilidade *absoluta*, pois ela é precisamente a possibilidade de ser determinada tanto como possibilidade quanto como efetividade. Pelo fato de ser esta indiferença frente a si mesma, ela é posta como determinação vazia, *contingente*.

Assim, a necessidade real não apenas contém *em si* a contingência, mas esta também *devém* nela; mas esse *devir*, enquanto exterioridade, é, ele mesmo, apenas o *ser em si* da necessidade real, porque ele é apenas um *ser determinado imediato*. Porém, ele não é apenas isso, mas é o *próprio* devir *dela*; – ou seja, a *pressuposição* que ela tinha é seu próprio pôr. Pois, como necessidade real, ela é o ser suprassumido da efetividade na possibilidade e vice-versa; enquanto ela é este *reviramento simples* de um desses momentos no outro, ela é também a *unidade positiva* simples deles, na medida em que cada um, como se mostrou, *vai junto* somente *consigo mesmo* dentro do outro. Mas assim ela é a *efetividade*; entretanto, uma efetividade tal que é somente como este juntar-se simples da forma consigo mesma. Seu pôr negativo daqueles momentos é, portanto, ele mesmo *o pressupor* ou o pôr *desses mesmos como suprassumidos*, ou o pôr da *imediatidade*.

Mas é justamente nisso que esta efetividade está determinada como um negativo; ela é um juntar-se consigo a partir da efetividade que era possibilidade real; portanto, esta nova efetividade só devém a partir de seu ser em si, a partir *da negação dela mesma*. – Com isso, ela é, ao mesmo tempo, determinada imediatamente como *possibilidade*, como [algo] *mediado* através de sua negação. Mas, por conseguinte, essa possibilidade nada mais é imediatamente do que *esse mediar*, dentro do qual o ser em si, a saber, ela mesma e a imediatidade, são ambas de igual maneira *ser posto*. – Assim é a necessidade que é tanto suprassumir deste ser posto ou pôr da *imediatidade* e do *ser em si* quanto, justamente nisso, é *determinar* desse suprassumir enquanto *ser posto*. É, portanto, *ela mesma* que se determina como *contingência*, – dentro de seu ser, repele-se de si, nesse mesmo repelir somente retornou para dentro de si e, nesse retorno como seu ser, repeliu-se de si mesma.

Assim a *forma*, em sua realização, penetrou todas as suas diferenças e se fez transparente e é, como *necessidade absoluta*, apenas esta simples *identidade do ser consigo mesmo dentro de sua negação* ou dentro da *essência*. – A própria diferença do *conteúdo* e da forma igualmente desapareceu; pois aquela unidade da possibilidade dentro da efetividade, e vice-versa, é a *forma* indiferente frente a si mesma dentro de sua determinidade ou dentro do ser posto, é a *Coisa plena de conteúdo* na qual a forma da necessidade transcorreu exteriormente. Mas assim ela é esta identidade *refletida* de ambas as determinações como *indiferente* frente a elas, portanto a determinação de forma do *ser em si* frente ao *ser posto*, e esta possibilidade constitui o caráter limitado do conteúdo que a necessidade real tinha. Mas a dissolução dessa diferença é a necessidade absoluta, cujo conteúdo é essa diferença que se penetra dentro dela.

A necessidade absoluta é, portanto, a verdade, para dentro da qual retornam a efetividade e a possibilidade em geral, assim como a necessidade formal e a necessidade real. – Como resultou, ela é o ser que, dentro de sua negação, dentro da essência, relaciona-se consigo e é ser. Ela é tanto imediatidade simples, ou *ser puro*, quanto reflexão dentro de si simples, ou *essência pura*; ela é o fato de ambas serem um e o mesmo. – O pura e simplesmente necessário *é* somente porque ele é; ele não tem, de resto, nenhuma condição nem fundamento. – Mas ele é, igualmente, *essência* pura; seu *ser* é a reflexão dentro de si simples; ele é *porque* ele é. Como reflexão, ele tem fundamento e condição, mas ele tem apenas a si por fundamento e condição. Ele é ser em si, mas seu ser em si é sua imediatidade, sua possibilidade é sua efetividade. – *Ele é, então, porque ele é*; como o *juntar-se* do ser consigo, ele é essência; mas, visto que esse simples é, igualmente, a simplicidade imediata, ele é ser.

A necessidade absoluta é, assim, a *reflexão ou a forma do absoluto*; unidade do ser e da essência, imediatidade simples que é negatividade absoluta. *Por um lado*, suas diferenças não são, por conseguinte, como determinações de reflexão, mas sim *como multiplicidade que é*, como efetividade diferenciada, que tem a figura de outros autossubsistentes uns frente aos outros. *Por outro lado*, visto que sua relação é a identidade absoluta, ela é o *converter absoluto* de sua efetividade em sua possibilidade, e de sua possibilidade em efetividade. – A necessidade absoluta é, portanto, *cega*. De um lado, os diferenciados, que estão determinados como efetividade e como a possibilidade, têm a figura da *reflexão dentro de si* como *ser*; eles são, portanto, ambos como *efetividades livres*, dos quais *nenhum aparece dentro do outro*, nenhum quer mostrar nele um traço de sua relação com o outro; fundado dentro de si, cada um é o necessário nele mesmo. A necessidade como essência está fechada dentro desse ser; o contato dessas efetividades uma pela outra aparece, por conseguinte, como uma exterioridade vazia; a efetividade *de um dentro do outro* é a *apenas*-possibilidade, *a contingência*. Pois o ser está posto como absolutamente necessário, como a mediação consigo que é negação absoluta da mediação através de outro, ou como ser que somente é idêntico com o ser; um *outro* que tenha efetividade dentro do *ser* está, por conseguinte, determinado como pura e simplesmente *apenas-possível*, ser posto vazio.

Mas esta *contingência* é, antes, a necessidade absoluta; ela é a *essência* daquelas efetividades livres, em si necessárias. Esta essência é a *aversão à luz*, porque nessas efetividades não há nenhum *aparecer* [*Scheinen*], nenhum reflexo, porque elas estão fundadas puramente apenas dentro de si, estão configuradas para si, manifestam-se apenas *a si mesmas*, – porque elas são apenas *ser*. – Mas sua *essência* irromperá nelas e revelará o que *ela* é e o que *elas* são. A *simplicidade* de seu ser, de seu repousar sobre si, é a negatividade absoluta; ela é a *liberdade* de sua imediatidade sem aparência. Esse negativo irrompe nelas, porque o ser, por esta sua essência, é a contradição consigo mesmo, – e precisamente frente a esse ser na forma do ser, portanto como a negação daquelas efetividades, a qual é *absolutamente diversa* do ser delas, como seu *nada*, como um *ser outro* tão *livre* frente a elas quanto é livre o ser delas. – Todavia, não se podia deixar de conhecer isso nelas. Na sua configuração repousante sobre si, elas são indiferentes frente à forma, um *conteúdo*, [sendo], com isso, efetividades *diferentes* e um conteúdo *determinado*; este é a marca que a necessidade – na medida em que ela, que é retorno absoluto para dentro de si mesma em sua *determinação*, deixa-as sair livres como absolutamente efetivas – imprimiu nelas, marca que ela invoca como testemunha de seu direito, e na qual, tendo sido tomadas, agora elas sucumbem. Essa manifestação do que a *determinidade* é na verdade, relação negativa consigo mesma, é o sucumbir *cego* dentro do ser outro; o *aparecer* [*Scheinen*] que irrompe ou a *reflexão* é, nos entes, como *devir* ou *passar* do ser para o nada. Mas o *ser* é, inversamente, também *essência*, e o devir é *reflexão* ou *aparecer*. Assim, a exterioridade é sua interioridade, sua relação é identidade absoluta, e o *passar* do efetivo para o possível, do ser para o nada, [é] um *juntar-se consigo mesmo*; a contingência é necessidade absoluta; ela mesma é o pressupor daquelas primeiras efetividades absolutas.

Esta *identidade do ser* dentro de sua negação *consigo mesmo* é, agora, *substância*. Ela é esta unidade como *dentro de sua ne-*

gação ou como *dentro da contingência*, assim, ela é a *substância como relação consigo mesma*. O passar *cego* da necessidade é, antes, a *própria exposição* do absoluto, o movimento dentro de si desse mesmo absoluto, o qual, em sua exteriorização, mostra-se, antes, a si mesmo.

TERCEIRO CAPÍTULO
A RELAÇÃO ABSOLUTA

A necessidade absoluta não é o *necessário*, ainda menos *um* necessário, mas *necessidade*, – ser pura e simplesmente como reflexão. Ela é relação, porque ela é diferenciar cujos próprios momentos são sua totalidade inteira, os quais, portanto, *subsistem* absolutamente, mas de modo que isso é apenas *um* subsistir e a diferença é apenas a *aparência* do expor e a aparência é o próprio absoluto. – A essência enquanto tal é a reflexão ou o aparecer; mas a essência enquanto relação absoluta é a *aparência posta como aparência*, a qual, como esse relacionar consigo, é a *efetividade absoluta*. – O absoluto, exposto primeiramente *pela reflexão exterior*, expõe-se, agora, a si mesmo como forma absoluta ou como necessidade; este expor de si mesmo é seu pôr-se a si mesmo, e ele *é* somente este pôr-se. – Como a *luz* da natureza não é algo nem coisa, mas seu ser é somente seu aparecer, assim a manifestação é a efetividade absoluta igual a si mesma.

Os lados da relação absoluta não são, portanto, *atributos*. No atributo, o absoluto aparece apenas em um de seus momentos, como em um momento *pressuposto* e acolhido pela *reflexão exterior*. Mas *aquela que expõe* o absoluto é a *necessidade absoluta*, que é idêntica consigo, como determinante a si mesma. Visto que ela é o aparecer que está posto como aparência, assim os lados desta relação são *totalidades*, porque eles são como aparência; pois, como aparência, as diferenças são elas mesmas e o seu oposto, ou seja, elas são o todo; – inversamente, elas são tal aparência porque são totalidades. Assim, este diferenciar ou aparecer do absoluto é somente o pôr idêntico de si mesmo.

Em seu conceito imediato, essa relação é a relação da *substância* e dos *acidentes*, o desaparecer imediato e devir da aparência absoluta dentro de si mesma. Na medida em que a substância se determina até tornar-se o *ser para si* frente a um *outro* ou a relação absoluta como relação real, é a *relação da causalidade*. Finalmente, na medida em que esta, como algo que se relaciona consigo, passa para a *interação*, a relação absoluta, com isso, está também *posta* conforme as determinações que ela contém; essa *unidade posta* de si em suas *determinações, que são postas como o próprio todo* e, com isso, igualmente como determinações, é, então, o *conceito*.

A. A relação da substancialidade

A necessidade absoluta é a relação absoluta, porque ela não é o *ser* como tal, mas o *ser* que é *porque* é, o ser como mediação absoluta consigo mesmo. Este ser é a *substância*; como última unidade da essência e do ser, a substância é o ser em *todo* ser; nem o imediato não refletido, nem um imediato abstrato que está atrás da existência e do aparecimento, mas é a própria *efetividade* imediata, e [é] esta como ser absoluto refletido dentro de si, como um *subsistir* que é em si e para si. – Enquanto unidade do ser e da reflexão, a substância é essencialmente o *aparecer* [*Scheinen*] e o *ser posto* de si. O aparecer é aparecer que *se relaciona consigo*, assim ele *é*; este ser é a substância como tal. Inversamente, este ser é apenas o *ser posto* idêntico consigo, assim ele é *totalidade que aparece*, a *acidentalidade*.

Este aparecer é a identidade como identidade da forma, – a unidade da possibilidade e da efetividade. Ela é, primeiramente, *devir*, a contingência como a esfera do nascer e do perecer; pois, conforme a determinação da *imediatidade*, a relação entre a possibilidade e a efetividade é o *reviramento imediato* delas uma na outra como *entes*, cada um dos quais se revira no que para ele é apenas seu *outro*. – Mas, porque o ser é aparência, assim a relação das mesmas também enquanto idênticas ou enquanto tais que aparecem uma na outra, é a reflexão. O movimento da acidentalidade apresenta, portanto, em cada um de seus momentos, o aparecer [*Scheinen*] uma dentro da outra das *categorias* do ser e das *determinações de reflexão* da essência. – O *algo* imediato tem um *conteúdo*; sua imediatidade é, ao mesmo tempo, indiferença refletida frente à forma. Este conteúdo está determinado, e, na medida em que isso é determinidade do ser, o algo *passa* para um outro. Mas a qualidade é também determinidade da reflexão; assim, ela é *diver-*

sidade indiferente. Mas esta se anima até tornar-se *contraposição* e regressa ao fundamento, que é o *nada*, mas também *reflexão dentro de si*. Esta última se suprassume; mas ela mesma é ser em si refletido, assim, ela é possibilidade, e esse ser em si, em seu passar que é igualmente reflexão dentro de si, é o *efetivo necessário*.

Esse movimento da acidentalidade é a *atuosidade* da substância como *surgir quieto de si mesma*. Ela não é ativa *frente a* algo, mas apenas frente a si como elemento simplesmente sem resistência. O suprassumir de um *pressuposto* é a aparência que desaparece; somente no atuar que *suprassume* o imediato este próprio imediato devém, ou seja, é aquele aparecer; somente o iniciar por e desde[14] si mesmo é o pôr deste si mesmo, pelo e desde o qual o iniciar é.

A substância, como esta identidade do aparecer, é a totalidade do todo e compreende dentro de si a acidentalidade, e a acidentalidade é toda a própria substância. Sua diferença na *identidade simples do ser* e na *alternância dos acidentes* nela mesma é uma forma de sua aparência. *Aquele ser* é a *substância* informe *do representar*, para o qual a aparência não se determinou como aparência, mas o qual mantém firme como um absoluto tal identidade indeterminada, que não tem nenhuma verdade, sendo apenas a determinidade da efetividade *imediata* ou igualmente do *ser em si* ou da possibilidade – determinações de forma, as quais caem na acidentalidade.

A outra determinação, a *alternância dos acidentes*, é a absoluta *unidade de forma* da acidentalidade, a substância como a *potência absoluta*. – O perecer do acidente é o regressar dele como efetividade para dentro de si como para dentro de seu ser em si ou sua possibilidade; mas este seu ser em si é, ele mesmo, apenas um ser posto, portanto ele é também efetividade, e porque estas determinações de forma são também determinações de conteúdo, este possível, conforme o conteúdo, é também um efetivo determinado de outro modo. A substância manifesta-se com seu conteúdo através da efetividade, para a qual transpõe o possível, como potência *criadora*, e através da possibilidade, à qual ela reconduz o efetivo, como potência *destrui-*

---

14. A expressão "por e desde" visa captar a ambivalência da única preposição "von", a qual pode se referir tanto ao agente de um processo quanto a seu ponto de origem [N.T.].

dora. Mas ambas são idênticas, o criar é destruidor, a destruição é criadora; pois o negativo e o positivo, a possibilidade e a efetividade, estão absolutamente unificadas dentro da necessidade substancial.

Os *acidentes* como tais – e há *vários*, na medida em que a variedade é uma das determinações do ser – não têm *nenhuma potência* um sobre o outro. Eles são o algo que é ou é para si, coisas existentes dotadas de propriedades multíplices, ou ainda todos que consistem de partes, partes autossubsistentes, forças que necessitam da solicitação recíproca e se condicionam umas às outras. Na medida em que semelhante acidental parece exercer uma potência sobre o outro, é a potência da substância que compreende ambos dentro de si e, enquanto negatividade, põe um valor desigual, determinando um como o que perece, o outro, com outro conteúdo e como o que nasce, ou determinando aquele a passar para a possibilidade, este, por sua vez, a passar para a efetividade, – a potência da substância é aquela que se cinde eternamente nas diferenças da forma e do conteúdo e eternamente se purifica desta unilateralidade, mas nesta própria purificação recai na determinação e na cisão. – Assim, um acidente expulsa o outro somente porque seu próprio *subsistir* é, ele mesmo, essa totalidade da forma e do conteúdo, dentro da qual sucumbem tanto ele quanto seu outro.

Em virtude dessa *identidade imediata* e da presença da substância dentro dos acidentes, ainda não está presente diferença *real* alguma. Nesta *primeira* determinação, a substância ainda não se manifestou conforme seu conceito total. Se se diferencia a substância, como *ser em si e para si* idêntico consigo, dela mesma como totalidade dos *acidentes*, então ela, enquanto *potência*, é o *mediador*. Esta potência é a *necessidade*, o *persistir* positivo dos acidentes dentro da sua negatividade e seu mero *ser posto* dentro de seu subsistir; esse *termo médio* é, com isso, a própria unidade da substancialidade e da acidentalidade, e seus *extremos* não têm subsistir peculiar algum. A substancialidade é, portanto, apenas a relação como imediatamente evanescente, relaciona-se consigo não *como um negativo*, como unidade imediata da potência consigo mesma, está dentro da *forma* apenas da *sua identidade*, não de sua *essência negativa*; apenas um momento, precisamente o negativo ou a diferença, é o que pura e simplesmente desaparece, mas não o outro, o idêntico. – Isso também tem de ser considerado da maneira seguinte. A aparência ou a acidentalidade é em *si* certamente substância através da potência, mas ela, assim, não está *posta* como esta aparência idêntica consigo; deste modo, a substância tem apenas a acidentalidade por sua figura ou ser posto, não a si mesma, não é substância *como* substância. A relação de substancialidade é, portanto, inicialmente, a substância apenas pelo fato de que se *revela* como *potência formal*, cujas diferenças não são substanciais; ela é, de fato, apenas como *interior* dos acidentes, e estes são apenas *na substância*. Ou essa relação é apenas a totalidade que aparece como *devir*; mas ela é igualmente reflexão; a acidentalidade, que *em si* é substância, justamente por isso está também *posta* como tal; assim, ela está *determinada* como *negatividade* que se relaciona consigo, frente a si, – *determinada* como *identidade* simples que se relaciona consigo, e é *substância poderosa que é para si*. Assim, a relação de substancialidade passa para a *relação de causalidade*.

B. A relação de causalidade

A substância é potência e potência *refletida dentro de si*, que não apenas passa, mas põe as *determinações* e as *diferencia de si*. Relacionando-se consigo mesma dentro de seu determinar, é *ela mesma* o que ela põe como negativo ou torna *ser posto*. Portanto, este é em geral a substancialidade suprassumida, o apenas posto, *o efeito*; mas a substância que é para si é a *causa*.

Esta relação de causalidade é, inicialmente, apenas *relação de causa e* efeito; assim, ela é *relação formal de causalidade*.

a. A causalidade formal

(1). A causa é o *originário* frente ao efeito. A substância, enquanto potência, *é o aparecer* [*Scheinen*] ou *tem* acidentalidade. Mas, enquanto potência, ela é igualmente reflexão dentro de si dentro de sua aparência; assim, ela *expõe* seu passar, *e este aparecer está determinado como aparência*, ou seja, o acidente está *posto* como sendo apenas um *posto*. – Mas a substância, em seu determinar, não parte da acidentalidade, como se esta fosse *previamente* um outro, e apenas agora fosse posta como determinidade, mas ambas são *uma* atuosidade. A substância, como potência, *determina-se*; mas este mesmo determinar é imediatamente o suprassumir do determinar e o retorno. *Ela se determina – ela*, o determinante, é, assim, o *imediato* e o já determinado mesmo; – na medida em que ela *se* determina, ela põe, portanto, este já *determinado* como *determinado*, assim, suprassumiu o ser posto e retornou para dentro de si. – Inversamente, este retorno, pelo fato de ser a relação *negativa* da substância consigo, é ele mesmo um *determinar* ou seu repelir de si; através deste retorno, *devém* o determinado do qual ela parece começar e que ela agora, encontrando-o como já determinado, parece pôr como tal. – Assim, a atuosidade absoluta é *causa*, potência da substância em sua *verdade* como manifestação, que também *expõe* imediatamente o que é *em si*, o acidente que é o ser posto, no devir desse mesmo, *pondo-*o como *ser posto*, – *o efeito*. – Portanto, este é, *em primeiro lugar*, o mesmo que a acidentalidade da relação de substancialidade, a saber, a substância como *ser posto*; mas, *em segundo lugar*, o acidente como tal é substancial somente por seu desaparecer, como algo que passa; mas, como efeito, ele é o ser posto como idêntico consigo; dentro do efeito, a causa está manifesta como substância total, a saber, como refletida dentro de si no próprio ser posto como tal.

(2.) A substância se contrapõe a este *ser posto* refletido dentro de si, ao determinado como determinado, como um originário *não posto*. Porque, como potência absoluta, ela é retorno para dentro de si, mas este próprio retorno é *determinar*, assim ela não é mais meramente o *em si* de seu acidente, mas sim está igualmente *posta* como esse ser em si. A substância tem *efetividade* somente enquanto causa. Mas esta efetividade, que faz com que seu *ser em si*, sua determinidade na relação de substancialidade, esteja doravante posta *como determinidade*, é o *efeito*; portanto, a substância tem a efetividade que ela tem como causa *somente em seu efeito*. – Isso é a *necessidade* que a causa é. – Ela é a substância *efetiva*, porque a substância como potência determina a si mesma, mas, ao mesmo tempo, é causa, porque expõe essa determinidade ou a põe como ser posto; assim, ela põe sua efetividade como o ser posto ou como o efeito. – Este é o outro da causa, o ser posto frente ao originário e *mediado* por esse. Mas a causa, como necessidade, suprassume igualmente este seu mediar e, ao *determinar* a si mesma como o que originariamente se relaciona consigo *frente* ao mediado, é o retorno para dentro de si; pois o ser posto está determinado *como* ser posto, sendo, por isso, idêntico consigo; somente em seu efeito, portanto, a causa é o verdadeiramente efetivo e o idêntico consigo. – Por conseguinte, o efeito é *necessário*, porque é precisamente manifestação da causa, ou seja, essa necessidade que é a causa. – Somente como essa necessidade a própria causa é motriz, inicia a partir de si, sem ser solicitada por outro, e é *fonte autossubsistente do produzir a partir de si mesma*; – ela tem que *agir ou produzir um efeito* [*wirken*]¹⁵; sua originariedade consiste no fato de que sua reflexão dentro de si é um pôr determinante e, inversamente, ambos são uma unidade.

O efeito, portanto, não contém absolutamente nada que a causa não contenha. Inversamente, *a causa nada contém que não esteja em seu efeito*. A causa é causa somente porque produz um efeito, e a *causa nada é senão essa determinação de ter um efeito*, e o *efeito nada mais é do que isto, de ter uma causa*. Na própria causa como tal reside seu efeito, e no efeito, a causa; na medida em que a causa ainda não produzisse efeito ou tivesse cessado de produzir efeito, não seria mais causa – e o efeito, na medida em que sua causa desapareceu, já não é mais efeito, mas sim uma efetividade indiferente.

(3.) Agora, dentro dessa *identidade* da causa e do efeito, a forma pela qual eles se diferenciam como o ente em si e como o ser posto está suprassumida. A causa *extingue-se* em seu efeito; com isso, o efeito se extinguiu de igual modo, pois ele é somente a determinidade da causa. Esta causalidade extinta no efeito é, portanto, uma *imediatidade* que é indiferente à relação de causa e efeito e a tem exteriormente nela.

---

15. Normalmente traduzimos o verbo *wirken* por "agir", no sentido de exercer um poder causal ou, como se costuma dizer, "fazer efeito". Aqui, acrescentamos a locução "produzir um efeito" para destacar a conexão estrita entre a causa e seu efeito (*Wirkung*), cuja denominação em alemão remete diretamente ao verbo *wirken*. Cabe observar que o "agir" do qual se fala nesse contexto não é, a rigor, idêntico à ação enquanto expressão da vontade subjetiva, pois este tipo de atividade que envolve a orientação a um fim será tematizado, em sua estrutura ainda abstratamente lógica, somente na *Doutrina do Conceito* (1816) da *Ciência da Lógica*. O verbo alemão para o agir prático não é mais *wirken*, mas *handeln*, do qual deriva o substantivo *Handlung* (ação) [N.T.].

b. A relação de causalidade determinada

(1.) A *identidade* da causa consigo mesma em seu efeito é o suprassumir de sua potência e negatividade, por conseguinte, a unidade indiferente às diferenças de forma, isto é, o *conteúdo*. – Ele está, portanto, relacionado apenas *em si* com a forma, aqui, com a causalidade. Com isso, eles estão postos como *diversos* e a própria forma é, frente ao conteúdo, uma causalidade apenas imediatamente efetiva, uma causalidade *contingente*.

Além disso, o conteúdo, sendo assim determinado, é um conteúdo diverso nele mesmo; e a causa está determinada conforme seu conteúdo, e, com isso, igualmente o efeito. – O conteúdo, uma vez que o ser refletido é aqui também efetividade imediata, é, portanto, a *substância efetiva*, mas é aquela *finita*.

Isso é, doravante, a *relação de causalidade em sua realidade e finitude*. Como formal, ela é a relação infinita da potência absoluta, cujo conteúdo é a manifestação ou necessidade pura. Como causalidade finita, ao contrário, ela tem um conteúdo *dado* e transcorre como uma diferença externa neste idêntico, o qual, dentro de suas determinações, é uma e a mesma substância.

Por essa *identidade do conteúdo*, esta causalidade é uma proposição *analítica*. É a mesma Coisa que se apresenta, uma vez como causa, outra vez, como efeito, lá enquanto um subsistir peculiar, aqui como ser posto ou determinação em um outro. Visto que essas determinações da forma são uma reflexão *externa*, assim, *conforme a Coisa*, é a consideração tautológica de um entendimento *subjetivo* a que determina um fenômeno como efeito e remonta à sua causa, para compreendê-lo e explicá-lo; repete-se apenas um e o mesmo conteúdo; nada se tem dentro da causa que não esteja dentro do efeito. – Por exemplo: a chuva é causa da umidade, que é seu efeito – "a chuva molha", essa é uma proposição analítica; a mesma água que é chuva é a umidade; como chuva, essa água está apenas na forma de uma Coisa para si, como aquosidade ou umidade, ao contrário, ela é um adjetivo, um posto, que não deve ter mais seu subsistir nele mesmo; seja uma determinação ou outra, ela lhe é externa. – Assim, a causa *dessa cor* é um corante, um *pigmento*, que é uma e a mesma efetividade, uma vez na forma externa a ele de algo ativo, quer dizer, ligado externamente a algo ativo diverso dele, mas, outra vez, na determinação para ele igualmente externa de um efeito. A causa de um *ato* é a disposição de espírito interior em um sujeito ativo, a qual, como ser aí exterior que ela obtém pela ação, é o mesmo conteúdo e valor. Se se considera o *movimento* de um corpo como efeito, então sua causa é uma força *impelente*; mas o mesmo *quantum* de movimento está presente antes e depois da impulsão; é a mesma existência a que continha o corpo impelente e a que foi comunicada ao corpo impelido; e tanto o corpo comunica quanto ele mesmo perde.

A causa, por exemplo, o pintor ou o corpo impelente, tem decerto *ainda um outro* conteúdo, o primeiro sendo as cores e a forma que as combina na pintura, o segundo sendo um movimento de determinada força e direção. Só que este conteúdo ulterior é um acessório contingente, que em nada concerne à causa; as demais qualidades que o pintor contém, abstraindo-se do fato de ele ser o pintor dessa pintura, não entram nessa pintura; de suas propriedades, somente aquilo que se apresenta no *efeito* está presente dentro do pintor *como causa*; segundo todas as outras propriedades, ele não é causa. Assim, se o corpo que impele é pedra ou madeira, verde, amarelo etc. – isso não entra em sua impulsão; sob esse aspecto, ele não é causa.

Em consideração *desta tautologia* da relação de causalidade é preciso observar que essa relação não parece conter tautologia quando se indica não a causa mais próxima, mas a *causa remota* de um efeito. A alteração formal que a Coisa subjacente sofre nessa passagem através de vários membros intermediários esconde a identidade que ela conserva nisso. Nessa multiplicação de causas que se intercalaram entre ela e o efeito último, ela, ao mesmo tempo, conecta-se com outras coisas e circunstâncias, de modo que não já aquela primeira, declarada como causa, mas somente essas várias causas *juntas* contêm o efeito completo. – Se, por exemplo, um homem veio a encontrar-se em circunstâncias em que seu talento se desenvolveu por ele ter perdido seu pai, atingido por uma bala numa batalha, então este tiro (ou, recuando ainda mais, a guerra, ou uma causa da guerra, e assim por diante ao infinito) poderia ser indicado como a causa da habilidade daquele homem. No entanto, fica claro que, por exemplo, essa causa não é aquele tiro por si, mas somente a conexão do mesmo com outras determinações eficientes. Ou melhor, o tiro de modo nenhum é causa, mas apenas um *momento* singular que pertencia às *circunstâncias da possibilidade*.

Além disso, sobretudo, é preciso observar ainda a *aplicação inadmissível* da relação de causalidade às *relações da vida físico--orgânica* e *da espiritual*. Aqui, o que se denomina como causa se mostra certamente dotado de um conteúdo diferente do efeito, *mas* isso acontece *porque* o que age sobre o ser vivo é determinado, alterado e transformado de modo independente por esse, *porque o ser vivo não deixa a causa chegar a seu efeito*, quer dizer, ele a suprassume como causa. Assim, é inadmissível dizer que a nutrição seria a *causa* do sangue ou que tais comidas, ou o frio, ou a umidade seriam *causas* da febre etc.; igualmente inadmissível é trazer o clima jônico como a causa das obras de Homero ou a ambição de César como a causa do sucumbir da constituição republicana de Roma. Na *história* em geral, são as massas e os indivíduos espirituais que estão em jogo e na interdeterminação de uns com os outros; mas a natureza do espírito, num sentido ainda mais elevado que o caráter do ser vivo em geral, é, antes, de não *acolher um outro originário dentro de si* ou de não deixar uma causa continuar para dentro dele, mas de interrompê-la e transformá-la. – Mas tais relações pertencem à *ideia* e precisam ser consideradas somente nela. – Aqui, pode-se observar ainda que, na medida em que se admite a relação de causa e efeito, embora num sentido impróprio, o efeito não pode ser *maior* do que a causa; pois o efeito nada mais é do que a manifestação da causa. Uma piada que se tornou costumeira na história é aquela que faz surgir *grandes efeitos a partir de pequenas causas* e que expõe uma *anedota* como causa primeira para um acontecimento vasto e profundo. Uma assim chamada causa desse tipo não pode ser considerada senão como uma *ocasião*, como uma *excitação exterior*, da qual o *espírito interior* do acontecimento não teria precisado, ou da qual teria podido utilizar uma multidão inúmera de outras, para, a partir delas, iniciar seu aparecimento, abrir-se o caminho e dar-se sua manifestação. Inversamente, *somente pelo espírito* algo por si tão pequeno e contingente foi, antes, *determinado* como sua ocasião. Aquela *pintura de arabescos* da história, que de um caule flutuante faz surgir uma grande figura, é, portanto, um tratamento bem engenhoso, mas extremamente superficial. De fato, neste brotar do grande a partir do pequeno, está presente em geral a reviravolta que o espírito empreende com o externo; mas, justamente por isso, o externo não é *causa dentro dele*, ou seja, esta própria reviravolta suprassume a relação da causalidade.

(2.) Contudo, essa *determinidade* da relação de causalidade, segundo a qual conteúdo e forma são diversos e indiferentes, amplia-se ulteriormente. A *determinação de forma* é também *determinação de conteúdo*; causa e efeito, os dois lados da relação, são, portanto, também um *outro conteúdo*. Ou seja, o conteúdo, porque é somente enquanto conteúdo de uma forma, tem a diferença desta nele mesmo e é essencialmente diverso. Mas, na medida em que esta sua forma é a relação de causalidade, que é um conteúdo idêntico na causa e no efeito, o *conteúdo* diverso, de um lado, está ligado *externamente à causa*, de outro lado, *ao efeito*; com isso, ele mesmo *não adentra* no *agir* e na *relação*.

Este conteúdo externo é, portanto, sem relação, – *uma existência imediata*; ou seja, pelo fato de ele ser, como conteúdo, a identidade *que é em si* da causa e do efeito, ele é também identidade *imediata, que é*. Trata-se, portanto, de *uma coisa qualquer*, que tem determinações multíplices de seu ser aí, *entre outras*, também esta, de que, sob *um aspecto qualquer*, é causa ou também efeito. As determinações formais, causa e efeito, têm na coisa seu *substrato*, quer dizer, seu subsistir essencial, e cada uma tem um subsistir particular, – pois sua identidade é seu subsistir; – mas, ao mesmo tempo, é seu subsistir imediato, não seu subsistir como unidade de forma ou como relação.

Contudo, essa coisa não é apenas substrato, mas também substância, porque é o subsistir idêntico somente *como* [subsistir] *da relação*. Além disso, é substância *finita*, porque está determinada como imediata *frente à* sua causalidade. Mas ela tem, ao mesmo tempo, causalidade, porque ela, de igual modo, é somente o idêntico como o dessa relação. – Agora, como causa, esse substrato é relação negativa a *si*. Mas aquilo mesmo com o que se relaciona é, *primeiramente*, um ser posto, porque está determinado como *imediatamente* efetivo; esse ser posto, como conteúdo, é uma determinação qualquer em geral. – *Secundariamente*, a *causalidade* lhe é externa; *esta constitui, com isso, ela mesma, seu ser posto*. Na medida em que agora é substância causal, sua causalidade consiste em se relacionar negativamente consigo, logo com seu ser posto e com a causalidade exterior. O agir dessa substância inicia, portanto, a partir de um exterior, liberta-se desta determinação exterior, e seu retorno para dentro de si é a conservação de sua existência imediata e a suprassunção de sua existência posta, e, com isso, de sua causalidade em geral.

Assim, uma pedra que se move é causa; seu movimento é uma determinação que ela tem, além da qual ela contém muitas outras determinações, como cor, figura etc. que não entram em sua causalidade. Pelo fato de sua existência imediata estar separada de sua relação de forma, a saber, da causalidade, esta é um *externo*; seu movimento e a causalidade que lhe compete dentro dela são nela apenas *ser posto*. – Mas a causalidade é também *sua própria* causalidade; isso está presente no fato de que seu subsistir substancial é sua idêntica relação consigo; mas esta, doravante, está determinada como ser posto, logo ela é, ao mesmo tempo, *relação negativa* consigo. – Sua causalidade, que se dirige a si como ao ser posto ou como a um exterior, consiste, portanto, em suprassumi-lo e em retornar para dentro de si através do *afastamento* desse mesmo, com isso, consiste em *não* ser idêntica consigo *em seu ser posto*, mas sim em restabelecer somente *sua originariedade abstrata*. – Ou seja, a chuva é causa da umidade, que é a mesma água que a chuva. Esta água tem a determinação de ser chuva e causa porque esta determinação é posta por outro dentro dela; uma outra força, ou o que seja, levantou-a no ar e a reuniu numa massa cuja gravidade a faz cair. Sua distância da terra é uma determinação estranha à sua identidade originária consigo, a sua gravidade; sua causalidade consiste no afastar essa determinação e em restabelecer aquela identidade, com isso, porém, também em suprassumir sua causalidade.

A *segunda determinidade* da causalidade agora examinada concerne *à forma*; esta relação é *a causalidade* como *externa* a si *mesma*, como *a originariedade* que, de igual modo, é, nela mesma, *ser posto* ou *efeito*. Esta unificação das determinações contrapostas como *dentro do* substrato *que é* constitui o *regresso infinito* de causas para causas. – Inicia-se pelo efeito; como tal, este tem uma causa, que, novamente, tem uma causa, e assim por diante. Por que a causa tem de novo uma causa? Quer dizer, por que o *mesmo lado*, que pouco antes foi determinado *como causa*, agora é determinado como *efeito* e, com isso, pergunta-se por uma nova causa? Pela razão de que a causa é, em geral, um *finito*, um *determinado*; a causa está determinada como *um momento da forma* frente ao efeito; assim, ela tem sua determinidade ou negação fora dela; mas, justamente por isso, ela mesma é *finita*, tem *sua determinidade nela* e, com isso, *ser posto* ou *efeito*. Essa sua identidade também está posta, mas é um *terceiro*, o substrato imediato; por isso, a causalidade é externa a si mesma, porque aqui sua *originariedade* é uma *imediatidade*. Portanto, a diferença de forma é *determinidade* primeira, ainda não é a determinidade *posta como* determinidade, ela é um *ser outro que é*. A reflexão finita detém-se, por um lado, neste imediato, afasta dele a unidade de forma e, sob *um aspecto*, deixa-o ser causa, e, sob *outro*, efeito; por outro lado, desloca a unidade de forma ao *infinito* e, através desse progredir perene, expressa sua impotência para poder alcançá-la e mantê-la firme.

Com o *efeito* acontece imediatamente o mesmo, ou melhor, o *progresso infinito de efeito para efeito* é completamente a mesma coisa que o *regresso infinito de causa para causa*. Neste último, a *causa* torna-se o *efeito*, o qual, de novo, tem *outra* causa; de modo igual e inverso, o *efeito* torna-se a *causa*, que, novamente, tem *outro* efeito. – A causa determinada considerada inicia por uma exterioridade, e, em seu efeito, não retorna para dentro de si *como causa*, mas antes perde sua causalidade nele. Mas, inversamente, o efeito chega em um substrato, o qual é substância, subsistir que se relaciona originariamente consigo; por conseguinte, no substrato, este ser posto *torna-se o* ser posto; quer dizer, essa substância, na medida em que um efeito é posto dentro dela, *comporta-se como causa*. Mas aquele primeiro efeito, o ser posto que chega nela *de modo externo*, é um *outro* em relação ao segundo, que *é produzido por ela*; pois este segundo está determinado como a *reflexão da substância dentro de si*, mas aquele está determinado como uma *exterioridade* nela. – Mas porque a causalidade é aqui exterior a si mesma, ela igualmente *não retorna a si* dentro de seu efeito, mas se torna *externa* a si nele, – *seu* efeito torna-se novamente um ser posto em um substrato como numa *outra substância*, a qual, porém, de igual modo, faz dele o ser posto ou se manifesta como causa, repele novamente de si seu efeito, e assim por diante para o mau infinito.

(3.) Agora é preciso ver o que deveio através do movimento da relação de causalidade determinada. – A causalidade formal extingue-se no efeito; por causa disso, *surgiu* o *idêntico* de ambos esses momentos; mas, com isso, apenas *como em si* a unidade de causa e efeito, na qual a relação de forma é externa. – Através disso, este idêntico é também *imediato* conforme ambas as determinações da imediatidade, em primeiro lugar, como *ser em si*, um *conteúdo* no qual a causalidade transcorre externamente, *em segundo lugar*, como um substrato *existente*, ao qual a causa e o efeito *inerem* como diferentes determinações de forma. Nisso, estas são *em si* um, mas, em virtude desse *ser em si* ou da exterioridade da forma, cada uma delas é externa a si mesma, destarte, em sua *unidade* com a outra, está determinada também como *outra* frente a ela. Por conseguinte, a causa tem, decerto, um efeito *e é, ao mesmo tempo, ela mesma efeito*, e o efeito não apenas tem uma causa, mas *ele mesmo também é causa*. Mas o efeito que a causa *tem* e o efeito *que ela é* – de igual modo, a causa que o efeito *tem* e a causa *que ele é* – são diversos.

Mas, pelo movimento da relação de causalidade determinada, resultou que a causa *não apenas se extingue* no efeito e, com isso, também o efeito, como na causalidade formal, mas que a causa, em *sua extinção, ressurge* dentro do efeito, e que o *efeito desaparece* dentro da causa, mas *ressurge* igualmente dentro dela. Cada uma destas determinações *se suprassume dentro de seu pôr* e *se põe dentro de seu suprassumir-se*; não está presente um *passar externo* da causalidade de um substrato em um outro, mas sim esse *tornar-se outro* da causalidade é, ao mesmo tempo, seu *próprio pôr*. A causalidade, portanto, *pressupõe a si mesma* ou *se condiciona*. Aquela que anteriormente era apenas identidade *que é em si*, o substrato, está, portanto, doravante, *determinada* como *pressuposição*, ou seja, está *posta contra* a causalidade *eficiente*, e a *reflexão* que há pouco era apenas *externa* ao idêntico está, agora, na *relação* com ele.

c. *Efeito e contraefeito*

A causalidade é um atuar *pressuponente*. A causa está *condicionada*; ela é a relação negativa consigo como com outro pressuposto, com outro externo, o qual *em si*, mas apenas *em si*, é a própria causalidade. Como resultou, é *a identidade substancial* aquela para a qual passa a causalidade formal que, doravante, determinou-se *contra a mesma* como seu negativo. Ou seja, é o mesmo que a substância da relação de causalidade, substância à qual, porém, contrapõe-se a potência da acidentalidade como própria *atividade substancial*. – É a substância *passiva*. – *Passivo* é o imediato ou o ente em si que não é também *para si*, – o ser puro ou a essência, que está apenas na determinidade da *identidade abstrata consigo*. – À [substância] passiva contrapõe-se a substância *eficiente*, que se relaciona negativamente consigo. Ela é a causa, na medida em que, a partir do efeito, restabeleceu-se na causalidade determinada mediante a negação de si mesma, [um outro,] que dentro de seu ser outro, ou como imediato, comporta-se essencialmente como *ponente* e medeia-se consigo mesmo através de sua negação. Por causa disso, aqui, a causalidade não tem mais nenhum *substrato* ao qual ela *seria inerente*, e não é uma determinação de forma frente a essa identidade, mas é ela mesma a substância, ou seja, o originário é somente a causalidade. – O *substrato* é a substância passiva, que ela pressupôs a si.

Agora, essa causa *age*; pois ela é a potência negativa *sobre si mesma*; ao mesmo tempo, ela é seu *pressuposto*; assim, ela age sobre si como *sobre um outro*, sobre *a substância passiva*. – Por consequência, ela *suprassume*, em primeiro lugar, o *ser outro* da mesma e retorna a si dentro dela; em segundo lugar, ela *determina* a substância passiva, põe este suprassumir de seu ser outro ou o retorno para dentro de si como uma *determinidade*. Esse ser posto, por ele ser, ao mesmo tempo, seu retorno para dentro de si, é, antes de tudo, *seu efeito*. Mas, inversamente, porque, como pressuponente, ela determina a si mesma como seu outro, assim ela põe o efeito dentro da *outra* substância, da substância passiva. – Ou, porque a substância passiva é ela mesma o *duplo*, a saber, um *outro* autossubsistente e, ao mesmo tempo, um *pressuposto* e já em si *idêntico* à causa eficiente, assim o agir dessa mesma causa é algo duplo; ele é ambos em um: o suprassumir de seu *ser determinado*, a saber, de sua condição, ou seja, o suprassumir da autossubsistência da substância passiva, – e o fato de que ela suprassume sua identidade com essa mesma, com isso, *pressupõe-se* ou põe-se como *outro*. Através deste último momento, a substância passiva é *conservada*; em relação a isso, o primeiro suprassumir dessa substância aparece, ao mesmo tempo, de modo que *apenas algumas determinações* são suprassumidas nela, e a identidade dela com a primeira dentro do efeito acontece de modo externo nela.

Nessa medida, a substância sofre *violência*. – A violência é o *aparecimento da potência* ou *a potência como algo externo*. Mas a potência é algo externo somente na medida em que a substância causal, dentro de seu agir, quer dizer, dentro do pôr de si mesma, é, ao mesmo tempo, pressuponente, quer dizer, põe a si mesma como suprassumida. Inversamente, portanto, o atuar da violência é igualmente o atuar da potência. Aquilo sobre o qual a causa violenta age é somente um outro pressuposto por ela mesma; seu efeito sobre o mesmo é relação negativa consigo ou a manifestação *de si mesma*. O passivo é o autossubsistente que é apenas um *posto*, algo quebrado dentro de si mesmo, uma efetividade que é condição e, precisamente, a condição que doravante está em sua verdade, a saber, uma efetividade que é apenas uma possibilidade, ou, inversamente, um *ser em si* que é apenas a *determinidade do ser em si*, sendo apenas passivo. Por isso, não apenas é possível infligir violência àquilo ao qual a violência acontece, mas esta *tem de* ser infligida a ele; aquilo que exerce violência sobre o outro, exerce-a somente porque é a potência desse mesmo no qual ela *manifesta* a si e ao outro. Através da violência, a substância passiva é *posta* somente como aquilo que ela *é em verdade*, a saber, porque ela é o positivo simples ou a substância imediata, o fato de ser, por isso, apenas um *posto*; o *previamente*, que ela é enquanto condição, é a aparência da imediatidade que a causalidade eficiente lhe subtrai.

Portanto, através da influência de uma outra violência, faz-se somente jus à substância passiva. O que ela *perde* é aquela *imediatidade*, a substancialidade *que lhe é estranha*. O que ela *recebe* como um *estranho*, a saber, o tornar-se determinada como um *ser posto*, é sua própria determinação. Mas, na medida em que ela é posta em seu ser posto ou em *sua própria determinação*, ela não é, por isso, suprassumida, mas *se junta somente consigo mesma*, e, assim, *em seu tornar-se determinada, é originariedade*. – Por um lado, então, a substância passiva é *conservada* ou *posta* pela substância ativa – precisamente, na medida em que esta faz de si mesma a substância suprassumida – mas, por outro lado, *o atuar do próprio passivo* é juntar-se consigo e, com isso, fazer de si o originário e a *causa*. O *tornar-se posto* por um outro e o *devir* próprio são um e o mesmo.

Pelo fato de que, agora, a substância passiva se converte, ela mesma, em causa, o efeito é, *em primeiro lugar*, suprassumido dentro dela; nisso consiste seu *contraefeito* em geral. *Em si*, ela é o ser posto, como substância passiva; também o ser posto pela outra substância foi *posto* dentro dela, precisamente na medida em que ela recebeu nela o *efeito* da outra substância. Seu contraefeito contém, portanto, igualmente esta duplicidade: a saber, em primeiro lugar, o que ela é *em si* é *posto*; em segundo lugar, aquilo como o qual ela é *posta*, apresenta-se como seu *ser em si*; *em si*, ela é *ser posto*: por conseguinte, ela recebe um efeito nela pela outra [substância]; mas, inversamente, esse ser posto é *seu* próprio ser em si: assim, esse é *seu* efeito, ela mesma apresenta-se como causa.

Em segundo lugar, o contraefeito vai *contra a primeira causa eficiente*. O efeito que a substância anteriormente passiva suprassume dentro de si é precisamente aquele efeito da primeira. Porém, a causa tem sua efetividade substancial somente em seu efeito; na medida em que este é suprassumido, a substancialidade causal dela é suprassumida. Isso acontece primeiramente *em si através de si mesma* na medida em que a causa se torna efeito; nesta identidade, desaparece sua determinação negativa, e ela se torna algo passivo; em segundo lugar, isso acontece através da substância anteriormente passiva e agora reativa, a qual suprassume o efeito dela. – Na *causalidade determinada*, a substância sobre a qual se age torna-se, decerto, novamente causa, agindo assim *contra* o fato de que um *efeito* foi posto dentro dela. Mas ela não reagiu *contra aquela causa*, mas pôs seu efeito de novo em *uma outra* substância, pelo que veio à tona o progresso dos efeitos ao infinito, – porque aqui a causa, dentro de seu efeito, é idêntica consigo apenas *em si*, portanto, por um lado, desaparece em seu *repouso* numa identidade *imediata*, por outro lado, desperta de novo em uma *outra* substância. – Ao contrário, na causalidade condicionada, dentro do efeito a causa se *relaciona consigo mesma*, porque o efeito é seu outro como condição, como pressuposto, e seu agir é, por isso, tanto um *devir* quanto um pôr e um *suprassumir do outro*.

Além disso, portanto, ela se comporta como substância passiva; mas, como já resultou, esta *surge* como substância causal através do efeito que lhe aconteceu. Aquela primeira causa, a qual primeiramente age e recebe de volta seu efeito dentro de si como contraefeito, entra de novo em cena como causa; através disso, o agir que na causalidade finita desemboca no progresso do mau infinito é *recurvado* e se torna um *interagir* infinito que retorna para dentro de si.

C. A interação

Na causalidade finita, são as substâncias que se relacionam de modo eficiente uma com a outra. O *mecanismo* consiste nesta *exterioridade* da causalidade de que a *reflexão dentro de si* da causa dentro de seu efeito é, ao mesmo tempo, um *ser* que repele, ou, dentro da *identidade* que a substância causal, dentro de seu efeito, tem *consigo* mesma, ela permanece *algo externo* a si de modo igualmente imediato e o efeito *passou* para *outra substância*. Agora, dentro da interação, esse mecanismo está suprassumido; porque ela contém, em primeiro lugar, o *desaparecer* daquele *persistir* originário da substancialidade *imediata*; em segundo lugar, contém o *surgir* da causa e, com isso, a *originariedade* como aquela que se medeia consigo através de sua *negação*.

Inicialmente, a interação apresenta-se como uma causalidade recíproca de *substâncias pressupostas que* se *condicionam*; cada uma é, frente à outra, *substância* ativa e passiva *ao mesmo tempo*. Na medida em que ambas são tanto passivas quanto ativas, cada diferença entre elas já se suprassumiu; a diferença é uma aparência plenamente transparente; elas são substâncias somente porque são a identidade do ativo e do passivo. Portanto, a própria interação ainda não é mais do que um *modo vazio,* e apenas precisa ainda de um recolher exterior daquilo que já é tanto *em si* quanto *posto*. Primeiramente, não há mais *substratos* que estejam em relação um com o outro, mas sim substâncias; dentro do movimento da causalidade condicionada, suprassumiu-se a *imediatidade pressuposta* ainda restante e o *condicionante* da atividade causal ainda é apenas a *influência* ou a passividade *própria*. Além disso, contudo, esta influência não provém de uma *outra* substância originária, mas precisamente de uma causalidade que é condicionada pela influência, ou seja, é *algo mediado*. Sendo este inicialmente um *externo* que chega na causa e constitui o lado de sua passividade, ele está, portanto, mediado *através dela mesma*; ele é produzido pela atividade própria dela; com isso, é a *passividade posta por sua própria atividade*. – A causalidade é condicionada e condicionante; o *condicionante* é o *passivo*, mas igualmente é *passivo* o *condicionado*. Este condicionar ou a passividade é a *negação* da causa através de si mesma, na medida em que ela se torna essencialmente o *efeito*, e, precisamente por isso, é causa. Portanto, a *interação* é somente a própria causalidade; a causa não apenas *tem* um efeito, mas, dentro do efeito, ela está em relação consigo mesma *como causa*.

Através disso, a causalidade retornou a *seu conceito absoluto* e, ao mesmo tempo, chegou ao próprio *conceito*. Inicialmente, ela é a necessidade real, *identidade* absoluta consigo, de sorte que a diferença da necessidade e as determinações que mutuamente se relacionam dentro dela são substâncias, *efetividades livres* uma frente à outra. A necessidade é, deste modo, *a identidade interior*; a causalidade é a manifestação da mesma, onde sua aparência *do ser outro substancial* se suprassumiu e a necessidade se elevou à *liberdade*. – Dentro da interação, a causalidade originária apresenta-se como um *surgir* de sua negação, da passividade, e como *perecer* na mesma, como um *devir*; mas de modo que este devir é, ao mesmo tempo, de igual modo, somente *aparecer*; o passar para *outro* é reflexão dentro de si mesma; a *negação*, que é fundamento da causa, é seu *juntar-se positivo* consigo mesma.

Assim, necessidade e causalidade desapareceram na interação; elas contêm ambas, a *identidade imediata* como *conexão* e *relação* e a *substancialidade absoluta dos diferentes*, com isso, a *contingência* absoluta dos mesmos – a *unidade* originária da *diversidade* substancial; portanto, elas contêm a contradição absoluta. A necessidade é o ser *porque* ele é, – a unidade do ser consigo mesmo, o qual tem a si por *fundamento*; mas, inversamente, porque ele tem um fundamento, não é ser, é pura e simplesmente *aparência, relação* ou *mediação*. A causalidade é este passar *posto* do ser originário, da *causa*, para a aparência ou para o mero *ser posto*; inversamente, é o passar do ser posto para a originariedade; mas a *própria identidade* do ser e da aparência ainda é a necessidade *interior*. Esta *interioridade* ou este ser em si suprassume o movimento da causalidade; com isso, perde-se a substancialidade dos lados que estão na relação, e a necessidade se desvela. A necessidade não se torna *liberdade* porque ela desaparece, mas apenas porque sua identidade, que ainda é *interior*, torna-se *manifesta* – uma manifestação que é o movimento idêntico dentro de si mesmo do diferente, a reflexão dentro de si da aparência como aparência. – Inversamente, a *contingência* torna-se, ao mesmo tempo, *liberdade*, na medida em que os lados da necessidade, que têm a forma de efetividades livres para si, que não aparecem uma dentro da outra, *estão* doravante *postos como identidade*, de modo que, agora, estas totalidades da reflexão dentro de si em sua diferença *aparecem* também *como idênticas* ou estão postas somente como uma e a mesma reflexão.

A substância absoluta, diferenciando-se de si como forma absoluta, não se repele mais de si enquanto necessidade nem se divide, enquanto contingência, em substâncias indiferentes, externas umas às outras, mas se *diferencia, por um lado,* na totalidade – a substância anteriormente passiva – que é o originário como a reflexão dentro de si a partir da determinidade, como todo simples, que contém seu *ser posto* dentro de si mesmo e *está posto* como *idêntico consigo na determinidade*: *o universal*; – *por outro lado*, na totalidade – a substância anteriormente causal – como na reflexão que vai da determinidade dentro de si para a determinidade negativa, a qual, assim, como a *determinidade idêntica* consigo, é igualmente o todo, mas está posta como a *negatividade idêntica consigo*: o singular. Mas, de imediato, porque o universal é somente idêntico consigo, enquanto contém dentro de si a *determinidade* como *suprassumida*, sendo assim o negativo como negativo, ele é a *mesma negatividade* que é a *singularidade*; – e a singularidade, porque ela é igualmente o determinado-determinado, o negativo como negativo, é imediatamente a *mesma identidade* que é a *universalidade*. Esta identidade *simples* delas é a *particularidade* que, em unidade imediata, contém o momento da *determinidade* do singular e o momento da *reflexão dentro de si* do universal. Estas três totalidades são, portanto, uma e a mesma reflexão que, como *relação negativa consigo*, diferencia-se naquelas duas, mas como numa *diferença perfeitamente transparente*, a saber, na *simplicidade determinada* ou na *determinidade simples* que constitui uma e a mesma identidade delas. – Isso é o *conceito*, o reino da *subjetividade* ou da *liberdade*.

GLOSSÁRIO DA DOUTRINA DA ESSÊNCIA

Abbild – imagem
Abgrund – abismo
abhängig – dependente
Absolute (das) – o absoluto
Absolutheit – absolutidade
Absonderung – isolamento
abstoßen, Abstoßung – repelir, repulsão
Abstraktion, abstrahierend – abstração, abstrativo
addieren – adicionar
Aktivität – atividade
Aktuosität – atuosidade
Akzidentalität – acidentalidade
Akzidenz – acidente
Allgemeinheit – universalidade
Anderssein – ser outro
Anderswerden – tornar-se outro
Anfang – início
ankommen (bei sich) – chegar (a si)
anlangen – chegar
Annahme, annehmen – assunção, assumir
Ansichsein, ansichseiend, Ansich – ser em si, que é em si, em si
Anstoß – choque
Anundfürsichsein – ser em si e para si
Anwendung – aplicação
Anzahl – valor numérico

Anziehung – atração
Arithmetik – aritmética
Art – espécie, modo
Art und Weise – modo
Attribut – atributo
aufbewahren – conservar, guardar
Aufhebung, aufheben, Aufgehobensein – suprassunção, suprassumir, ser suprassumido
Auflösung – dissolução
aufnehmen – acolher
aufraffen – capturar
aufschließen – descerrar
aufsteigen – subir
aufstellen – estabelecer, instaurar
Aufsuchen – procura
aufzählen – enumerar
ausschließen, ausschließend – excluir, excludente
Äußerung – externação
Ausdruck – expressão
Ausgangspunkt, ausgehen – ponto de partida, partir
Auslegung – exposição
auseinanderfallen – cair fora um do outro
äußer, äußerlich – exterior, externo
Außersichgehen – ir para fora de si
Außersichkommen – vir para fora de si
aussprechen – enunciar

beachten – prestar atenção
Beamter – funcionário
Bedeutung – significado
bedürfen – necessitar
Behauptung – afirmação

Bedingung, Bedingtsein, bedingend - condição, ser-condicionado, condicionante

befestigen (sich) - consolidar-se

begeisten (sich) - animar-se

beginnen - começar

Beglaubigung - certificação

Begründung, begründen - fundamentação, fundamentar

behalten - conservar

beharren - persistir

beleben - vivificar

Bemühung - esforço

Bemerkung - observação

Berufung - apelo

Berührung, berühren - contato, tocar

Besonderheit - particularidade

Bestehen, bestandlos - subsistir, sem subsistência

bestimmend - determinante

Bestimmtheit - determinidade

Bestimmung, Bestimmungslosigkeit, bestimmungslos - determinação, ausência de determinação, sem determinação

Bestimmtwerden - tornar-se determinado

Betrachtungsweise - modo de consideração

Beweggrund - móbil

Bewegung - movimento

Beweis - prova

Beziehung, beziehen - relação, relacionar

Charakter - caráter

darbieten (sich) - oferecer-se

Darstellung, darstellen - apresentação, apresentar

Dasein, daseiend - ser aí, que é aí

Denkgesetz - lei do pensar

Ding, Dingheit – coisa, coisidade
Division – divisão (no sentido de operação aritmética)
Durchdringung – penetração
Durchsichtigkeit – transparência

endigen – acabar
Endursache – causa final
Eigenschaft, eigen – propriedade, próprio
eigentlich – autêntico
eigentumlich – peculiar
Einerleiheit – mesmice
Einheit – unidade
Eins – uno
Einfachheit – simplicidade
Einsicht – intelecção
Einseitigkeit, einseitig – unilateralidade, unilateral
Eintrag – trama
Einwirkung – influência
Einzelheit – singularidade
empfängen – receber
Ende – fim
Entäußerung – exteriorização
Entelechie – enteléquia
entfremden (sich) – tornar(-se) estranho
Entgegensetzung – contraposição
entstehen – nascer
entwickeln – desenvolver
erhalten – manter, obter, conservar
Erdichtung – invenção
Erfahrung – experiência
erfordern – exigir
Erinnerung, erinnern – interiorização, interiorizar, recordar

Erklärung, Erklärungsweise, erklären – explicação, modo de explicação, explicar

erproben – testar

Erscheinung/erscheinen/erscheinend – aparecimento, fenômeno/aparecer/o que aparece

Erwartung – expectativa

Etwas – algo

Existenz, existierend – existência, existente

Experiment – experimento

Extrem – extremo

Faktor – fator

Fall – queda

fassen – apreender

festhalten (sich) – manter firme, agarrar-se

Folge – consequência

Folgerung – conclusão

Form – forma

Fortgang – progressão

Formalismus – formalismo

Fortgang – progressão, avanço

fortreißen – arrastar

fremd – estranho, alheio

Fürsich, für sich, Fürsichsein – para si, por si, ser para si

Ganze (das) – o todo

Gedankending – coisa do pensamento

Gediegenheit – solidez

gegen – frente a, contra

Gegensatz – oposição

Gegenstoß – contrachoque

Gegenteil – oposto

gegenüberstehen – confrontar-se, contrapor-se

Gegenwirkung – contraefeito
geschehen – acontecer
Geschicklichkeit – habilidade
Gesetz – lei
Gesetztsein, Gesetztwerden – ser posto, tornar-se posto
Gestalt, gestaltlos – figura, inconfigurado
Gewalt – violência
Gewordene (das) – o resultado do devir, o que deveio
Gläubiger – credor
Gleichheit, gleich – igualdade, igual
Gleichgültigkeit, gleichgültig – indiferença, indiferente
Gleichsetzen – igualar
Grenze – limite
Größe – grandeza
Grund – fundamento, razão (em um raciocínio)
Grundbeziehung – relação de fundamento
Grundlage – base
grundlos – sem fundamento

haltlos – insubsistente
hartknäckig – obstinado, obstinadamente
herabsetzen – rebaixar
herausbringen – extrair
herausstellen (sich) – expor-se
herausziehen – extrair
herkommen – provir
herrschen – dominar
herstellen – produzir
hervorbrechen – irromper
hervorbringen – produzir
Hervorgang, hervorgehen – surgimento, surgir
hervorkommen – emergir

hervortreten – emergir
Hinausgehen – ir além
hinauskommen – ultrapassar
hinauswerfen – jogar para fora
hindurchblicken – olhar através
hindurchdringen – penetrar
Hintergrund – pano de fundo
hinwegnehmen – retirar
hinzufügen – acrescentar
historisch – histórico

Ich – Eu
Idealismus – idealismo
Idee – ideia
Identität – identidade
Inbegriff – sumo conjunto
Individuum, individuell – indivíduo, individual
Inhalt – conteúdo
inner, innerlich – interior, interno
in sich – dentro de si
Insichgehen – ir para dentro de si
Insichseiendes (ein) – um ente que é dentro de si
Inwohnen (das) – imanência

Kapital – capital
Kausalitätsverhältnis – relação de causalidade
Kleinheit – pequenez
Kopula – cópula
Kraft – força
Kreis – círculo

Langeweile – tédio
Laster – vício
Leerheit, leer – vacuidade, vazio
Lehrbuch – manual, tratado
Lichtscheue – aversão à luz

Macht – potência
Manifestation – manifestação
Mangel, mangelhaft – falta, faltante, insuficiente
mannigfaltig – multíplice
Mannigfaltigkeit – multiplicidade
Materie – matéria
Mechanismus – mecanismo
Medium – meio
mehrere – vários, várias
Mehrheit – variedade
Mengenverhältnis – relação quantitativa
Methode – método
Mitte – meio-termo
Mittel – meio
Modus – modo
Moment – momento
Monade – mônada
Multiplikation – multiplicação

Nacheinander – um depois do outro
nebeneinander – um ao lado do outro
Negation – negação
Negative (das) – o negativo
Negativität – negatividade
nennen – nominar
Nichtbestehen – não subsistir

Nichtdasein – não ser aí
Nichtigkeit, nichtig – nulidade, nulo
Nicht-Ich – não Eu
Nichtidentität – não identidade
Nichtsein – não ser
Notwendigkeit, notwendig – necessidade, necessário
Null – zero

Objekt – objeto
offenbaren – revelar
okkult – oculto

Passivität, passiv – passividade, passivo
Phänomen – fenômeno
Porosität, Poren, porös – porosidade, poros, poroso
Positive (das) – o positivo
Punktualität – pontualidade

Qualität – qualidade
Quantität – quantidade
Quelle – fonte

Räsonnement, räsonnieren, räsonnierend – raciocínio, raciocinar, raciocinante
real – real
Realität – realidade
Realisierung – realização
Rechnungsart – operação (com referência à aritmética)
Redensart – modo de falar
Rednerei – oratória
reflektierend – reflexionante
Reflexion an sich – reflexão em si

Reflexion-in-Anderes – reflexão para dentro de outro
Reflexion-in-sich – reflexão dentro de si
reinigen – purificar
Relativität, relativ – relatividade, relativo
Rest – resto
Richtung – direção
Ruhe, ruhend – repouso, em repouso
Rückkehr – retorno
Rücksicht – consideração, aspecto

Sache, Sache selbst – Coisa, própria Coisa
Sammlung – coleção
Satz – proposição
Schein, scheinen – aparência, aparecer, parecer
Schicksal – destino
schlechthin – pura e simplesmente
Schluss – silogismo
Schranke – barreira
Schuld, Schuldner – dívida, devedor
Schwere – gravidade
Seele, Seelending, Seelenkraft – alma, coisa psíquica, força da alma
Seiende (das), seiend – o ente, que é
Sein – ser
Sein-für-anderes – ser para outro
Selbständigkeit, selbständig – autossubsistência, autossubsistente
Selbstbewegung – automovimento
Setzen, setzend – pôr, ponente
sinnlich – sensível
Solizitation – solicitação
Sophisterei – sofistaria
Sphäre – esfera
Sprache – língua, linguagem

Staatsökonomie – economia política
stattfinden – acontecer, ter lugar
stehenbleiben – deter-se, ficar parado
Stoff – matéria
stoßen, stoßend, Stoß – impelir, impelente, impulsão
Strafe – pena
Subsistenz – subsistência
Substanz – substância
Subtrahieren – subtrair (no sentido de operação aritmética)

Tautologie – tautologia
Tätigkeit, tätig – atividade, ativo
Teil – parte
Totalität – totalidade
tragen – sustentar
Trennung – separação
Tugend – virtude
tun – atuar, fazer

überflüssig – supérfluo
Übergang, übergehen, übergehend – passagem, passar, passageiro
Übersetzung – transposição
übersinnlich – suprassensível
übrigbleiben – sobrar
umbiegen – fletir, recurvar
Umfang – extensão
Umkehrung – reviravolta, conversão
Umschlagen – reviramento
Umstand – circunstância
umwenden (sich) – voltar-se
unabhängig – independente
Unbedingte (das) – incondicionado

unbeweisbar – indemonstrável
Unendlichkeit, unendlich – infinitude, infinito
Ungleicheit, ungleich – desigualdade, desigual
ungleichsetzen – desigualar
Unmittelbarkeit, unmittelbar – imediatidade, imediato
Unmöglichkeit – impossibilidade
Unruhe – inquietude
Unselbständigkeit, unselbständig – não autossubsistência, não autossubsistente
unstatthaft – inadmissível
untätig – inativo
Untergang, untergehen – sucumbimento, sucumbir
Unterlage – fundamenta
Unterschied, unterscheiden – diferença, diferenciar
Unterschiedenheit – diferencialidade
Unwesen – inessência
unwidersprechlich – irrefutável
Urgrund – fundamento originário
Ursache, ursächlich – causa, causal
Ursprung, Ursprünglichket, ursprünglich – origem, originariedade, originário
Urteilskraft – faculdade de julgar

Veränderung, verändern – alteração, alterar
Verbindung, verbindend, verbinden – combinação, conectivo, ligar
Vereinigung – unificação
vergehen – perecer
Vergleichung – comparação
verhalten (sich) – comportar-se, relacionar-se
Verhalten – comportamento, relacionar
Verhältnis – relação
verkehren – inverter
Verknüpfung, verknüpfen – ligação, ligar

verlassen – abandonar
verlegen – transferir
Verlust, verlieren – perda, perder
Vermehrung, vermehren – aumento, aumentar
Vermittlung, vermitteln, vermittelt – mediação, mediar, mediado
Vermögen – faculdade, patrimônio
Verschiedenheit, verschieden – diversidade, diverso
verschlingen – entrelaçar
verschwinden – desaparecer
Versicherung – asseveração
Verstand, verstehen – entendimento, entender
Vielheit – pluralidade
Voraussetzung, voraussetzen – pressuposição, pressupor
vorfinden – encontrar diante
vorgehen – ocorrer
vorhanden (sein) – estar presente
vorläufig – prévio
vorkommen – ocorrer
vorschweben – vislumbrar, pairar, estar presente
Vorstellung, vorstellen, vorstellend – representação, representar, representador
vorübergehend – transeunte

Wahrheit – verdade
Wahrnehmung, wahrnehmen – percepção, perceber
Wandel – mudança
Webstuhl – tear
Wechsel – mudança, alternância
Wechselbestimmung – interdeterminação
Wechselwirkung – interação
Weg – caminho
wegnehmen – retirar

Weise – maneira
Welt – mundo
Werden – devir
Wesen, (un)wesentlich, wesenlos – essência, (in)essencial, sem essência
Wesenheit – essencialidade
Wesentlichkeit – essencialidade
Widerlegung – refutação
Widerspruch, widersprechen – contradição, contradizer
wiederherstellen – reproduzir, restabelecer
wirken, wirkend – agir, eficiente
Wirklichkeit, wirklich – efetividade, efetivo
Wirksamkeit, wirksam – eficácia, eficaz
Wirkung – efeito

Zahl – número
zeigen – mostrar
zerfallen – desfazer, decompor-se
zerstreut – disperso
Zettel – urdidura
Zufall – acaso
Zufälligkeit, zufällig – contingência, contingente
zugeben – admitir
zugrunde gehen – ir ao fundo
zugrunde legen – colocar como fundamento
zugrunde liegen – subjacer, estar no fundamento
zurückbiegen – fletir (para trás)
zurückgehen – regressar
zurückkehren – retornar
zurücknehmen (sich) – retomar, recolher-se
zusammenbringen – combinar
zusammenfallen – colapsar, coincidir

Zusammenhang – conexão
zusammengehen mit sich selbst – juntar-se consigo mesmo
zusammennehmen (sich) – recolher-se
zusammenschließen – silogizar
Zusammensetzung – composição
zwiefach – duplo

ÍNDICE ONOMÁSTICO

Fichte 39s.

Kant 14, 27, 29, 48, 135s.

Leibniz 12, 17, 30, 68, 95s., 110, 203

Newton 110

Platão 118

Sócrates 118

Spinoza 12, 16-19, 21, 200-202

ÍNDICE ANALÍTICO

abismo 137, 195
absoluto 16, 32, 34, 40s., 49s., 72, 91-93, 95s., 102, 144, 163, 189, 191, 193
abstração 32, 57, 60, 68, 84s., 100, 102, 133, 143, 145s.
acidentalidade 222-226, 235
acidente 19
alma 154
alteração 52, 85, 89, 142-144, 149, 164, 179, 206
alternância 21, 44, 65, 144, 156, 158, 161, 167, 178
aparência 27s., 35, 37-46, 51, 60, 94, 124, 127, 129s., 133, 136, 140, 156s., 185, 194s., 197-199, 219, 221-223, 225, 238-240
aparecimento 14-16, 27, 34s., 133s., 151, 153, 155-166, 169, 171, 180, 190s., 205, 211, 222, 230, 236
aritmética 74s.
atividade 16, 20, 31, 70, 88, 96, 154, 180-184, 187s., 239
atração 51
atributo 196-202, 221
atuosidade 223, 226
automovimento 42, 46, 63, 88-90
autossubsistência 21, 28s., 41s., 71, 78, 80-83, 94, 97s., 103s., 107, 124, 148, 150, 153s., 156s., 160, 164s., 168, 171-176, 178, 180, 184, 203, 211, 235
aversão à luz 219

barreira 40, 90, 144, 149, 197, 203s.
base 39, 53, 75, 98-102, 106-109, 112, 114-116, 119-121, 126, 139, 151, 159s., 162s., 173, 187-187, 189, 201
bem (o) 85

causa 20s., 96, 142, 144, 201, 225-239

causalidade 19-21, 96, 225, 228-240

ceticismo 39s.

choque 40, 182-184

círculo 128, 214

cisão 199, 224

coisa 20, 27s., 39, 68-70, 87-89, 91, 112, 133s., 138-154, 159, 162, 164s., 179-181, 211s., 221, 224, 231

Coisa 27, 91, 118-131, 185-187, 212s., 217, 228s.

coisa em si 39s., 95, 126, 138-145, 148s.

coisidade 143, 145-148, 151s., 160

coleção 30, 149s., 188

combinação 75, 96, 146, 149, 151, 153

comparação 66, 74, 83-85, 88, 120, 155, 182, 213

composição 177

conceito 27, 30, 33s., 48, 57, 62, 74s., 86, 90s., 96, 118s., 127s., 135s., 153, 172, 182, 187s., 200s., 204, 222, 239s.

condição 28, 95, 122-131, 135, 174, 179-181, 218, 236s.

conteúdo 38-40, 49, 54, 58, 61, 90, 95s., 105-110, 112-124, 126, 128s., 133, 144, 150s., 156-169, 171, 184-187, 189-191, 194-199, 203-206, 208, 211-213, 215-219, 222-224, 228-231, 234

contingência 17-19, 88, 92, 115s., 118, 136, 198, 206s., 209s., 215-217, 219s., 222, 239s.

continuidade 138, 146-149, 177

contrachoque 46, 93, 111, 140s., 214

contradição 17-19, 53, 55, 57, 61s., 66, 70, 78-80, 82s., 87-91, 100-102, 104, 124, 152s., 156, 158, 166, 174, 176-178, 180, 207-209, 213, 219, 239

contraefeito 20, 234, 237s.

contraposição 17, 55, 69, 74-76, 80, 85-87, 136, 166s., 171, 196, 202, 207, 213, 223

conversão 187, 189

cópula 54

cristalização 109s.

decomposição 63

dependência 20

desigualdade 61, 65-71, 79, 90, 172

destino 104

determinação 32s., 37-39, 46, 49-51, 53s., 57s., 60, 62-65, 68-71, 73s., 76-91, 93s., 96, 98-100, 102s., 108-110, 112-124, 127s., 133, 135, 137-139, 142-145, 148, 158-161, 163-166, 171, 177, 179s., 182-185, 191, 193s., 196-198, 201-203, 205-210, 212s., 216, 219, 222, 224, 227-229, 231s., 236s.

determinação de forma 101, 104, 106, 194, 207, 217s., 231, 235

determinação de reflexão 50-52, 73, 93s., 96, 98, 100, 105

Deus 27, 60, 90, 116, 135-137, 188s., 204

dever ser 103, 208

devir 17, 32s., 42s., 104, 125, 128-130, 140, 142, 166, 179, 187, 194s., 202, 205, 210, 216s., 219, 221s., 225s., 237, 239

dialética 17, 193

diferença 19s., 24, 26-29, 33, 38, 42, 51, 53, 56-58, 61-67, 69s., 74, 78-80, 90s., 98, 100, 102, 111, 138, 145, 147-149, 152, 159, 171, 189, 194, 199, 208, 211, 217, 221, 224, 231, 238s.

dissolução 18, 60, 66, 69, 91, 98, 104, 149s., 159, 162, 166, 202, 208, 218

diversidade 53, 55, 57-61, 63-65, 67-70, 78, 86s., 91, 98, 114, 116, 129, 139-141, 146, 156, 167, 189, 191, 194, 206s., 213, 239

divisibilidade 177

dominação 105

duplicação 46, 76

economia política 76

efeito 20s., 27, 30, 60, 225-239

efetividade 20, 30, 34, 112, 134, 190s., 200, 205-207, 209-224, 226-228, 236s., 239s.

eficácia 85

emanação 202s.

em si 32-35, 37s., 40-44, 46s., 51, 62, 64, 71, 73s., 77, 79-81, 86, 93s., 102s., 121, 123, 125, 143, 155, 159, 174, 188, 203, 205, 215s., 225s., 228, 234, 237s.

em si e para si 35, 38, 74s., 84, 86, 123, 155, 164-168, 174, 190, 197, 210, 222 ente 25s., 30, 32, 48, 52, 54, 86, 88, 137, 155s., 197, 199, 210-212, 219, 222, 227, 235

enteléquia 89, 203

entendimento 29, 48, 111, 154, 200s., 228

erro 86

escuridão 85

especulação 27, 55, 81, 91, 204

essência 25-28, 30-35, 37-46, 48-53, 55-57, 81-83, 87-89, 93-102, 105s., 114, 116, 125, 128-130, 133, 135-138, 155s., 164, 171, 185-191, 193-196, 201, 205, 207s., 217-219, 221s., 235

essencial 35, 37s., 47-49, 51, 56, 59, 62, 88, 90, 96, 106, 115, 118-120, 134, 144, 146s., 150, 158s., 164s.

essencialidade 35, 51-53, 108s., 118, 125, 133, 140, 145, 148, 155-157, 160, 171, 185, 207s., 212

Eu 40, 144

existência 35, 95s., 128, 130s., 133-143, 148, 151, 155-161, 163-167, 171, 173, 187, 191, 193s., 201, 205, 209-213, 215, 222, 229, 232

exposição 111, 193, 195-200, 205

exterior 24, 33, 103s., 172, 174, 184-189, 191, 193-198, 205, 210, 232

exteriorização 24, 102, 138, 220

externação 24, 172, 177-179, 182-186, 190, 197s., 200, 205

faculdade 48, 154

fenômeno 27, 39, 61, 109-112, 228

força 77s., 85, 89, 109s., 112, 154, 165, 178-186, 188, 194, 197, 224, 232

forma 55, 61, 73, 95-111, 113-118, 120, 122-131, 133, 144, 146, 150, 159-162, 164-167, 169, 179, 182, 184-187, 189-191, 194, 198s., 208, 211-213, 215-217, 219, 222, 224, 227-229, 231s., 240

formalismo 109s., 116

fundamenta 110s., 157, 200

fundamentação 59

fundamento 28, 30, 35, 38, 51, 53, 55, 59, 62, 64, 81-83, 85, 87, 89-140, 143, 155-158, 160, 162, 165-167, 172, 176, 179, 189, 191, 194s., 205s., 208, 210s., 213, 218, 223, 239

hipótese 29, 112
história 230

idealismo 39s., 144
ideia 74, 118, 230
identidade 49, 53-65, 67-72, 79s., 83, 86-88, 93-95, 98-104, 106-109, 113-115, 121-126, 129, 138, 140, 142-145, 148, 156, 158-163, 165s., 168, 172s., 177, 180, 182, 185-191, 193-199, 202, 205, 207, 210-212, 214s., 217, 222-225, 227-229, 231-240
ignorância 19, 86
igualdade 37, 40, 43-45, 50-52, 56-58, 61, 65-71, 90, 133, 175
imagem 160, 195
imediatidade 26, 28, 37, 39-48, 56, 59, 64, 70, 81, 94, 96s., 111, 120, 122-125, 128s., 131, 133-135, 137-139, 143, 145, 155, 157-160, 164s., 171, 174, 176s., 179-181, 184-186, 188s., 191, 193, 197, 205s., 209, 211, 217-219, 222, 227, 233s., 236, 238
impossibilidade 208
impulsão 229
incondicionado 95, 122-131, 135, 175
indiferença 33, 40, 64, 66s., 70, 90, 101s., 152, 171, 216, 222
inessência 38
inessencial 35, 37-39, 42, 100, 105s., 114, 124, 128, 139-141, 145-149, 151, 156-158, 160, 165, 168, 178, 189, 197, 201
infinitude 134, 178, 184
influência 26, 203, 236, 238s.
início 43, 45, 60, 82, 111, 176, 187, 196, 202
inquietude 17, 210
interação 21, 145, 222, 238s.
interdeterminação 230
interior 113, 127, 161, 163, 172, 184-191, 193-198, 200, 205s., 210, 225, 240
interiorização 31s., 102, 130
inter-relação 99, 182

juízo 54, 58

lei 48, 53, 76, 116s., 156, 158-168
ligação 29, 69, 114, 188, 196
língua 137
linguagem 91
luz 85, 112, 202s., 219, 221

manifestação 203-206, 212, 219, 221, 226-228, 230, 236, 239s.
matéria 49, 95, 100-106, 112, 115, 126, 147-154, 160, 177-180
material 90, 123-126, 129, 148
mecânica 96
mecanismo 96, 238
mediação 31, 39, 41s., 53, 72, 94-97, 102, 105, 107s., 114, 121s., 124, 129-131, 135-139, 141s., 151, 156-158, 161, 163, 176-178, 185-188, 219, 222, 239
meio 76, 195
meio-termo 33, 50, 136, 145s., 198
método 111
mônada 30, 40, 89, 203s.
movimento 31, 35, 43s., 46, 49, 57, 61, 88s., 94, 98, 103-105, 108s., 116, 123, 127, 129-131, 137, 148, 156, 160s., 172, 176, 179, 185, 187, 191, 195, 199-202, 205s., 214s., 220, 222s., 229, 232, 234, 238, 240
mudança 162
multiplicação 77, 229
multiplicidade 90s., 114, 116, 127s., 130, 139s., 144, 149, 158, 164s., 168, 173-175, 178, 180, 191, 194, 196, 198, 207, 212s., 215, 218
mundo 39, 116, 136, 144, 156, 160, 162, 164-168, 173, 194, 197, 203, 211

não autossubsistência 41, 178
não identidade 57s., 65
não ser 40, 42-46, 52, 57-59, 70-73, 78s., 86s., 89, 92, 94s., 102, 104, 162s.
não ser aí 39

264

necessidade 54, 61, 84, 86, 115, 147, 191, 206s., 210s., 214-221, 224, 226-228, 239s.

negação 32s., 37-39, 41, 43-45, 47, 50-52, 55, 57, 64, 67s., 71, 78-84, 86s., 93, 105, 121, 125s., 129s., 137s., 149, 151-153, 156s., 176s., 180, 182, 184, 193, 196, 198, 200, 202, 207, 214, 216-219, 233, 235, 238s.

negatividade 32s., 38, 40-45, 50, 56s., 61-63, 66, 83, 85, 89s., 93s., 97, 99, 102-105, 107, 131, 133, 140, 142, 155-157, 159, 161-165, 182, 188, 198, 204, 218s., 224s., 228, 240

negativo 37s., 41, 43-47, 50s., 59, 63s., 71-86, 88s., 93-95, 97, 99, 101, 103, 107, 142, 148, 157s., 160, 165, 167, 171, 191, 196-199, 203, 207, 215, 217, 219, 224s., 235, 240

nulidade 38, 40s., 69, 151, 202

nulo 38, 40, 44, 48, 159, 182, 196, 198

objeto 85, 136, 144, 153, 196

oposição 11, 37, 53, 62, 67, 70-76, 78, 80, 82-85, 90-92, 94, 98, 106, 139, 156, 159, 163, 165-167, 201

oposto 57s., 60, 62, 64, 68, 76, 79s., 118, 151, 187, 208s., 212, 215, 221

origem 9, 13, 26

originariedade 227, 232s., 236, 238s.

parte 10, 20, 27, 30, 38, 47-49, 71, 84, 94, 149, 172, 175-178, 185, 188, 200, 225

particularidade 240

passagem 19, 21, 28, 33, 55, 69, 138, 147, 229

passividade 20, 182-184, 203s., 238s.

passivo 20s., 76, 101, 124, 188, 235-239

penetração 151-153

pequenez 152

percepção 40, 112, 153

perda 21, 198, 203

pluralidade 68, 201

poder 20, 44, 111, 179, 233

ponente 9s., 20, 43, 46-49, 80, 96, 99, 122, 182, 204, 235

pontualidade 150, 152

pôr 35, 38, 45, 47-50, 57, 79, 81, 83, 87, 94, 96, 104s., 123, 125, 127, 129s., 180, 182, 184, 193, 199, 203, 217, 221, 223, 227, 234, 236s.

porosidade 150s., 153

positivo 71-80, 82-86, 89, 93s., 97, 101, 103, 156, 158-160, 167, 171, 177, 207, 224, 236

possibilidade 27, 139, 191, 206-218, 222-224

posto 20, 34, 47, 49-51, 72s., 95-97, 99, 103, 108, 110, 113s., 117, 119, 122, 125, 135, 137, 174, 176, 181, 196, 208, 236s., 239

potência 81, 223-226, 228, 235s.

pressuponente 46, 104s., 181, 183, 186, 235s.

pressuposição 31, 40, 43, 45-47, 49, 122-124, 130, 175, 179s., 183, 215, 217, 234

pressuposto 46s., 50, 125, 129, 157, 181, 201, 223, 234-237

princípio 48, 58, 61, 88, 111s., 200

proposição 54s., 59-61, 67-69, 86s., 92, 95s., 110, 138, 208

propriedade 142-151, 160, 211, 224, 229

prova 54, 59, 69, 77, 161s.

prova [da existência] de Deus 135

purificação 224

qualidade 50-52, 54, 98, 110, 142, 200, 222

quantidade 33, 54, 177

raciocínio 13, 77, 118

realidade 30, 90s., 135s., 153, 164

realização 95, 169, 187, 191, 203, 217

receptividade 102

reflexão 32-35, 37, 42-58, 62-67, 69-74, 79, 82-88, 93-100, 103, 105, 110-112, 117, 119, 122-126, 128-131, 133s., 137-144, 146s., 153, 159, 164, 167, 174, 181, 184, 191-200, 204-206, 210, 213, 218s., 221s., 225, 234, 240

reflexão dentro de si 35, 45-47, 50-52, 57s., 63-66, 70-73, 75, 80, 95, 97-100, 103, 109, 119, 128, 131, 134, 140s., 145, 147s., 150, 158, 162s., 165, 171, 182, 185, 191, 202-206, 209, 211s., 218, 223, 225, 227, 238-240

reflexão em si 65, 69, 73

reflexão para dentro de outro 131, 161, 167, 190s.

regra 48, 111

relação 24, 29s., 33, 39, 43, 50, 52, 54, 63-67, 74, 77s., 88, 94, 96, 102, 110, 114-116, 119-121, 124, 134, 136s., 140-142, 145-147, 149s., 156, 166-169, 171-178, 184, 187, 189, 195s., 206, 222, 224, 231, 234, 239s.

relação de fundamento 95, 98s., 105-107, 109s., 113-115, 117, 119-127, 129, 133, 143, 165s., 211

relatividade 30, 193, 215

repouso 26, 52, 237

representação 19, 29, 48, 90, 136, 139, 154, 161, 164s., 178, 202

repulsão 51

restabelecimento 102, 121, 206

resultado 35, 59, 75, 80, 104, 137, 193, 201

retorno 33, 41, 43-46, 48, 50, 53, 58, 93-95, 130, 148, 157, 166, 175, 178, 183, 185, 191, 199, 202, 216s., 219, 226s., 235

revelação 34, 190, 203, 225

reviramento 17, 210, 215, 217, 222

reviravolta 231

separação 38, 59, 66, 79, 145, 178

ser 31-33, 35, 37-43, 45, 47, 49-52, 54-57, 64, 73s., 91-96, 98, 125, 128-131, 133-135, 138, 142s., 150, 152, 154s., 159, 164, 174, 185s., 188s., 193-196, 198, 200, 203, 205, 218s., 222-224, 230, 239

ser aí 13s., 24, 32-35, 37-39, 50, 54, 62, 64, 74, 76, 88, 90, 95s., 108-112, 117, 122-130, 135s., 139, 143, 153, 158, 162, 164, 167, 176, 179, 183, 188, 212, 229, 231

ser em si 15, 32-34, 40, 73s., 104, 123-127, 140, 143, 145, 151, 156, 203-218, 223s., 226, 234, 236s., 239

ser em si e para si 38, 95, 205, 224

ser outro 32, 38s., 44, 52, 56, 61s., 64, 71, 73, 81, 113, 122, 133-135, 142, 148, 163, 165-168, 175, 178, 185, 188, 202s., 208, 214-216, 219, 233, 235, 239

ser para si 32-34, 122, 221

ser posto 10, 19, 24, 35, 44, 46s., 50-52, 54s., 58, 63-65, 67-74, 79-84, 93, 95-100, 103s., 106s., 113s., 119s., 122-125, 127-129, 131, 133s., 139, 141-143, 146, 153, 157-163, 165s., 168, 173, 177-180, 194, 199s., 206, 209-211, 214s., 217-219, 222-228, 231-233, 235-237, 239s.

simplicidade 32s., 53, 89, 208, 216, 218s., 240

singularidade 240
sofistaria 13, 118
solicitação 181, 224
solidez 185, 193s.
subsistência 76
substância 18s., 21, 172, 192, 200-204, 219-226, 228, 231-233, 235-240
substancialidade 19, 21, 222, 224-226, 236-240
sucumbimento 137
sumo conjunto 26s., 32, 90s., 135
suprassunção 232
surgimento 128

tautologia 58, 109, 113, 115, 175s., 229
todo 15, 25, 33, 58, 63s., 71, 78, 96, 99, 108, 113, 118, 124, 126, 128, 143, 163, 172-178, 180, 184, 186-188, 194s., 197, 212s., 221-224, 240
totalidade 58, 127s., 130, 141, 160s., 163-168, 172, 174, 185-187, 189-191, 193s., 197s., 200s., 203, 208, 211, 213, 215, 221-225, 240
transparência 195

unidade 32s., 44, 50-52, 56, 60, 70, 73s., 77, 89-91, 95-99, 104-107, 113, 123, 127-129, 133, 161, 168, 174, 217, 219, 227s., 234, 239s.
unificação 9, 18, 30, 103, 131, 134, 171, 232
unilateralidade 24, 203, 224
universalidade 59, 240

vacuidade 109
valor numérico 77
verdade 42, 55, 58-60, 85, 87, 92, 151, 155s., 168, 176, 218, 226
violência 236
virtude 85
vitalidade 12, 88-90

zero 75s., 80

ÍNDICE GERAL

Sumário, 5
Apresentação, 7
Nota dos Tradutores, 23

Segundo livro – A Doutrina da Essência, 31
Primeira seção: A essência como reflexão dentro dela mesma, 35
Primeiro capítulo: A aparência, 37
  A. O essencial e o inessencial, 37
  B. A aparência, 38
  C. A reflexão, 42
    1. A reflexão ponente, 44
    2. A reflexão exterior, 46
      Observação, 48
    3. A reflexão determinante, 49
Segundo capítulo: As essencialidades ou as determinações de reflexão, 53
  A. A identidade, 56
    Observação 1 [A identidade abstrata], 56
    Observação 2 [A primeira lei originária do pensar, a proposição da identidade], 58
  B. A diferença, 62
    1. A diferença absoluta, 62
    2. A diversidade, 63
      Observação [A proposição da diversidade], 67
    3. A oposição, 70
      Observação [As grandezas contrapostas da matemática], 74
  C. A contradição, 78
    Observação 1 [Unidade do positivo e do negativo], 83

Observação 2 [A proposição do terceiro excluído], 86
Observação 3 [A proposição da contradição], 87
Terceiro capítulo: O fundamento, 93
Observação [Proposição do fundamento], 95
A. O fundamento absoluto, 96
  a. Forma e essência, 96
  b. Forma e matéria, 100
  c. Forma e conteúdo, 105
B. O fundamento determinado, 107
  a. O fundamento formal, 107
    Observação [Modos formais de explicação a partir de fundamentos tautológicos], 109
  b. O fundamento real, 112
    Observação [Modo de explicação formal a partir de um fundamento diverso do fundamentado], 115
  c. O fundamento completo, 119
C. A condição, 122
  a. O relativamente incondicionado, 122
  b. O incondicionado absoluto, 124
  c. O surgimento da Coisa na existência, 128
    Segunda seção: O aparecimento, 133
Primeiro capítulo: A existência, 135
A. A coisa e suas propriedades, 138
  a. Coisa em si e existência, 139
  b. A propriedade, 142
    Observação [A coisa em si do idealismo transcendental], 143
  c. A interação das coisas, 145
B. O consistir da coisa em matérias, 147
C. A dissolução da coisa, 149
    Observação [A porosidade das matérias], 151
Segundo capítulo: O aparecimento, 155
A. A lei do aparecimento, 157

B. O mundo que aparece e o mundo que é em si, 162
C. Dissolução do aparecimento, 166
Terceiro capítulo: A relação essencial, 171
   A. A relação do todo e das partes, 173
   B. A relação da força e de sua externação, 178
      a. O ser-condicionado da força, 179
      b. A solicitação da força, 181
      c. A infinitude da força, 184
   C. Relação do exterior e do interior, 184
      Observação [Identidade imediata do interior e do exterior], 187

Terceira seção: A efetividade, 191
Primeiro capítulo: O absoluto, 193
   A. A exposição do absoluto, 193
   B. O atributo absoluto, 196
   C. O modo do absoluto, 198
      Observação [As filosofias spinozista e leibniziana], 200
Segundo capítulo: A efetividade, 205
   A. Contingência ou efetividade, possibilidade e necessidade formais, 207
   B. Necessidade relativa ou efetividade, possibilidade e necessidade reais, 211
   C. Necessidade absoluta, 216
Terceiro capítulo: A relação absoluta, 221
   A. A relação da substancialidade, 222
   B. A relação de causalidade, 225
      a. A causalidade formal, 225
      b. A relação de causalidade determinada, 228
      c. Efeito e contraefeito, 234
   C. A interação, 238
Glossário da Doutrina da Essência, 241
Índice onomástico, 257
Índice analítico, 259

Confira outros títulos da coleção em

livrariavozes.com.br/colecoes/pensamento-humano

ou pelo Qr Code